슈퍼코인
투자지도

슈퍼코인 투자지도

★★★★★

비트코인부터 반드시 오르는
1% 알트코인 선별까지

박종한 지음

SUPER
COIN

거인의 정원

비트코인과 암호화폐의 세계에서 1년은 아득한 세월이다. 하루에도 수많은 일이 벌어지기 때문이다. 그만큼 기회도 많겠지만 공부나 투자, 프로젝트를 진행하는 이들에게서 쏟아져 나오는 방대한 정보를 정리하고 이해하기란 무척이나 고달픈 숙제다. 박종한 작가는 이 책에서 특유의 성실함에 기초한 기민함과 통찰력으로 꼭 알아야 하는 흐름을 알기 쉽게 짚어준다. 같은 뉴스를 접하더라도 좋은 길잡이의 안내를 받는 것과 그렇지 않은 것에는 꽤 큰 차이가 있다. 그 차이가 결국 독자들의 귀한 시간을 아껴줄 것이고, 결과적으로 자산의 차이를 가져다줄 것이라고 확신한다.

| 오태민, 건국대학교 정보통신대학원 블록체인전공 겸임교수·《더 그레이트 비트코인》 저자 |

◆ ◆ ◆

《슈퍼코인 투자지도》는 가상자산 시장에 투자하려는 이들에게 꼭 필요한 도서다. 이 책은 비트코인과 알트코인을 포함한 가상자산 투자에 대한 폭넓은 이해를 제공하며, 효과적인 투자전략과 도구를 제시한다. 저자는 비트코인의 주기성과 알트코인을 선택하는 방법에 대해 명확하게 설명하고 '슈퍼코인', 즉 반드시 성장할 것으로 예상되는 1%의 코인을 발견하고 투자하는 방법을 탐색한다. 또한 가상자산 시장의 동향과 미래 전망을 이해하기 위한 필수 지식을 제공한다. 투자에 대한 자신감을 키우고 미래를 준비하는 데 이 책이 큰 도움이 될 것이다.

| 최윤영, 코빗리서치센터장 |

코인 시장에는 'DYOR(Do Your Own Research)'이라는 용어가 있다. "코인에 투자하기 전에 직접 충분히 조사하고 공부하라"는 뜻이다. 하지만 어디서부터 손을 대야 할지 감이 오지 않을 때가 많다. 이럴 때 《슈퍼코인 투자지도》가 훌륭한 길잡이가 되어줄 것이다. 급변하는 코인 시장에서 최신 트렌드와 자료를 바탕으로 비트코인과 알트코인 투자전략을 잘 정리해 놓았다. 특히 코인에 대한 저자의 균형 잡힌 분석은 시장에서도 충분히 인정받고 있다. 블록체인 기술에 대한 지식과 코인 투자에 대한 지식은 다르다. 만약 코인 투자를 결심했다면 이 책을 필독할 것을 권한다.

| 이장우, 한양대학교 글로벌기업가센터 겸임교수·업루트컴퍼니 대표 |

◆ ◆ ◆

2024년, 비트코인 4차 반감기가 도래하며 암호화폐 시장에서 큰 부를 거머쥘 기회가 왔다. 비트코인에만 투자해도 부자가 될 수 있겠지만, 알트코인 시장에 더 큰 기회가 기다리고 있다. 그런데 수만 개의 알트코인 중 옥석을 고를 수 있는 사람은 매우 드물다. 박종한 작가는 그중 한 명이다. 내가 아는 사람 중 알트코인의 흐름을 가장 잘 파악하고 있으며, 이번에 본인이 2년 전에 집필한 《10년 후 100배 오를 암호화폐에 투자하라》를 뛰어넘는 역작을 내놓았다. 암호화폐 상승장, 얼마 남지 않았다. 《슈퍼코인 투자지도》가 당신의 길잡이가 되어줄 것이다.

| 강환국, 퀀트투자 전문가《비트코인 폭발적 상승에 올라타라》 저자 |

반드시 오르는
1% 슈퍼코인을 찾아라

사이클을 내 편으로 만들라

비트코인은 4년을 주기로 한 사이클이 돌아간다. 대한민국에서 암호화폐 열풍이 불었던 순간을 돌이켜보면, 2017년과 2021년이었고 4년의 격차가 있다. 이후 2018년과 2022년은 비트코인을 비롯한 모든 암호화폐가 극심한 침체기를 겪었다. 폭락의 이유는 달랐지만, 가격이 떨어지고 자금 유출이 지속되는 '크립토윈터(Crypto Winter)'로 접어들었다는 결과값은 동일했다. 그리고 이제 새로운 사이클이 시작되고 있다.

암호화폐 투자로 부를 거머쥐려면 사이클을 이해해야 한다.

비트코인 사이클의 중심에는 비트코인 채굴 보상이 절반으로 줄어드는 '반감기(Bitcoin Halving)'가 존재한다. 반감기의 영향력에 관해서는 여전히 찬반 입장이 존재하지만, 4년 주기로 반복되는 비트코인 사이클을 반감기만큼 명확하게 설명할 방법은 없어 보인다. 대세 상승장과 반감기는 상관관계가 높다. 반감기와 대세 상승장의 관계를 단순하게 풀어보면, 신규 공급량이 절반으로 줄면서 희소성이 증가한다는 것으로 정리할 수 있다. 여기에는 채굴자를 중심으로 한 역학 관계가 존재한다. 본문에서 상세하게 설명할 텐데, 채굴자의 대량 매도와 '죽음의 소용돌이(Death Spiral)'로 불리는 메커니즘 등이 그것이다.

그런데 또 다른 주체의 역학 관계도 살펴보아야 한다. 바로 **장기보유자와 단기보유자**다. 사이클이 진행되는 동안 장기보유자와 단기보유자는 일관된 움직임을 보여주었다. 대세 상승장은 결국 장기보유자의 물량이 단기보유자에게로 이동하는 과정에서 찾아오기 때문이다.

아울러 '고래'로 불리는 세력의 움직임도 살펴보아야 한다. 고래들은 장세에 따라 빠른 속도로 자금을 움직인다. 이들은 차별화된 정보력과 판단력으로 한발 앞서 투자한다는 점에서 '스마트머니(Smart Money)'로 불린다.

그리고 앞서 언급한 주체들의 움직임을 빠르게 추적하는 데 가장 많이 활용되는 지표가 온체인(On-Chain) 지표다. 이 책에서는 여러 주체들 간의 역학 관계를 상세히 소개하고, 투자자가 어떻게 대응해야 하는지 객관적인 여러 지표를 통해 설명한다. 이 내용을 이해하면 비트코인의 변화무쌍한 움직임에 위축되지 않고, 사이클을 현명하게 활용할 수 있을 것이다.

물론 그 누구도 시장을 함부로 예측할 수 없다. 특히 단기적인 예측은 늘 투자자를 배신한다. 하지만 조금만 거시적으로 바라보면, 대부분의 흐름은 온체인 지표의 범위 안에서 이루어졌다. 비트코인을 부정적으로 보는 사람들은 이렇게 말한다.

"사이클은 달라졌다. 이번에는 대세 상승장이 오지 않을 것이다."

아니다. 사이클의 속도와 폭이 달라졌을 뿐 사이클 자체는 변하지 않았다. 우리는 이번 사이클에서 부의 타이밍을 놓치지 말고 잡아야 한다!

기관들의 유입이 시작되다

물론 암호화폐 시장이 근본적으로 달라진 것은 사실이다. 2017년 당시 대세 상승장을 이끈 주역은 개인투자자였다. 그중에서도 한중일 동아시아의 개인투자자 거래 비중이 가장 높았다. 2021년에는 기관투자자의 비중이 상대적으로 늘었다. 그런데 2024년에는 암호화폐 시장의 구조 자체가 바뀌었다. 1월에는 비트코인 현물 ETF, 5월에는 이더리움 현물 ETF가 승인되면서, 암호화폐는 미국 제도권이 인정한 자산으로 편입되고 있다. 기관의 거대한 수요가 몰려들 기반이 형성된 것이다.

앞으로 더욱 많은 글로벌 금융기관들의 포트폴리오에 비트코인 현물 ETF와 이더리움 현물 ETF가 담길 것이 분명하다. 그 징후는 비트코인부터 뚜렷하게 나타나고 있다. 모건스탠리(Morgan Stanley)의 경우만 보아도 2023년 비트코인의 급등을 거품이라고 했지만, 2024년에는 13개 펀드에 비트코인 ETF를 편입했다. 이뿐만이 아니다. 그동안 비트코인을 비판해 왔던, 블랙록(BlackRock)에 이은 세계 2위 자산운용사인 뱅가드(Vanguard)는 블랙록에서 비트코인 현물 ETF를 출시하는데 일조한 전직 임원을 자신들의 새 CEO로 임명했다. 새 CEO 역시 암호화폐에 부정적인 목소리를 냈지만, 월가의 공룡들은 결국 돈이 되는 곳으로 향한다. 비트코인에 천문학적인 돈이 모여드는 것은 시간문제일 뿐이다.

여기서 끝이 아니다. 미국 부의 60% 이상을 점유하고 있는, 우리 돈으로 무려 10경 원 이상의 부를 보유하고 있는 베이비부머의 자산이 점차 비트코인으로 유입될 것이다. 그동안 재무회계 기준으로 인해 미국 기업들이 비트코인을 자산으로 담는 데 제한사항이 많았다. 그러나 이제 기업이 비트코인을 주요 자산으로 꾸준히 담을 수 있는 환경이 만들어졌다. 금융 최강국인 미국이 비트코인과 이더리움의 현물 ETF를 승인한 만큼 향후 전 세계적으로 암호화폐 ETF 출시의 흐름이 이어질 것이다. 미국의 바톤을 홍콩이 이어받았는데, 홍콩은 한발 더 나아가 이더리움 현물 ETF를 미국보다 먼저 승인하기도 했다.

비트코인에 대한 수요가 늘어날 수 있는 경로가 사실상 무한정 확장되고 있다. 이는 비교적 명확한 결론으로 이어진다. 바로 비트코인의 수요와 공급이 극심한 불균형 상태에 놓이게 될 거라는 사실이다. 비트코인의 총발행량은 2,100만 개로 한정되어 있다. 공급을 늘릴 수 없는 상황에서 거대한 수요가 모이면 결과는 불보듯 뻔하다. 수요와 공급의 법칙에 따라 가격이 급등한다.

이러한 흐름이 개인투자자들에게 마냥 좋은 것만은 아니다. 이제 개인투자자들은 거대 금융기관과 경쟁해야 하는 환경에 놓였다. 더 현명하고 효율적으로 투자해야 한다는 의미다. 이런 상황에서 비트코인을 섣불리 매도하면 어떻게 될까? 매도한 가격보다 훨씬 비싼 가격에 다시 사는 일이 벌어질 수도 있다. 따라서 비트코인 투자의 답은 명확하다. 꾸준히 매입해서 오랫동안 보유하는 것이다.

자본은 알트코인으로 흘러간다

그렇다면 알트코인은 어떨까? 과거 사이클을 살펴보면, 비트코인이 충분히 상승하고 난 후 자본이 알트코인으로 유입되었다. 알트코인 대세 상승장의 도래다. 알트코인은 펌프앤덤프(Pump and Dump)를 거듭하며 투자자를 유혹한다. 펌프앤덤프란 특정한 세력이 주도해 암호화폐 가격을 인위적으로 부풀리고 수요가 증가해 가격이 급등하면 보유 자산을 모두 처분하는 것을 말한다. 그 피해는 오롯이 개인투자자에게 돌아간다.

한국인의 알트코인 사랑은 특히 유별나다. 2021년 불장 당시, 글로벌 시장에서 전체 암호화폐 거래 중 30%가 비트코인 거래였다. 반면 한국은 어땠을까? 불과 6%만이 비트코인에 투자했고, 투자금의 94%는 알트코인으로 향했다. 한국인들이 비트코인보다 알트코인에 더 많이 투자하는 이유는 트렌드와 변화에 민감하기 때문이다. 그런데 개인적으로는 자신만 뒤처지는 것에 대한 공포심인 포모(Fomo)가 더 큰 이유라고 생각한다.

알트코인 투자는 비트코인 투자보다 어렵다. 그래서 대부분 실패한다. 알트코인 투자가 어려운 이유는 크게 3가지로 정리할 수 있다.

첫째, 알트코인 투자에서는 유의미한 정보를 획득하는 것이 제한적이다. 알트코인에 관한 모든 정보를 깔끔하게 정리해 둔 플랫폼이나 사이트는 존재하지 않는다. 알트코인에 투자하려면 투자자 스스로 다양한 정보를 잘 취합하고 정리해야 한다.

둘째, 알트코인 투자에는 공인된 방법이 없다. 주식과 같은 전통적인 자산에는 일반적으로 통용되는 밸류에이션 모델이 존재한다. 반면 알트코인의 경우에는 여러 투자방법이 실험 중이고, 적정한 가격을 평가하기도 어렵다.

셋째, 흐름을 거꾸로 타는 경우가 대부분이다. 알트코인 투자는 저평가 구간에서 사는 것이 핵심이다. 하지만 상당수의 투자자는 반대로 급등한 코인에 올라탄다. 펌프앤덤프가 일어날 때, 펌핑의 정점에서 진입하는 것이다. 이는 파도를 거꾸로 타는 것과 같아서 반복될 경우 자산이 계속해서 줄어드는 결과를 가져온다.

많은 투자자들이 이런 어려움은 고려하지 않고 유튜버나 블로거 등의 추천에만 의지해 아무런 분석이나 타이밍에 대한 고민 없이 덜컥 알트코인을 매입하곤 한다. 알트코인은 그동안 사행성 혹은 투기성 자산 정도의 대우를 받아왔다. 이러한 대우를 받은 이유는 주로 잘못된 알트코인 투자방식에서 기인한다. 물론 문제가 있는 알트코인이 정말 많은 것도 사실이다. 이른바 '잡알트'로 불리는 코인의 대부분은 장기적인 가치를 담보할 수 없으며 하루아침에 사라져도 이상하지 않다.

따라서 알트코인 투자에서 중요한 것은 세상을 변화시키고 산업을 발전시키려 노력하는 우량한 알트코인 프로젝트를 찾아내, 좋은 타이밍에 거래하는 것이다.

1% 슈퍼코인을 찾아라

이 책을 읽기 시작했다는 건 암호화폐 투자에 진지하게 관심이 있다는 뜻일 것이다. 독자들이 이 책을 통해 암호화폐 투자에 관한 큰 그림을 그리고, 정확한 방법론을 익혔으면 한다. 이 책에서 어떤 내용을 다루는지 간략히 소개하겠다.

1부는 암호화폐 투자의 바탕인 '비트코인 투자지도'다. 비트코인이 왜 투자가치를 지니는지, 비트코인이 자산으로서 얼마나 압도적인 입지를 가지고 있는지 설명한다. 그리고 비트코인의 채택과 확장이 어떻게 이루어지는지 살펴보면서, 비트코인이 앞으로 꾸준히 상승할 수밖에 없는 이유를 설명한다. 마지막으로 가장 현명한 비트코인 투자전략을 고민한다.

2부는 '알트코인 투자지도'다. 1장에서는 알트코인 투자방법론을 다룬다. 알트코인에는 정량적인 평가와 정성적인 평가가 있다. 이 두 과정을 모두 거쳐야 좋은 코인인지 아닌지 정확하게 판단할 수 있다. 2장과 3장에서는 알트코인의 주요 분류를 다룬다. 2장에서는 결제 및 거래 분야의 암호화폐를 분석하고, 3장에서는 플랫폼 암호화폐를 분석한다. 4장에서는 유틸리티 암호화폐와 주목해야 할 섹터를 정리해 소개한다. 알트코인 투자에서 가장 중요한 것은 무엇일까? 바로 **내러티브**와 트렌드다. 이번 대세 상승장에서 시장의 흐름을 주도할 내러티브를 선점해야 한다. 내러티브를 선점하는 투자자가 이번 대세 상승장에서 부를 거머쥘 수 있다. 4장에서 이와 관련한 내용을 집중적으로 살펴본다.

3부에서는 암호화폐 투자에서 중요한 지표를 다룬다. 1장에서는 시장의 큰 흐름을 파악할 수 있는 대표적인 온체인 지표를 소개한다. 2장에서는 암호화폐 시장의 상승이 거품인지 아닌지 여부를 판단할 수 있는 여러 거래 지표를 제시한다. 3장에서는 암호화폐 투자에서 중요한 원칙을 설정하는 방법과 포트폴리오 구성 등을 소개한다.

알트코인의 99%는 사라진다. 아마 많이 들어본 이야기일 것이다. 이 관점은 여전히 유효하다. 수만 개의 알트코인 중 향후 3년, 5년 뒤 생존할 코인이 몇 개나 될까? 1% 미만이라고 본다. 이 책에서는 **반드시 오를 수밖에 없는 1%의 코인을 '슈퍼코인'으로 지칭했다.** 코인 투자가 중요한 것이 아니다. 암호화폐 투자의 핵심은 1%의 슈퍼코인에 투자하는 것이다. 이 책을 통해 가장 우량한 슈퍼코인을 가장 저평가된 구간에서 사는 방법을 배울 수 있을 것이다. 아울러 위험은 최소화하면서 수익은 극대화하는 자산배분 전략도 익힐 수 있을 것이다.

《슈퍼코인 투자지도》가 전하고자 하는 메시지는 '반드시 오르는 1% 코인을 선별하는 종목선정, 마켓타이밍, 자산배분 트리플 투자 전략'이다.

투자자마다 처한 상황이나 투자의 방향성, 원칙, 스타일이 다르다. 모두에게 적용되는 보편적인 투자법은 존재하지 않는다. 저마다 자신만의 정답지를 만들어야 한다. 다행히도 정답지를 만들어나가는 데 필요한 도구와 선택지는 다양하게 존재한다. 이 책을 통해 다양한 방법론과 도구를 활용할 수 있으면 좋겠다. 이 책이 독자 여러분의 투자에 조금이나마 도움이 되길 바란다.

박종한

목차

비트코인
투자지도

 1장 비트코인 슈퍼 사이클에 올라타라

2장   대체할 수 없는 자산이 될 비트코인

3장 비트코인의 미래를 결정할 이슈들

4장 확장하고 있는 비트코인 생태계

2부

알트코인
투자지도

1장 슈퍼코인이 될 1% 알트코인을 찾아라

2장 결제 및 거래 암호화폐 투자전략

3장 플랫폼 암호화폐 투자전략

4장 유틸리티 암호화폐와
대세 상승장을 이끌 주요 섹터

3부

슈퍼코인을
선별하기 위한
지표분석

1장 온체인 데이터를 활용한 투자전략

참고 지표를 활용한 시장분석

3장 개인투자자를 위한 투자전략

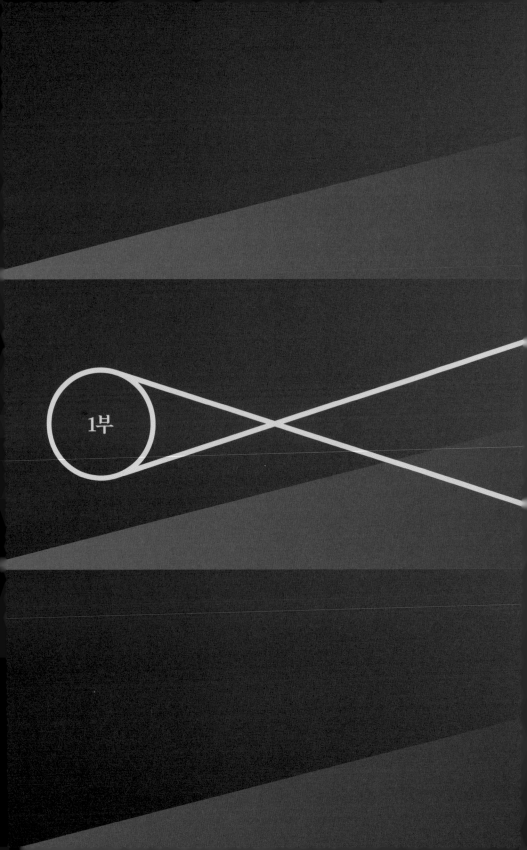

1부

SUPER
COIN

비트코인
투자지도

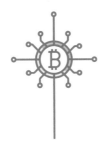

1장

비트코인 슈퍼 사이클에 올라타라

비트코인의 대세 상승장을 이끈 2가지 요인

언론에서 비트코인의 사망선고를 언급한 횟수는 최소한으로 잡아도 463번에 이른다. 언론이 이런 태도를 보인 이유는 통화 시스템의 실패나 기술적 오류 때문이 아니었다. 단순히 가격이 일시적으로 크게 하락했다는 게 그 이유였다. 그런데 비트코인이 정말로 사망했을까? 그렇지 않다. 비트코인은 15년이 넘는 기간 동안 굳건히 살아남은 것은 물론이고, 그간 세상에 존재했던 모든 자산 중 가장 놀라운 수익 상승률을 기록했다.

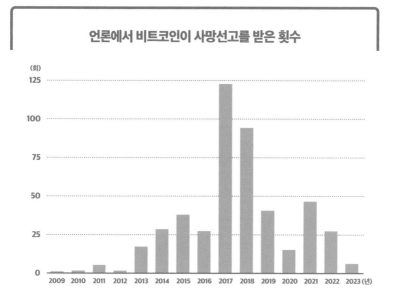

언론에서 비트코인이 사망선고를 받은 횟수

(출처: Bitcoin Obituaries)

　현재 비트코인은 수많은 금융기관의 관심 속에 제도권의 주류 자산으로 안착해 가고 있다. 이런 상황을 단순히 우연으로 치부할 수 있을까? 결론부터 이야기하자면, **결코 우연이 아니다.**

　비트코인은 4차 산업혁명의 핵심 기술인 블록체인을 기반으로 탄생했다. 블록체인은 비트코인이 탄생하기 전부터 존재했지만, 주류 기술로서 크게 주목받지는 못했다. 사람들의 뇌리에서 서서히 잊힐 때쯤 비트코인이 등장하면서 블록체인은 다시금 대중의 주목을 받기 시작했다. 그런데 투자의 관점에서는 블록체인보다 더 주목해야 하는 사실이 있다. 비트코인의 기반은 블록체인 기술이지만, 비트코인의 가격 변동은 사실 기술의 변화나 발전보다는 주로 다음 2가지 이유에 의해 움직였다는 것이다.

바로 '반감기'와 '거시경제적 사건'이다.

이 중에서도 더욱 주목해야 하는 이벤트는 바로 반감기다. 반감기는 4년에 한 번씩 돌아오는 비트코인 최대의 이벤트다. 비트코인의 시가총액이 커지면서 상승률은 줄었지만, 과거 세 차례 사이클에서 반감기 이후 예외 없이 가격이 폭등했다. 무엇보다 통계적으로도 비트코인의 가격 상승과 반감기의 상관관계는 매우 높다.

암호화폐 시장에는 비트코인 반감기를 중심으로 한 사이클이 존재한다. 그리고 가격 상승의 흐름은 비트코인에서 끝나지 않는다. 비트코인이 급등한 후 자본은 알트코인으로 흘러간다. 물론 가격 폭등의 원인에 관해 아직 공식적인 역학 관계가 밝혀진 것은 아니다. 현재까지도 그 원인과 관련해 여러 주장이 공존한다. 거시경제적인 사건, 즉 유동성의 공급도 비트코인 가격에 중요한 역할을 했다. 유동성 공급은 모든 자산에 영향을 미치는 이벤트다. 그럼에도 태생적이고, 내재적인 이벤트인 반감기에 더 중점을 두어야 한다.

비트코인 반감기가 가격을 상승시키는 이유

먼저 반감기의 개념부터 알아보자. 비트코인 네트워크는 탈중앙화 방식으로 운영된다. 따라서 비트코인 네트워크에서는 은행 같은 금융기관 대신 네트워크의 구성원 중 누군가가 거래를 검증하고, 유효한 거래만 블록체인에 추가할 수 있도록 해야 한다. 하지만 공짜로 이런 번거로운 작업을 해줄 사람이나 조직이 있을 리 없다. 비트코인 네트워크는 안정적이고 견고한 운영을 위해 블록의 검증과 생성에 관여하는 노드(node)에게 2가지 형태의 보상을 제공하도록 프로그래밍되어 있다.

첫 번째, 블록에 속한 거래에 대한 '수수료'를 제공
두 번째, '블록 보상'으로 알려진 정량의 비트코인 지급

두 번째 보상, 즉 블록 보상을 취득하는 과정이 흔히 말하는 '채굴'이다. 반감기는 이 두 번째 보상과 관계가 있으며 말 그대로 블록 보상으로 지급하는 비트코인의 개수를 절반으로 줄이는 것이다. 이는 곧 신규 공급량이 절반으로 감소하는 것과 같다. 비트코인 네트워크는 비트코인의 총공급량을 2,100만 개로 정해 놓았다. 그리고 약 10분에 한 번씩 블록이 생성될 때마다 정해진 비율로 비트코인을 지급한다. 2009년 1월 제네시스 블록이 생성된 이후 1차 반감기가 도래하기 전까지 10분에 50개의 BTC를 제공했다. 이후 네 차례의 반감기를 거치면서 '25개 → 12.5개 → 6.25개 → 3.125개'로 줄어들었다.

반감기 비트코인 가격 상승과 관련한 가장 기본적인 원리는 '공급량' 감소다. 공급이 반으로 줄어드는 상황에서는 수요가 동일하게

만 유지되어도 이론적으로 가격이 상승한다. 희소성이 높아지기 때문이다. 참고로 반감기는 약 4년 주기로 돌아오지만, 정확한 날짜가 정해진 개념은 아니다. 블록이 21만 개 쌓일 때마다 정해진 프로세스에 따라서 반감기가 발생하는데 10분에 하나씩 블록이 생성되는 것을 감안할 때 약 4년 주기로 도래하는 것이다. 4차 반감기는 84만 번째 블록이 생성되는 시점에 적용되었다.

4차 반감기 후 찾아올 대세 상승장

과거 세 차례의 반감기 후 비트코인 가격은 얼마나 상승했을까? 흔히 불장으로 부르는 대세 상승장의 정점은 반감기가 지나고 1년에서 1년 5개월 사이에 찾아왔다. 반감기 이후 비트코인 가격은 어떻게 변동했을까?

1차 대세 상승장은 뜻하지 않게 찾아왔다. 누구도 이 정도로 큰 상승은 예측하지 못했다. 하지만 2차와 3차 대세 상승장에서는 기대감과 의심이 팽팽하게 맞섰다.

"역사는 반복된다!" "모두가 아는 호재는 호재가 아니다." "소문난 잔치에 먹을 것 없다!"

역사는 반복된다는 말은 투자시장에서 흔히 통용되는 말이다. 주식을 비롯한 전통자산 시장에서도 역사는 꾸준히 반복되었는데 이는 산업의 장기적인 성장과 밀접한 관계가 있다. 물론 역사가 반복되어 왔다고 해서 그간 자산시장에 투자한 모두가 돈을 번 것은 아

비트코인 반감기 이후 가격 변동

구분	일자	반감기 시점 가격	사이클 최고가(ATH)	최고점 도달기간
1차 반감기	2012년 11월 28일	약 13달러	약 1,162달러 (약 90배 상승)	반감기 후 약 1년
2차 반감기	2016년 7월 9일	약 626달러	약 1만 9,661달러 (약 30배 상승)	반감기 후 약 1년 5개월
3차 반감기	2020년 5월 12일	약 9,440달러	약 6만 9,147달러 (약 7배 상승)	반감기 후 약 1년 3개월

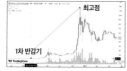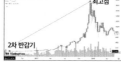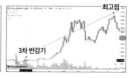

(출처: TradingView)

니다. 높은 수익은 역사적 교훈을 복기해 잘 활용한 투자자들만의 몫이었다.

4차 반감기는 어떨까? 반감기라는 이벤트를 의심할 만한 이유는 있다. 앞서 언급했듯 수많은 투자자들이 반감기를 기점으로 가격이 크게 상승할 것이란 사실을 잘 안다는 점이다. 투자시장에서 높은 수익을 얻으려면 정보의 불균형이 중요하다. 남이 모르는 걸 나만 알아야 큰돈을 벌 수 있다. 따라서 투자자 대부분이 아는 이벤트로는 수익을 얻기 어렵다. 그런데 암호화폐 시장에서 이 내러티브는 절반만 옳다. 암호화폐 투자자는 여전히 소수에 불과하기 때문이다. 가격이 상승하기 시작하면 시장에 새로운 투자자가 대거 유입된다. 그간 비트코인의 가격 상승은 장기투자자의 물량이 신규투자자에게 넘어가면서 일어났다. 따라서 이번 반감기 이후에도 상승장이 도래할 가능성은 높다고 본다.

그런데 기관이나 세력이 개인투자자가 쉽게 돈을 벌도록 놔둘까? 이 역시 합리적인 의문이다. 사이클의 흐름상 세부적인 타이밍은 달라질 수 있다. 신규 비트코인이 10분마다 50개씩 발행되던 과거와는 상황이 달라졌다는 점도 눈여겨보아야 한다. 현재 94%에 가까운 비트코인이 채굴되어 시장에 유통되고 있으므로, 향후 반감기라는 이벤트의 영향력이 줄어들 가능성이 높은 건 사실이다.

극도의 공급 긴축이 시장에 끼치는 영향력

그럼에도 반감기가 기회라는 사실은 변함없다. 반감기의 영향력을 정확히 이해하려면 한 사이클이 지나가는 4년이라는 시간 동안 발생하는 수요와 공급의 관계를 조금 더 깊이 있게 들여다보아야 한다. 비트코인 사이클에서 가장 중요하게 봐야 하는 것은 **장기보유자**(LTH, Long Term Holder)와 **단기보유자**(STH, Short Term Holder), 이 두 집단의 움직임이다. 특히 주의 깊게 봐야 하는 건 장기보유자의 물량이다. 호들러(Hodler)라고 불리는 해당 주체는 일반적으로 155일 이상 비트코인을 보유하고 있는 투자자를 의미한다. 조금 더 보수적으로 잡으면 약 1년 넘게 비트코인 물량을 보유하고 있는 장기보유자의 움직임을 유의미하게 보아야 한다.

장기보유자들은 역사적으로 하락장 사이클에서 비트코인을 꾸준히 축적해 왔다. 이들은 어떤 악재나 호재에도 흔들리지 않고 물량을 꿋꿋하게 지킨다. 이는 시장의 공급량을 줄이는 효과를 낳는다. 호재로 인해 매수 수요가 크게 늘더라도 장기보유자들이 물량을 쥐고 있으면 매입할 수 있는 물량에 한계가 발생한다. 반대로 큰 악재에도 장기보유자들이 물량을 쥐고 있는 경우 하방 압력이 줄어든다. 장기보유자로부터 발생하는 이러한 공급의 '긴축' 상황에서 반감기가 도래하면 어떻게 될까? 신규 공급마저 크게 줄어들면서 비트코인의 희소성이 '극도'로 상승하는 효과가 생긴다.

장기보유자와 단기보유자의 움직임은 온체인(On-Chain) 지표를 통해 비교적 명확하게 확인할 수 있다. 온체인은 블록체인에서 발생한 거래를 기록하는 방식으로, 네트워크에서 발생하는 모든 전송 내역을 블록체인에 저장하는 것을 의미한다. 온체인 데이터는 블록체인 네트워크에 기록되는 모든 데이터다. 쉽게 말하면, 트랜잭션(Transaction), 즉 거래기록으로 보면 된다. 이러한 온체인 데이터를 투자자들이 활용하기 쉽도록 가공해 만든 지표가 바로 온체인 지표다. 앞서 이야기한 장기보유자와 단기보유자의 움직임을 바탕으로 비트코인 사이클에서 눈여겨볼 지점은 크게 다음 3가지로 구분할 수 있다.

하나, 단기보유자 물량
둘, 장기보유자 물량
셋, 자본의 흐름

시장의 흐름을 파악하기 위해 지금부터 이 3가지를 하나씩 살펴보자.

단기보유자와 장기보유자 물량을 추적하라

첫 번째, 단기보유자 물량이다. 단기보유자 물량은 활발히 거래되는 비트코인 물량의 흐름을 의미한다. 반감기가 도래하기 전 여러 투자자들 사이를 활발하게 오가는 물량은 얼마나 될까? 이 수치는 비트코인의 연령, 즉 BTC를 마지막으로 거래한 이후 얼마나 오랜 시간이 흘렀는지를 통해 파악할 수 있다.

앞서 말했듯 장기보유자와 단기보유자를 구분하는 기준은 일반

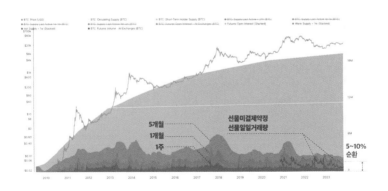

비트코인 단기보유자 물량의 변화 추이

(출처: glassnode)

적으로 155일, 약 5개월의 기간이다. 비트코인을 155일 미만으로 보유하는 투자자는 단기보유자, 155일 이상으로 보유하는 투자자는 장기보유자로 나눌 수 있다. 이 기준으로 반감기가 도래하기 전의 움직임을 살펴보자.

암호화폐 분석업체 글래스노드(glassnode)의 자료를 통해 2023년 말에서 2024년 초의 상황을 보면, 투자자가 155일 미만으로 보유한 비트코인 수량은 수년 내 최저치를 기록했다. 유동성 지표는 거래소 잔고와도 밀접한 관계가 있다. 거래소 잔고 역시 2020년 3월 이후 꾸준히 감소해 왔다. 거래가 이루어지는 거래소의 잔고가 줄어들었다는 것은 비트코인이 비유동적 지갑으로 점차 옮겨 갔다는 것을 의미한다. 비트코인을 소비하지 않고 보유하려는 경향이 역사상

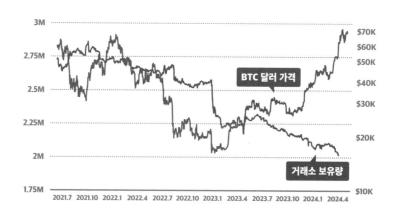

거래소 비트코인 보유량의 감소 추이(2021~2024년 초)

(출처: CryptoQuant)

최고 수준으로 강해졌다고 볼 수 있으며 비트코인에 대한 신뢰가 그만큼 높아지고 있다고 봐도 무방하다.

장기 보유자의 매수와 매도 시기를 파악하라

두 번째, 장기보유자 물량이다. 조용히 보관되고 있는 장기보유자의 비트코인 물량을 확인하면 비트코인에 대한 굳건한 신뢰를 더 명확하게 확인할 수 있다. 장기보유자의 물량은 단기보유자와는 확연히 반대로 움직였다.

옆의 상단 그래프를 살펴보면 대세 상승장이 정점을 지난 후 단기보유자의 유동성 물량과 장기보유자의 비유동성 물량 사이의 격차가 점점 벌어지는 것을 확인할 수 있다. 장기보유 물량과 비유동성 물량은 2021년 초부터 지속적으로 우상향했는데 비트코인의 상당수가 장기투자자의 콜드월렛(Cold Wallet) 등으로 옮겨져 보관되고 있다는 걸 의미한다. 콜드월렛은 인터넷에 연결되지 않고 독립적으로 존재하는 일종의 하드웨어 지갑이다. 2022년 벌어진 테라-루나 사태와 FTX 거래소 뱅크런 사태 등이 이런 흐름을 더욱 가속화했다.

그러면 장기보유자의 비트코인 축적과 분배가 어느 시점에, 어떤 형태로 나타나는지 확인해 보자. 장기보유자가 거래에 참여하지 않고 저장한 물량을 신규 발행 물량과 비교해 보자. 옆의 하단 그래프에서 파란색 영역은 장기보유자가 보유 중인 물량, 녹색 영역은 콜드월렛 등에 보관된 물량이다. 세 차례의 반감기와 이로 인한 사이클

단기보유자와 장기보유자의 비트코인 보유 물량의 격차(2021~2023년)

장기보유자의 축적과 분배 사이클

마다 서로 다른 형태의 파동이 세 차례 나타나고, 장기보유자의 축적이 일어난 것을 볼 수 있다.

- **1차 파동**: 비트코인 가격이 고점을 형성한 후 급격히 조정을 겪는 약세장 중간에 발생
- **2차 파동**: 하락장 후반기에서 바닥이 형성될 때 발생
- **3차 파동**: 반감기 도래에 맞춰 투자자들의 비트코인 보유 경향이 강해지며 발생

장기보유자의 물량이 시장에 풀리는 시기는 3차 파동이 끝난 이후다. 이때가 바로 축적이 마무리되는 시기라고 볼 수 있다. 이때부터 손 바뀜이 활발하게 일어나며, 대세 상승장으로 돌입하게 된다. 즉, 장기보유자 물량의 본격적 매도가 시작되는 것이다. 지난 세 차례 사이클에서 그 흐름이 더욱 가팔라진 것은 직전 대세 상승장의 최고점(ATH, 전고점)에 도달하는 시점이었다.

따라서 사이클의 전고점을 중요하게 살펴봐야 한다. 또한 장기투자자의 경우 이 구간까지는 꾸준히 매입해도 큰 손해를 경험하지 않을 가능성이 높다. 가격이 떨어지고 자금 유출이 지속되는 크립토윈터(Crypto Winter) 구간으로 접어들더라도 직전 대세 상승장의 최고점 밑으로는 가격이 잘 내려가지 않기 때문이다. 하지만 지난 크립토윈터 구간에서는 전고점 아래 가격대에서 2개월가량 머물렀다.

기존에는 반감기를 필두로 한 대세 상승장 사이클이 비슷하게 흘

비트코인 전고점과 사이클의 변화

3차 대세 상승장 최고점

2차 대세 상승장 최고점

2개월 정도 2차 대세 상승장의 ATH 이탈

(출처: TradingView)

러갔지만 4차 사이클에서는 지금까지와 다른 점도 분명히 있다. 먼저 반감기가 도래하기 전에 이미 전 대세 상승장의 최고점을 연이어돌파했다. 달러 기준으로도 돌파했고 한화로도 1억 원을 넘어섰다. 비트코인을 매도하며 나타나는 보유 물량의 급락과 변동도 적게 나타났다. 이는 비트코인이 점점 안정적인 자산으로 자리 잡고 있다는의미로 해석할 수 있다.

이러한 현상이 일어나는 배경에는 **비트코인 현물 ETF 승인**이라는 중요한 변수가 존재한다. 비트코인 현물 ETF 승인으로 막대한자금이 ETF로 유입되고 있다. 세계 최대 자산운용사 블랙록과 피델리티(Fidelity)를 필두로 한 비트코인 현물 ETF는 연이어 신기록을 달성하며, 기존에 상장된 모든 ETF와 비교해서도 괄목할 만한 성과를 냈다. 2024년 1월 나스닥에서 거래를 시작한 블랙록의 IBIT는 약 두 달 만에 마이크로스트래티지(MicroStrategy)가 보유한 비트코인 물량을 넘어섰다. ETF로 인해 공급 대비 수요가 10배에 달하기도 했는데, 반감기 이후 20배까지 늘 가능성이 있다는 분석이 나온다.

각 자산운용사별 비트코인 현물 ETF 거래량과 순유입량

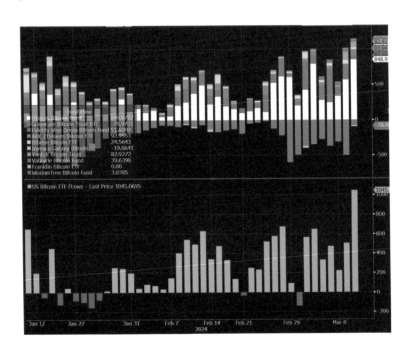

(출처: Bloomberg)

장기투자자들이 매집 및 축적에서 분배로 전략을 바꾸면 시장의 핵심 플레이어들에게도 변화가 일어난다. 매집과 축적 과정을 기관과 고래가 주도했다면, 그 이후 개인투자자가 활발하게 유입되면서 손 바뀜이 일어나고, 이는 유동성 증가와 가격 상승으로 이어진다.

한편, 장기투자자의 강한 확신은 가치저장에 특화된 자산이라는 비트코인의 특성을 더욱 강화하는 측면도 있다. 비트코인은 내재가치가 없고 주식과 같은 현금 흐름을 제공하지 않는다. 수요와 공급만으로 가격이 결정되는 비트코인과 같은 자산의 핵심은 보유자들의 신뢰다. 미래에 가치가 상승할 것이란 믿음을 공유하는 것이 무엇보다 중요하다. 다시 한번 강조하지만 장기보유자는 낮은 가격에 비트코인을 구매하고, 강세장을 통해서 훨씬 더 높은 가격에 도달할 때까지 판매하지 않는다. 이는 자산의 가치를 강화하고 사이클의 움직임을 강화한다.

자본의 흐름을 알아야 사이클을 이해한다

마지막 세 번째는 자본의 흐름이다. 암호화폐 시장에서는 자본이 어떻게 흘러가는지 알아야 전체적인 사이클을 이해할 수 있다. 자본의 흐름은 수익성과의 관계에서 살펴보아야 하는데 먼저 실현총액(Realized Cap) 개념을 이해해야 한다. 비트코인 네트워크는 'UTXO'라는 방식을 활용한다. UTXO는 'Unspent Transaction Outputs'의 약자로 '미사용 트랜잭션 출력값'이다. 대부분의 온체인 지표는 UTXO의 생성과 소멸 그리고 그 사이의 보유기간을 활용해 산출한다.

UTXO가 무엇일까? 복잡한 개념처럼 보이지만 다음 예시를 보면 이해하기 쉽다. A라는 사람이 B에게 5BTC를, C에게 1BTC를 전송받았다고 가정하자. A는 총 몇 개의 비트코인을 보유하고 있을까? 6개다. 그런데 산술적으로는 6개가 맞지만, 구조를 들여다보면 이야기가 좀 달라진다. 비트코인 네트워크는 6개를 합치지 않고 5BTC의 UTXO와 1BTC의 UTXO, 즉 2개의 UTXO를 각각 생성한다. 여기서 A가 다시 D에게 3BTC를 보낸다고 가정하자. 그러면 어떻게 될까? A가 보유한 5BTC의 UTXO가 소멸되고, 지불금의 차액인 2BTC의 UTXO가 새롭게 생성된다. 그리고 D에게는 3BTC

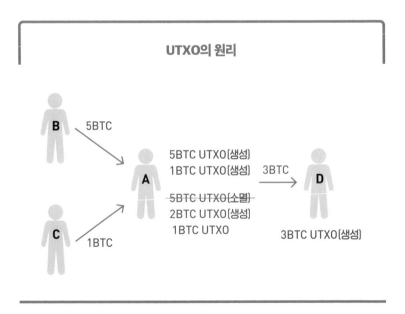

UTXO의 원리

UTXO가 생성된다. 이렇듯 비트코인의 보유기간은 UTXO의 생성과 소멸을 통해 측정된다.

비트코인 네트워크는 왜 이렇게 번거로운 UTXO 방식을 사용하는 걸까? 가장 직접적인 이유는 이중지불을 방지하기 위해서다. UTXO를 통해 산출한 시가총액이 바로 실현총액이다. 비트코인에 전통자산의 시가총액 개념을 적용하는 데는 한계가 있다. 유실되거나 사용 불능이 된 수량이 많기 때문이다. 현재까지 채굴되어 시장에 공급된 비트코인 양과 실제 유통량에는 큰 차이가 있다. 어림잡아 15~20%는 유실되었을 거라는 게 지배적인 예측이다. 유실된 비트코인이 무려 600만 개에 달할 거라는 분석도 나온다.

현재 시장가격에 공급량을 곱해서 시가총액을 산출한다면 실현총액은 UTXO를 활용해서 산출한다. UTXO상에 기록된 코인이 생성될 당시의 날짜와 금액 그리고 거래된 코인의 수를 합산해서 산출한 것이다. 정리하면, UTXO상에서 가장 마지막으로 거래된 가치를 반영해서 손 바뀜의 평균을 내고 이를 기준으로 시가총액을 계산한 것이다. 평균 매수단가 그리고 비용의 개념으로 파악하면 이해가 쉽다.

실현총액을 이용해 자본 유입·유출 및 여러 암호화폐 간의 자본 흐름을 평가해 보자. 장기보유자는 가격이 얼마나 상승해야 보유한 물량을 매도해 수익을 실현할까? 이 지점은 꽤 중요하다. 이들은 웬만한 가격 상승에는 꿈쩍도 하지 않기 때문이다.

2018년을 예로 들어보자. 장기보유자들은 6,000달러에 매집한 비트코인을 2021년 대세 상승장에서 매도했는데, 당시 비트코인 가격이 6만 달러 이상을 기록했던 점을 감안하면 약 10배 상승한 시점에 차익을 실현한 셈이다. 이를 통해 확인할 수 있는 사실은 2021년 대세 상승장에서 큰 수익을 거둔 투자자는 2018년 하락장에서부터 매집해 왔다는 것이다. 대략 3년 정도 시간이 걸렸다는 걸 알 수 있다. 여기서 중요한 포인트는 암호화폐 시장에서는 단기적으로 많은 수익을 실현하려고 하기보다는 사이클을 조금 더 긴 관점으로 보아야 한다는 것이다.

지금까지 소개한 일련의 과정은 반감기 전에 나타나는 전형적인 현상이다. 반감기가 도래하면 공급은 줄고 희소성은 크게 증가하며

장기보유자의 자본 유입·유출 흐름

(출처: glassnode)

가격 상승을 위한 응축이 이루어진다. 글래스노드의 집계에 따르면 가용 물량이 역대 최저 수준으로 떨어지는 동시에 비축 물량은 신규 발행량의 최대 2.5배 가까이를 초과하게 된다. 이를 통해 반감기에 대한 투자자들의 기대감이 상당한 수준임을 알 수 있다.

종합적으로 해석하면, 투자자들이 반감기를 의식하여 반감기가 다가올 즈음 비트코인을 소비하지 않고 보유하려는 경향이 강해지고 이후 장기보유자 물량이 단기보유자에게로 이동한다고 정리할 수 있다. 곧 사이클의 중심에는 반감기가 위치한다.

자본은 알트코인으로 흐른다

비트코인 사이클은 비단 'BTC' 가격 상승에서 그치지 않는다. 지난 세 차례 대세 상승장에서 비트코인 가격이 충분히 상승하고 난 이후 알트코인 상승이라는 흐름이 동일하게 관찰되었다. '알트 시즌' 혹은 '알트코인 대세장'이라는 말은 비트코인을 제외한 알트코인에 자본이 집중되는 시기를 의미하는데, 암호화폐 시장의 '자본 순환'을 뜻하는 개념이기도 하다. 우선 과거의 패턴을 살펴보자. 자본은 다음과 같은 순서로 움직였다.

비트코인(BTC) → 이더리움(ETH) → 스테이블코인(Stable Coin)

자본의 이동은 실현가치(Realized Value)의 증감을 통해 확인할 수 있다. 스테이블코인 중에서는 특히 테더(USDT)의 움직임을 눈여겨보아야 한다. 테더 물량이 늘어날 때 비트코인과 이더리움은 물론이고, 이 외의 여러 알트코인이 펌핑되는 모습을 볼 수 있다. 따라서 자본이 세 자산 모두에 유입되는 시기는 시장의 투자심리가 활성화되어 위험을 감수하더라도 적극적으로 투자에 임하는 시기임을 의미한다. 반면에 이 셋 중 하나에서라도 정체가 아닌 자본의 유출이 시작되면 리스크를 회피하려는 움직임이 일어난다.

과거의 패턴을 통해 조금 더 상세하게 알아보자. 2020년부터 2021년까지 있었던 대세 상승장 상황에서의 온체인 지표를 살펴보

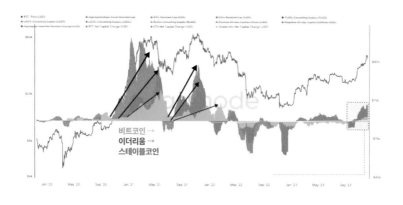

(출처: glassnode)

면 비트코인, 이더리움, 스테이블코인 순서로 자본이 유입되는 것을 확인할 수 있다.

비트코인, 이더리움, 스테이블코인 모두 자본이 유입되는 기간은 대세 상승장이라는 걸 의미한다. 그런데 이후 비트코인이 제외되고,

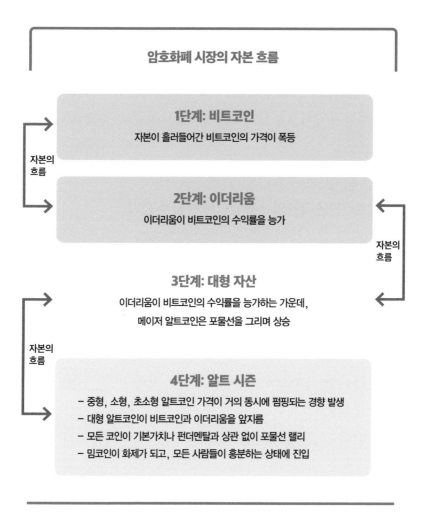

이더리움과 스테이블코인으로 점차 자본이 이동하는 패턴을 보였다. 자본이 비트코인과 같은 시가총액이 큰 거대 자산에서 시가총액이 작은 소형 자산으로 점차 흘러들어 간다는 의미다. 이렇게 비트코인을 제외하고 나머지 알트코인으로 자본이 이동하는 구간을 알트코인 대세장이라고 부른다. 비트코인과 이더리움을 거친 자본은 메이저 알트코인을 거쳐 마이너 알트코인으로 흘러들어 간다.

알트코인 대세장을 더 구체적으로 확인하려면 비트코인 도미넌스와 TOTAL3(비트코인과 이더리움 제외) 시가총액을 살펴보아야 한다. 지표를 통해 명확하게 타이밍을 확인하는 방법은 3부에서 자세히 소개하겠다.

비트코인은 죽음의 소용돌이에 빠질 수 없다

한편, 반감기가 다가오면 어김없이 등장하는 시나리오가 있다. 바로 '죽음의 소용돌이(Death Spiral)'다. 반감기와 관련해 가장 중요하게 관찰해야 하는 주체는 채굴자다. 반감기는 채굴 보상으로 주어지는 BTC의 양을 절반으로 줄이는 프로세스다. 즉, 채굴자의 채산성이 일시적으로 반토막이 난다는 뜻이다. 채굴자의 입장에서는 반길 만한 이벤트가 아니다.

가령 채굴에 3만 달러 정도의 비용이 든다고 가정해 보자. 채산성이 맞으려면 비트코인 가격이 적어도 3만 달러 이상이어야 한다. 그런데 반감기를 거치면 보상이 절반으로 줄기 때문에 BTC 가격이 적어도 6만 달러 이상은 되어야 채산성이 나온다. 참고로 채굴은 치열한 경쟁을 통해 이루어지므로 채굴 원가가 비트코인 시세와 크게 차이가 나지 않는 범위에서 형성된다. 채굴자가 막대한 부를 구축할 수 있는 구조로 설계돼 있지 않다.

죽음의 소용돌이는 채굴자들의 행동 패턴에 관한 시나리오다. 이 시나리오는 채굴 보상이 감소해서 수익성이 크게 낮아지면 채굴자가 일제히 채굴기 가동을 중단할 거라는 가정에서 출발한다. 그러면 해시레이트(Hashrate, 전체 네트워크에 동원된 연산력의 합)가 급락하고, 10분에 하나씩 생성되어야 하는 블록은 몇 시간, 며칠, 그 이상으로 시간이 지연된다. 사토시 나카모토는 블록의 생성속도가 10분 간격으로 유지되도록 약 2주마다 난이도를 조정하는 기능을 프로토콜에 포함시켰다. 블록이 너무 빨리 생성되면 난이도가 증가하고, 너무 오래 걸리면 난이도가 감소하는 방식으로 구현된다. 그런데 채굴 난이도 조정은 2주라는 정해진 기간마다 이뤄지는 것이 아니라 2016개 블록마다 자동으로 조정된다. 따라서 블록 생성이 지연될수록, 난이도가 하향 조정되는 시간도 길어진다.

결국 비트코인 네트워크의 안정성, 보안성은 급격히 악화되고, 운영 자체가 불가능해진다. 다음 수순은 이름 그대로 죽음의 소용돌이로 치닫게 된다. 전체 시스템은 멈추고 가격은 0으로 떨어진다. 그렇다면 지금까지 세 차례 반감기를 겪는 동안 비트코인 가격은 어떻게 되었을까? '죽음의 소용돌이' 시나리오대로 이루어지지 않은 것은 물론이고, 오히려 크게 상승했다. 그 이유가 무엇일까? 3가지

정도로 추측할 수 있다.

하나, 채굴자는 수익성 측면에서 가장 현명한 선택을 한다. 비트코인 채굴에는 주로 ASIC 채굴기를 사용한다. ASIC 채굴기는 호환되는 다른 암호화폐의 채굴에도 사용할 수 있다. 2017년 8월, 비트코인캐시가 하드포크(Hard Fork)되면서 당시 채굴자들이 비트코인 대신 비트코인캐시에 집중할 것이라는 내러티브가 팽배했다. 커뮤니티와 언론에서는 '죽음의 소용돌이'를 언급했다. 그런데 우려했던 일이 실제로 일어났을까? 현재 비트코인 네트워크는 당시보다 훨씬 단단하게 자리 잡았다. 당시 상황을 돌이켜보면, 채굴자들이 비트코인캐시로 옮겨 가면서 비트코인 네트워크의 해시레이트가 일시적으로 하락했다. 그러자 이를 기회로 여긴 신규 채굴자가 비트코인 네트워크에 더욱 많이 유입되었다. 이렇듯 채굴자들은 서로 치열하게 수싸움을 벌이고 있으며 수익성 측면에서 가장 현명한 선택이 무엇인지 누구보다 잘 알고 있다.

둘, 채굴자는 비트코인의 '장기적인 가치'에 투자한다. 채굴은 매우 높은 자본지출(CAPEX)과 영업지출(OPEX)을 동반한다. 자본지출은 미래의 이윤을 창출하기 위해 소모한 비용이다. 대표적으로 채굴기를 구입할 때 드는 비용을 들 수 있다. 영업지출은 보유한 자산의 유지 및 보수에 필요한 비용으로, 채굴기를 작동하는 데 소모되는 전기료, 상가 임대료, 인건비 등을 의미한다. 쉽게 말해서 채굴자는 채굴에 막대한 생산비용을 투입한다. 2022년 크립토윈터 구간을 떠올려 보자. 비트코인 가격이 크게 하락했지만 해시레이트는 꾸준히 상승했다. 채굴자들이 단기적인 이익만을 바라보았다면 불가능했을 현상이다. 채굴 비용이 비트코인 보상을 초과하는 기간이 일시적으로 발생할 수도 있지만 이로 인해 비트코인 네트워크가 영구적으로 붕괴할 가능성은 희박하다. 효율성이 낮은 영세 사업자들은 채산성이 낮아지면 채굴을 중단할 수도 있다. 그러면 대형 채굴자들은 영세 사업자의 채굴기를 매입해서 업그레이드를 단행한다. 채굴자들은 반감기 후 일시적으로 어려움을 겪을 수 있지만, 비트코인 가격이 결국 크게 상승할 것이라는 믿음을 가지고 있다. 게다가 이들은 반감기의 여파를 누구보다 잘 인지하고 있다. 채굴자는 반감기를 대비해서 채굴로 얻은 비트코인을 단기적으로 매도하기도 한다. 운영비용을 충당하기 위해서다. 하지만 단기 매도 물량이 전체 물량에서 차지하는 비중은 크지 않다. 비트코인 반감기 이후 대세 상승장에 돌입하기까지 6개월 정도 기간이 걸리는 이유도 여기에 있다. 채굴자의 구조적인 변화가 마무리되고 다시 본격적인 경쟁에 돌입하기 위해서는 시간이 필요하기 때문이다.

셋, 테라와트급 전기가 소모되는 채굴 산업을 중단한다는 것은 단순히 채굴기의 플러그를 뽑는 것만으로 해결되는 일이 아니다. 오늘날 채굴 산업은 작은 국가 규모의 에너지를 필요로 하는 일이다. 실제로 폴란드, 베네수엘라 등의 연간 전력 소모량과 맞먹는다. 모든 채굴자가 비트코인의 미래 구매력이 회복 불능이라고 확신하더라도 전체 네트워크를 종료하는 과정에는 몇 주를 넘어서 몇 달 이상이 소요될 수밖에 없다. 채굴자들은 전기 공급업체와 다양한 형태로 계약을 맺고 있기 때문에 파산하더라도 대부분 채굴을 일정 기간 지속할 수밖에 없다. 이런 사실들로 미루어 볼 때 비트코인은 한 국가 이상의 가치를 지니는 산업으로 성장한 것은 물론, 거대한 생태계를 형성했다고 할 수 있다.

비트코인 채굴은 점점 더 체계적으로 이루어지고 있다. 영세한 채굴자는 꾸준히 도태되고, 강력한 인프라를 보유한 채굴자는 더 큰 기회를 얻고 있다. 따라서 이렇게 생각해 볼 수 있다. **반감기 효과는 오히려 '죽음의 소용돌이'의 반대급부로 생겨나는 것이다.** '죽음의 소용돌이'에 빠지지 않으려면 비트코인의 가격이 반드시 상승해야만 하는 당위성이 생겨난다고 말이다.

비트코인의 폭발적 상승과 유동성

반감기라는 이벤트와 가격 상승의 관계를 인정하지 않는 투자자도 상당수 존재한다. 비트코인의 대세 상승장은 거시경제적 사건과 그로 인해 수반되는 유동성에서 기인한다고 보는 관점이 대표적이다. 반감기를 부정하는 주된 이유는 명확한 역학 관계가 밝혀지지 않았으며 반감기로 인해 발생하는 상승 패턴이 논리적으로 맞지 않는다는 것이다. 즉, 블록 보상이 점점 줄어든다는 것은 프로그램화되어 있는 정해진 이벤트이고, 대부분의 투자자들이 오래전부터 인지하고 있는 만큼 가격 상승이 반감기 이전부터 선행적으로 이루어져야 하지 않느냐는 것이다.

ASIC 채굴기를 생산하는 비트메인(Bitmain)과 매트릭스포트(Matrixport)의 창립자 우지한(吳忌寒)은 지난 세 차례 대세 상승장이 그저 거품이 생겨나고 사라지는 주기와 맞물렸을 뿐 반감기와는 관계가 없다고 주장했다. 북미 최대 채굴업체 중 하나인 마라톤디지털(Marathon Digital)의 CEO 프레드 티엘(Fred Thiel) 역시 "비트코인 반감기에 따른 상승장은 없을 것"이라면서 이를 "환상일 뿐"이라고 주장했다. 2023년 6월 발간된 코인베이스(Coinbase)의 보고서에서도 비슷한 맥락을 확인할 수 있다. 반감기가 비트코인 가격 상승 및 암호화폐 시장에 미치는 영향이 불분명하다며 다음과 같이 분석한 것이다.

"비트코인 반감기가 시장에 미치는 영향을 분석하기 위해서는 유동성, 금리, 달러 움직임 등의 요소를 분리해서 살펴봐야 한다. 반감기는 종종 비트코인 가격에 긍정적으로 작용한다고 간주되지만, 과거 반감기가 세 번밖에 없었다는 점에서 가격과 반감기의 상관성에 대한 분석은 여전히 제한적이다. 비트코인 반감기는 자산의 희소성을 높이고 수요와 공급에도 영향을 미친다는 점에서 긍정적이다. 그러나 비트코인 시세에 영향을 미쳤다는 명확한 증거는 없다."

그렇다면 이들의 주장대로 과연 대세 상승장 기간에 충분한 유동성이 공급되었기 때문에 비트코인 가격이 상승한 걸까? 시기별로 한번 살펴보자.

미 금융 당국은 2009년부터 2014년까지 양적완화 정책을 펼쳤고, 2008년부터 제로금리를 유지했다. 따라서 1차 반감기 이후의 대세 상승장은 유동성과 관계가 있다. 2017년에 있었던 2차 대세 상승장은 어떨까? 미국은 2017년부터 2019년까지 양적긴축을 추진했다. 당시는 2015년 12월 제로금리 종료 후 금리 인상기였다. 즉, 2차 대세 상승장은 금리전환기에 발생했기에 유동성과의 연결고리를 찾기에는 다소 제한이 있다. 미국은 2020년부터 2022년까지 다시 양적완화를 추진했고, 2020년 3월 이후 제로금리를 유지했다. 따라서 2021년의 대세 상승장은 유동성과 관계가 있다. 결론적으로 두 번은 맞고, 한 번은 아니다. 코인베이스 보고서에서는 2차 대세 상승장의 주요 원인으로 2016년 9월에 있었던 영국의 유럽연합(EU) 탈퇴를 꼽았다. 영국이 유럽연합을 탈퇴하는 브렉시트(Brexit)가 현실화되었을 당시 전 세계 환율이 요동쳤고, 이에 세계 경제상황에 좌우되는 기축통화보다 상대적으로 안정적인 자산으로 꼽히는 비트코인의 가격이 상승했다는 것이다. 브렉시트가 비트코인이 금융 위기와 리스크에 최적화된 대체자산이자, 지정학적 자산이라는 내러티브를 더욱 강화하는 계기였던 건 분명하다. 하지만 대세 상승장을 설명할 정도의 파급력과는 거리가 있다.

유동성을 대세 상승장의 직접적인 원인으로 몰고 가는 것에는 동의하기 어렵지만, 유동성과 비트코인 가격 간에 밀접한 상관관계가 있음을 부인할 수는 없다. 비단 비트코인뿐만이 아니라 모든 자산이 마찬가지인데, 가격 상승에서 유동성의 역할은 매우 중요하다. 다만 유동성 시나리오만으로 다른 모든 자산을 압도했던 비트코인의 폭등을 완벽히 설명하기는 어렵다.

지금까지 반감기를 중심으로 한 대세 상승장의 흐름을 살펴보았다. 공급의 긴축이 주요 요인이었고, 신규 공급뿐만이 아니라 유통량이 극도로 긴축되는 상황도 함께 고려해야 한다는 점을 알아보았다. 물론 반감기를 중심에 두어야 하지만 반감기 단일 효과로만 대세 상승장이 왔다고 보기는 어렵고, 복합적인 요인들이 있었을 것이다. 특히 앞으로는 수요와 관련한 측면이 상당히 중요하게 작용할 가능성이 높다.

이어지는 장에서는 현재 자산으로서 비트코인의 가치가 어느 정도이고 또 앞으로 어떻게 변해 갈 것인지, 다른 전통적인 자산들과 비교하며 살펴보도록 하겠다. 아울러 다른 자산들과 대비해 비트코인에 어떤 경쟁력이 있는지 알아보겠다.

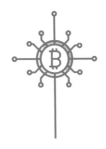

2장

대체할 수 없는 자산이 될 비트코인

비트코인이 달러인덱스와 반대로 가는 이유

달러인덱스는 미국 달러화의 가치변동을 확인하는 지표다. 유로, 엔, 파운드, 캐나다 달러, 스웨덴 크로나, 스위스 프랑 등 경제규모가 크거나 통화가치가 안정적인 주요 6개국 통화에 대한 미국 달러화의 평균가치를 지수화한 것이다. 유로 57.6%, 엔 13.6%, 영국 파운드 11.9%, 캐나다 달러 9.1%, 스웨덴 크로나 4.2%, 스위스 프랑 3.6%로 비중이 정해져 있다.

달러인덱스는 1973년 3월 달러 가격을 기준점인 100으로 설정한 후 미국 연방준비제도이사회(FRB)에서 주기적으로 추이를 작성하고 발표한다. 상승하면 달러 가치가 올랐다는 뜻이고, 하락하면 달러 가치가 떨어졌다는 뜻이다. 달러인덱스는 주식시장, 국제원자재시장 등을 전망하는 주요 지표로 사용된다. 달러인덱스가 오르면 주식을 비롯한 자산시장은 주로 약세를 띤다. 반면 미국 국채 수익률은 달러인덱스와 일반적으로 양의 상관관계를 지닌다.

역사상 달러인덱스가 가장 높았던 시기는 1985년 2월로 164.72를 기록했다. 역사적인 강달러 기조에 당시 레이건 행정부는 미국, 일본, 서독, 프랑스, 영국 등 주요 5개국 재무장관을 뉴욕 플라자 호텔로 불러들여 달러 약세 유도를 위한 합의안을 도출했다. 이것이 바로 그 유명한 '플라자합의'다. 이후 달러인덱스는 1985년 12월 말 기준 100.18로 급락했는데, 이는 달러인덱스 산출 이후 최대 하락폭이었다. 달러인덱스가 역사상 가장 낮았던 시기는 2008년 3월로 70.698을 기록했다. 미국이 글로벌 금융위기를 극복하기 위해 천문학적인 수준으로 달러를 찍어내는 양적완화 정책을 펼친 탓에 달러의 가치가 큰 폭으로 하락한 것이다. 그리고 바로 이 시점에 비트코인이 탄생했다.

달러인덱스는 거시경제 상황을 반영하며 움직인다. 비트코인은 달러인덱스와 반대로 움직이는 경향이 있다. 비트코인은 태생적으로 기존 신용화폐 시스템의 혁신에 목적이 있기에 반(反)달러 기조를 지닌다. 또한 2,100만 개로 발행량이 한정되어 달러처럼 무한히 찍어낼 수 없는 구조로 되어 있다.

시기별 비트코인 가격과 달러인덱스의 상관관계

　　그런 의미에서 달러인덱스는 비트코인 투자에서 핵심적으로 확인해야 하는 지표 중 하나다. 비트코인은 중요한 **가치저장 수단**이자, 인플레이션 **헤지 수단**으로 부각되고 있다. 인플레이션 위기를 비롯해 지정학적 갈등, 중앙화된 금융 시스템의 불안정성 등이 반복될수록 비트코인의 가치는 더욱 주목받을 것이다.

　　많은 사람들이 비트코인을 여전히 위험자산으로 취급한다. 투자자산이 아닌 투기자산으로 보는 시각도 존재한다. 하지만 필자는 2023년을 기점으로 비트코인에 대한 시각이 크게 바뀌었다고 생각한다. 2023년 초, 미국의 중소형 은행 파산 사태가 벌어지자 시장은 글로벌 금융위기가 재현될지도 모른다는 극심한 공포에 휩싸였다. 실버게이트은행(Silvergate Bank), 실리콘밸리은행(SVB), 시그니처은행(Signiture Bank), 퍼스트리퍼블릭은행(First Republic Bank) 등이 연쇄 파산하면서 미국 증시는 무너졌다. 하지만 그와 반대로 비트코인은 상승 랠리를 시작했다. 2022년 내내 이어져 오던 비트코인과 나스닥의 커플링도 종지부를 찍었다. 대체자산으로서 비트코인의 정체성이 크게 강화된 것이다. 미국 금융 시스템의 위기는 완전히 끝나지 않았다. 상업용 부동산 대출 부실 사태와 맞물리면서 금융 불안감을 조성할 가능성도 여전히 열려 있다. 더욱이 법정통화와 중앙화된 금융 시스템에 대한 믿음에도 점점 균열이 일어나고 있다.

이런 상황이 지속되면 투자자들은 전통적인 금융의 취약성으로부터 자산을 안전하게 보호할 피난처를 찾아나설 것이다. 이러한 경향은 지정학적인 갈등의 증폭과 더불어 고조될 가능성이 높다. 그리고 가장 훌륭한 대안으로 각광받는 것이 바로 비트코인이다. 실제 미국 기관투자자들은 이미 비트코인을 달러 인플레이션의 헤지 수단으로 사용하고 있다. 아르헨티나처럼 초인플레이션을 겪고 있는 국가의 투자자들도 비트코인을 적극적으로 채택하고 있다.

기축통화 달러의 지위는 약해질 것이다

미국 달러는 기축통화다. 기축통화는 국제단위의 결제나 금융거래의 기본이 되는 화폐를 말한다. 1992년부터 2024년 현재까지 미국은 무역수지 적자를 기록하고 있다. 수출보다 수입이 더 많다는 의미다. 언뜻 이해가 안 갈지도 모른다. 미국은 세계 최강대국이고, 경제대국인데 어째서 적자를 기록하고 있을까? 여기서 기축통화가 갖춰야 하는 주요 요건을 확인할 수 있다. 적자라는 건 국내 생산량이 전체 지출보다 적다는 뜻이다. 즉, 모자라는 양을 다른 나라로부터 수입하고 있다는 것이다. 결론적으로 순수출은 생산에서 총지출을 제외한 값이기 때문에, 순수출이 마이너스면 무역적자국이 된다.

순수출 = 생산 - 총지출(소비 + 투자 + 정부지출)

이번에는 관점을 조금 바꿔 보자. 무역수지라는 개념은 단순히 물건이 국경을 넘어서 오가는 것만을 의미하지 않는다. 자본의 이동을 내포하는 더 광범위한 개념이다. 순수출이 마이너스라는 것은 모자라는 돈을 다른 나라로부터 빌려야 한다는 의미다. 결국 미국이 무역적자국이라는 것은 자국에서 생산되는 것보다 많이 지출하고 있다는 것이고, 부족한 돈을 다른 나라로부터 빌려오는 채무국이라는 것을 의미한다.

이런 구조가 가능한 이유는 미국 달러가 기축통화로서 힘을 지니기 때문이다. 세계 경제와 무역은 달러를 중심으로 돌아가고, 시장에는 달러에 대한 수요가 늘 존재한다. 그래서 미국이 돈을 빌리기 위해 발행하는 채권, 즉 미국채가 가장 인기 있는 투자 상품이 되는 것이다. 실제로 미국채는 가장 안전한 자산 중 하나로 평가받는다.

미국은 기축통화로서 달러의 지위를 이용해 낮은 이자율로 다른 나라로부터 쉽게 돈을 빌릴 수 있다. 그간 싸게 빌린 돈으로 외국에서 상품을 수입해 자국에서 생산된 것보다 더 많은 양을 지출할 수 있었다. 그 과정에서 미국에 상품을 수출하는 국가들은 달러를 벌어들였다. 미국이 수입을 많이 할수록 상대국의 경제가 활성화되고, 미국 달러도 전 세계적으로 많이 유통되는 구조다. 이런 구조에서 만약 미국이 무역흑자국으로 전환되면 어떻게 될까? 그동안 미국에 상품을 팔았던 국가의 경우 수출이 줄어들고 경제성장률도 떨어지게 된다. 이는 글로벌 경제의 위축을 야기하며, 달러의 국제 유동성이 줄어들면서 기축통화국으로서 미국의 지위도 위협받게 된다.

그러면 이런 질문을 해볼 필요가 있다. 과연 미국 달러는 앞으로도 기축통화의 지위를 유지할 수 있을까? 다른 기축통화가 생겨나지는 않을까? 이 논쟁은 20년 이상 지속되고 있지만 달러의 지위는 아직까지 굳건하다. 그러나 2008년 이후 달러의 위기에 대한 목소리가 커지고 있는 것도 사실인데, 그 이유는 미국의 대규모 재정 및 무역적자가 걷잡을 수 없이 쌓이고 있기 때문이다. 거기다 미국의 국가신용등급 강등을 비롯해 미국 경제가 세계 경제에서 차지하는 비중도 점점 줄어드는 등 앞으로 달러의 지위가 약해질 것이라는 전망이 점차 설득력을 얻고 있다.

비트코인은 달러를 넘어설 수 있을까

그렇다면 비트코인이 과연 달러를 대신해 기축통화가 될 수 있을까? 이 질문에 답하기 위해서는 기축통화의 조건을 조금 더 구체적으로 살펴보아야 한다. 기축통화는 국제무역결제에 사용되고, 환율 평가 시 지표가 되며, 대외준비자산으로 보유되는 통화 등을 의미한다. 기축통화가 갖추어야 하는 조건은 크게 4가지로 볼 수 있다.

- **경제력**: 세계 경제를 이끌어갈 수 있어야 한다.
- **교환성**: 모든 국제거래에서 폭넓게 사용되어야 한다.
- **환율의 안정성**: 통화가치의 급속한 하락 위험이 적어야 한다.
- **금융시장의 발전**: 선진화된 금융시장과 금융의 폭넓은 국제화도 갖추어야 한다.

전 세계의 통화 중에서 위 조건을 모두 충족하는 통화는 미국 달러가 유일하다. 최근 부상하고 있는 중국 위안화와 비교해 보자. 국제은행간통신협회인 스위프트(SWIFT) 내 비중을 보면 달러는 42.7%인데, 위안화는 2.3%로 엄청난 격차가 난다. 연간 거래금액에서도 스위프트는 150조 달러에 달하지만 중국의 위안화 결제 시스템인 CIPS는 14조 달러에 불과하다. 글로벌 외환보유고에서도 미국 달러는 58.4%인데 위안화는 2.7%에 그친다. 유로화, 엔화, 파운드화에 이어 4위지만, 비중은 미미하다. 국제통화기금(IMF)이 발행하는 국제준비자산 특별인출권(SDR) 내 비중 역시 달러는 43.3%인데, 위안화는 11.6%로 작다. 무엇보다 글로벌 외환시장 거래에서 달러 비중은 2022년 기준 무려 90%에 육박했다.

달러인덱스에 포함되는 유로화, 파운드화, 엔화, 스위스 프랑 등은 기축통화 후보로 꼽힌다. 하지만 발행국의 경제규모나 각각의 통화들이 세계 교역에서 결제수단으로서 차지하는 비중 등을 감안할 때 미국 달러화를 대신할 위치는 아니다. 그나마 가능성이 높은 것이 유로화다. 유로화의 경우 경제규모 면에서는 달러를 대신할 통화로서 입지를 갖추고 있다. 하지만 유로존 내 다수 국가들이 경제위기를 겪고 있다는 점과 회원국들 간의 이해관계가 첨예하게 대립하는 상황을 감안할 때 뚜렷한 결격 사유가 존재한다. 달러는 한 국가의 통화로서 일사불란한 경제 및 통화정책을 구사할 수 있기에 유로화보다 안정성 측면에서 큰 강점이 있다. 비트코인이 과연 이런 달러를 대체하고 기축통화의 지위를 누릴 수 있을까? 투자자들 사이에서 그러한 기대감이 존재하는 것은 사실이다. 비트코인이 통화로서 가치를 지니기 위해서는 몇 가지 약점을 극복해야 한다. 비트코인이 극복해야 할 약점과 이를 극복할 가능성이 높은 이유는 다음과 같다.

첫째는 가격 변동성이다. 비트코인을 통화로 사용하기에는 여전히 변동성이 크다. 실시간으로 환율이 변동되기 때문에 결제시기에 따라 지급하는 금액이 달라지는 결점이 있다. 이는 통화 신뢰성의 감소로 이어질 수 있다. 하지만 비트코인의 가치는 나날이 안정되고 있으며 중남미와 아프리카, 동남아시아 국가를 중심으로 사용성이 증대되고, 법정화폐 도입도 이루어지고 있다.

둘째는 범용성이다. 전 세계적으로 보면 여전히 소수의 사람들만 비트코인을 사용하고 있다. 비트코인이 세계적으로 통용되려면 시간이 필요하다. 하지만 현재 비트코인 채택은 개인을 넘어서 여러 투자기관과 기업, 국가적 차원으로 확대되고 있다. 앞으로도 범용성은 더욱 증가할 전망이다.

셋째는 보안 이슈다. 마운트곡스(Mt. Gox) 해킹, FTX 파산, 바이낸스(Binance) 사태 등에서 보았듯 암호화폐 거래소들은 여러 리스크를 안고 있다. 해킹을 당해 투자자들이 피해를 보는 사건은 꾸준히 발생하고 있다. 현재까지도 안정성이 확실하게 담보되지 못한 상황이다. 하지만 해킹 이슈는 거래소의 문제이지, 이를 블록체인 기술의 근본적인 문제로 연결하기는 어렵다. 비트코인 네트워크는 지금까지 단 한 번도 해킹당한 적이 없다.

넷째는 중앙은행의 규제 이슈다. 암호화폐의 사용이 늘어날수록 민간의 현금 보유비율 감소, 중앙은행의 역할 축소 등 통화정책에 각종 영향을 미칠 수 있다. 중앙은행들이 중앙은행디지털화폐(CBDC) 발행을 추진하는 이유도 이와 일정 부분 관계가 있다. 하지만 CBDC가 비트코인을 대체할 수 없고, 비트코인이 CBDC를 대체하지도 않는다. 둘은 서로 성격이 다른 자산으로서 공존할 가능성이 높다.

결론적으로 통화로서의 지위와 더불어 자산으로서 비트코인의 정체성은 더욱 강화될 가능성이 높다. 기축통화의 지위를 가질 가능성도 존재하지만, 그것이 곧 달러의 대체를 의미하는 것은 아니다. 둘 중 하나만 가능하다는 이분법을 적용할 필요 없이, 비트코인과 달러는 앞으로도 공존할 것이다. 달러 공급이 부족한 국가를 중심으로 비트코인의 화폐 기능이 강화될 가능성이 높다고 본다. 무엇보다 비트코인이 대체자산으로서 입지를 공고히 한다면 달러와의 충돌을 피할 수 있다.

CBDC는 비트코인을 대체할 수 없다

CBDC와 비트코인의 관계성을 좀 더 자세히 알아보자. CBDC는 'Central Bank Digital Currency'의 약자다. 각 국가의 중앙은행에서 발행하는 디지털 화폐로서 현금, 종이돈을 디지털화하는 개념이다. 화폐의 디지털화에 관한 구상은 정보통신기술(ICT)이 발전하면서 오랫동안 논의된 사안이다. 그런데 각 국가들이 CBDC 개발에 본격적인 박차를 가하게 된 결정적인 계기는 비트코인 때문이 아니다. 그 계기는 바로 2019년 6월에 발표된 리브라(Libra) 프로젝트였다. 리브라 프로젝트는 당시 전 세계 25억 명 이상의 사용자를 보유한 페이스북(Facebook), 현재의 메타(Meta)가 주도한 디지털 통화 프로젝트다. 이 프로젝트의 목표는 전 세계적으로 사용 가능한 디지털 통화를 만들겠다는 것이었다. 리브라는 중앙은행의 통제 없이 발행 가능한 디지털 화폐였기 때문에 각 국가의 중앙은행들은 이 프로젝트를 무척 경계했다.

리브라 프로젝트의 영향력을 줄이고 기존 금융 시스템을 보호하는 것을 목표로 각국 중앙은행들은 CBDC 프로젝트에 본격적으로 착수했다. 전 국가적인 경계 속에서 리브라 프로젝트는 범위를 대폭 축소해 디엠(Diem)이라는 프로젝트로 변경되었는데 현재까지 유의미한 성과를 보여주지 못하고 있다.

2020년, 국제결제은행(BIS)을 중심으로 6개국 중앙은행이 CBDC 프로젝트를 주도하기 시작했다. 바로 스위스, 유럽연합, 영국, 캐나다, 일본, 스웨덴이었다. 미국의 싱크탱크인 애틀랜틱카운슬(Atlantic Council)에 따르면 전 세계 국내총생산(GDP)의 95%를 차지하는 114개국이 CBDC 발행을 검토하고 있다고 한다. 한국도 여기에 포함된다. 114개국 중에서 가장 빠르게 CBDC를 추진하고 있는 나라는 브라질, 아랍에미레이트, 러시아, 싱가포르, 중국이다. 그리고 CBDC 구현에 가장 앞선 나라는 중국이다.

그렇다면 미국의 CBDC 개발은 어느 정도 수준에 와 있을까? 다른 국가들이 열심히 CBDC를 개발했던 약 2년 동안 미국은 CBDC 도입에 다소 보수적인 입장을 취했다. 그 이유는 달러가 기축통화이기 때문이다. CBDC를 발행하면 미국 달러가 지닌 국제적 지위와 금융 리더십에 영향을 미칠 수 있다. 거기다 많은 국가들이 사용하고 있어서 섣불리 디지털화하기도 어려운 구조다. 2022년 1월, 연방준비제도(Fed, 연준)는 '디지털 전환 시대의 미국 달러(Money and Payments: The U.S. Dollar in the Age of Digital Transformation)'라는 보고서를 발간하고 CBDC 도입에 대한 의견을 받기 시작했다. 다음 달인 2월, 보스턴 연방준비은행(FRB, Federal Reserve Bank)과 MIT가 손을 맞잡고 '해밀턴 프로젝트 1단계(Project Hamilton Phase 1)' 보고서를 발표했다. 그리고 바로 다음 달인 3월, 바이든 대통령이 CBDC, 암호화폐 등 디지털 자산에 대한 규제 및 정책 방향을 신속히 모색하라는 행정명령을 내렸다. 미국은 프로젝트 시더(Project Cedar)라는 CBDC 프로그램을 개발하고, 이를 통해 다국적 결제 시스템에서 사용하는 블록체인 기반 프레임워크를 구축했다. 미국은 분산원장기술(Distributed Ledger Technology)을 직접 사용하지는 않지만 블록체인의 주요 기술들을 접목했다. 하지만 미국이 CBDC를 도입하기까지는 시간이 더 필요할 것으로 보인다. 기술보다는 정책적인 문제가 중요하다. 미국이 CBDC 도입을 고민하는 이유는 크게 4가지로 정리할 수 있다.

첫째는 프라이버시, 즉 사생활 침해 문제가 있기 때문이다. CBDC를 이용하면 모든 현금 흐름과 돈의 사용처를 추적할 수 있고 이를 개인의 사회적 신용평가와도 연동할 수 있다. 개인의 모든 행동을 추적 가능하며, 만약 개인이 규정을 어기면 손쉽게 페널티를 부과할 수 있다. 그리고 수용성 문제가 발생할 수 있다. 이렇듯 사생활 침해 논란이 있는 CBDC를 사람들이 과연 얼마나 사용할까? 현금을 사용하는 데는 저마다 이유가 존재하는 법이다.

둘째는 상업은행의 입지가 흔들릴 수 있기 때문이다. 이는 CBDC를 정책적으로 승인하기 어려운 가장 실질적인 이유다. CBDC는 중앙은행에서 발행해, 바로 개인 지갑으로 보내기 때문에 상업은행을 거치지 않는다. CBDC가 출시되면 은행이 예금으로 조달한 자금을 대출해 주고 이자를 받는 예대마진 비즈니스가 어려워질 가능성이 있다. 새로운 서비스를 모색하지 못하는 은행은 차츰 도태될 수 있다.

셋째는 양적완화와 같은 유동성 공급 수단을 더 쉽게 사용할 수 있게 되기 때문이다. 디지털 화폐는 종이돈보다 쉽게 찍어낼 수 있고, 따라서 인플레이션 위험도 더욱 높아진다.

넷째는 기존의 화폐 시스템을 위협할 가능성을 배제할 수 없고, 여러 새로운 형태의 금융범죄를 발생시킬 수 있기 때문이다.

CBDC를 발행하려면 이처럼 다양한 검증이 필요하다. 모든 국가들이 CBDC 발행에 신중하게 접근하는 이유도 여기에 있다. 현재 주요 선진국 중에서 CBDC 발행을 공식화한 나라는 중국 정도밖에 없다. 트럼프 전 미국 대통령의 경우 2024년 대선에 나서며 CBDC를 금지한다는 공약을 내걸기도 했다.

CBDC는 비트코인에 악영향을 미칠까? 이에 관해서는 찬반 논란이 있지만, 필자는 그렇지 않을 것으로 본다. CBDC는 결제수단으로서 비트코인보다 강점이 많다. 앞서 언급했듯 비트코인은 디지털 통화보다는 가치저장 수단이라는 정체성이 강해졌다. 결제수단으로서도 충분히 공존할 수 있지만 사용성에서는 차이가 날 수 있다.

한편, CBDC가 비트코인이 아닌 달러의 미래에 더 위협적일 거라는 관점도 있다. 코인데스크(Coindesk)의 칼럼니스트이자 작가인 마이클 케이시(Michael Casey)는 국가가 CBDC를 직접 교환할 수 있는 '프로토콜 기반의 상호운용성'이 국제 통화 시스템을 획기적으로 바꿀 것이라고 주장했다. 미래의 특정 날짜에 특정 금액의 통화를 특정 환율로 교환하기로 약정하는 환율선도거래라는 개념이 있다. 이것을 탈중앙화된 블록체인 기반 에스크로 구조에 적용해 암호학적으로 잠그면 혁신적인 일이 일어난다는 것이다. 가령 브라질의 농부와 중국의 양돈업자가 사료 공급 계약을 체결한다고 가정하자. 계약 시 양측은 고정된 헤알과 위안 환율로 공급에 합의한다. 이후 스마트 콘트랙트에 따라 사료가 중국에 도착하면 해당 자금이 자동으로 브라질 농부에게 전달된다. 이렇게 시스템이 제대로 갖춰지면 어느 한쪽이 자금이나 상품을 전달하겠다는 상대방의 약속을 신뢰할 필요가 없어진다. 이 모든 과정이 스마트 콘트랙트에 의해 P2P로 이루어지기 때문이다. 수출업자나 수입업자는 다른 누구도 신뢰할 필요 없이 무역 거래 기간의 통화 변동성으로부터 보호받을 수 있다. 이런 구조에서는 달러가 개입할 여지가 없다.

미국이 자처한 달러패권의 균열

단기간에 달러의 기축통화 지위가 흔들리거나 달러 패권이 무너질 가능성은 높지 않다. 하지만 긴 시간에 걸쳐 달러의 입지가 서서히 줄어들 가능성은 높다고 본다. 미국과 중국을 중심으로 하는 신냉전시대가 도래하면서 국제 통화 결제 시스템은 빠르게 변하고 있다. 국제거래 및 결제환경의 변화는 물론이고, 기술혁신을 필두로 금융생태계도 바뀌고 있다. 특히 브라질, 러시아, 중국, 인도, 남아프리카공화국으로 구성된 경제공동체 브릭스(BRICS)는 다양한 통화를 시험하고 있다. 달러 중심의 생태계를 배척하고, 새로운 통화체계를 만들기 위한 시도를 하고 있는 것이다. 브릭스는 구매력평가(PPP, Purchasing Power Parity) 기준 전 세계 GDP의 36%, 세계 인구의 46%를 차지하는 경제협력체로 성장했다. 이는 IMF가 세계 7대 주요 선진국으로 분류한 G7의 GDP 29.9%를 넘어서는 수준이다.

사실 달러패권의 균열은 미국이 자처한 측면도 크다. 균열은 미국이 2012년, 2018년 이란을 스위프트에서 배제한 것에서 비롯되었다. 스위프트에서 배제되면 국제 금융 결제가 사실상 불가능해진다. 원유와 가스 등 주요 수출품을 달러로 거래할 수 없게 된 이란의 경제는 급격히 무너졌다. 외국 투자자들은 자금 회수가 어려워질 수도 있다는 판단에 투자를 줄였다. 이는 이란의 경제성장을 둔화시켰고 이로 인해 실업률이 상승했다. 문제는 여기서 끝이 아니었다. 수입이 줄어들면서 상품의 공급이 감소했고, 이로 인해 물가가 상승하고 인플레이션이 일어났다. 결론적으로 스위프트 배제는 이란의 경제를 무너뜨리고 국제사회에서 고립시키는 결과를 가져왔다. 외교적 협상력은 약화되었고, 국제적 입지는 축소되었다. 스위프트 제재는 경제적 핵폭탄으로 불릴 만큼 강력한 위력을 발휘했다.

이를 바라보는 다른 국가들의 심경은 과연 어땠을까? 모든 결제를 달러로 진행했을 때, 수출로 벌어들인 달러화를 미국 내 달러 자산에 투자했을 때, 미국의 갑작스러운 규제로 벌어질 수 있는 최악의 상황을 고민하게 되었다. 이는 미국이 주도하는 금융 결제망을 이탈하려는 움직임으로 나타났다.

가장 발 빠르게 움직인 건 중국이었다. 중국은 위안화 결제 시스템 'CIPS'를 구축하고 위안화 국제 결제 인프라를 구성했다. 탈달러 흐름을 더욱 가속화한 건 우크라이나-러시아 전쟁이었다. 전쟁이 발발한 이후 미국을 필두로 한 G7은 러시아에 대한 금융규제를 강화했고, 예상대로 러시아를 스위프트에서 배제했다. 러시아는 미국채를 비롯한 미국 내 달러 자산에 상당한 금액을 투자하고 있는 국가다. 결국, 러시아의 선택지는 중국이었다. 러시아는 자국 내 은행 간 거래에서 사용하던 금융 결제망 'SPFS'를 국제 결제에 활용하기 위해 중국의 CIPS와 연계했다. 2020년까지 러시아 수출에서 위안화 결제 비중은 1%도 안 될 정도로 미미했으나, 2022년 12월에는 16%를 점유할 정도로 높아졌고 지금도 꾸준히 증가하고 있다.

중국의 국제 결제 시스템인 CIPS를 필두로 위안화 경제블록이 구축되고 있다. 이에 앞으로 중국의 위안화가 기축통화가 될 것이라는 전망이 나오기도 한다. 중국은 특히 CBDC에 공을 들이고 있다. 중국의 CBDC인 DCEP는 인터넷이 안 되는 상황에서도 사용이 가능하도록 설계되었다. NFC 기술로 두 개의 장치가 서로 가까이 닿으면 데이터를 주고받을 수 있다. 사용자의 스마트폰과 가맹점의 결제 단말기 간에 데이터를 주고받아 결제하는 방식이다. '펑이펑(碰一碰)'이라는 기술도 있다. 두 개의 스마트폰을 부딪치면 결제가 이루어지는 기술이다. 중국은 DCEP를 국경 간 거래에 주로 활용하는데, 여기에는 위안화의 국제화를 촉진하려는 의도가 담겨 있다.

　과연 위안화는 기축통화가 될 수 있을까? 현실적으로 쉽지 않다. 중국은 제조업 기반의 산업구조로 인해 경제적으로 수출의존도가 높다. 또한 미국과 비교했을 때 내수시장의 규모가 작다. 미국의 내수시장 규모는 18조 5,979억 달러(한화 2경 4,177조 2,700억 원)이고 GDP 대비 69%를 차지한다. 반면에 중국의 내수시장은 6조 7,206억 달러(한화 8,763조 7,800억 원) 규모에 불과하다. GDP 대비 비율도 38%에 그친다. 기축통화국의 경우, 자국의 경제규모가 크고 내수 중심이어야 안정성을 유지할 수 있다. 중국은 무역적자국의 지위를 가질 수 없고, 스스로 원하지도 않을 것이다. 그뿐만이 아니다. 중국은 자본시장이 아직 성숙하지 못했고, 투자면에서 규제도 무척 많다. 정치적, 외교적인 영향력도 미국에 미치지 못한다. 게다가 국가신뢰도 또한 미국처럼 높지 않다.

금리인상과 금리인하가 비트코인에 미치는 영향

　2022년과 2023년 내내 비트코인을 비롯한 여러 자산의 가격이 금리에 좌지우지되었다. 금리와 달러인덱스는 유사한 형태로 흘러간다. 금리가 상승한다는 건 달러의 영향력이 상승하는 것이고, 이는 달러인덱스의 상승으로 이어질 수 있다. 하지만 금리와 달러인덱스에 영향을 주는 요인에는 차이가 있다. 금리는 미국 연방준비제도이사회의 정책에 의해 결정되는 반면, 달러인덱스는 다른 국가들과의 관계성에 영향을 받는다. 따라서 미국의 경기침체나 정치적 불안, 다른 국가의 금리 상승 등에 따라 이 둘은 서로 다르게 움직이 기도 한다. 중요한 것은 두 지표 모두 공통적으로 미국 경제의 건강 상태와 달러의 영향력을 보여준다는 점이다. 둘 다 인플레이션과 밀접한 관계가 있고, 투자 관점에서도 꼭 참고해야 하는 지표다.

금리는 연방공개시장위원회(FOMC)에서 결정한다. FOMC는 미국 의 금융정책을 결정하는 최고 의사결정기관으로, 미국의 중앙은행 이라고 할 수 있는 연방준비제도(연준)의 이사 7명과 지역별 연방준 비은행 총재 5명으로 구성된다. 연준은 매년 8회의 FOMC 정기회 의를 개최한다. 2013년부터 2022년까지 10년간 80회의 FOMC 정 기회의 동안 베이비스텝(25bp 인상) 10회, 빅스텝(50bp 인상) 2회, 자이 언트스텝(75bp 인상) 4회, 금리인하 4회 등 총 20회의 변동이 있었다. 금리인상 16회, 금리인하 4회였다. 금리인상 당일 비트코인 가격은 어떻게 변했을까? 16회의 금리인상 당시 비트코인 가격을 살펴보

FOMC 정기회의와 비트코인 가격(2013~2022년)

FOMC 정기회의	합계	비트코인 가격	
		상승	하락
+25bp 베이비스텝	10회	5회	5회
+50bp 빅스텝	2회	0회	2회
+75bp 자이언트스텝	4회	3회	1회
금리인하	4회	2회	2회

(출처: FED)

면 8번은 상승했고, 나머지 8번은 하락했다. 금리인하 시기에는 어땠을까? 역시나 가격 상승이 2번, 가격 하락이 2번이었다. 데이터를 살펴보았을 때 금리인상이 결정되었다고 해서 비트코인 가격이 곧바로 하락한 것은 아니었고, 금리인하 역시 가격 상승으로 무조건 이어지지 않았다.

중요한 것은 기준금리를 인하하는 이유다. 일반적으로 경기가 침체될 경우 경기를 활성화하기 위해 금리를 인하한다. 이 경우엔 경제가 어렵기 때문에 금리를 인하하는 것으로 해석해야 맞다. 때문에 금리가 인하되면 이를 경기가 좋지 않다는 시그널로 해석해, 위험자산의 가격이 단기적으로 하락할 수 있다. 금리인하 시점에 비트코인 가격이 단기적으로 조정받을 수 있는 또 다른 이유는 불확실성이다. 기관은 불확실성에 대비해 안전자산 비중을 일시적으로 늘린다.

하지만 시간이 지나 금리가 충분히 인하되고 안정기에 접어들면 비트코인은 매력적인 자산이 된다. 따라서 금리인하가 시작되면 단기적으로는 비트코인 가격이 하락할 가능성도 있으나, 중장기적으로는 가격 상승 가능성이 높다고 판단한다. 즉 장기적인 관점으로 본다면 기본적으로 금리인상은 비트코인에 악재로, 금리인하는 호재로 작용할 가능성이 높다.

금리인상은 중앙은행이 인플레이션을 방지하기 위해 주로 사용하는 방법이다. 금리가 인상되면 기업과 개인이 돈을 빌리는 데 더 많은 비용이 필요해지므로 경제활동이 둔화된다. 또한 기준금리가 오르면 기업들의 수익 할인율이 증가하고, 안전자산인 예금 금리가 오르며, 아직 다수의 주류 금융기관이 위험자산으로 인식하는 암호화폐의 매력이 감소한다. 반면 기준금리가 인하될 경우 위험자산의 매력도는 증가한다. 금리인하는 대출증가, 저축감소, 소비증가, 자산가격 상승 등을 통해 시중에 유통되는 돈의 양을 늘리고 경제활동을 활발하게 만들어 유동성을 높인다. '광의통화'로도 불리는 M2 통화의 흐름을 보면 유동성과 비트코인 가격의 관계를 알 수 있다. M2 통화는 조만간 끌어다 쓸 수 있는 돈으로, 뉴스에 종종 등장하는 '유동성'이 바로 M2를 의미한다고 보면 된다. 아래 그래프에서 M2와 비트코인이 같은 움직임을 보이는 것을 확인할 수 있다.

참고로 암호화폐 투자자의 입장에서 비트코인은 안전한 대체자

비트코인 가격과 글로벌 M2 통화의 관계

(출처: Coindesk)

산이다. 비트코인은 정부나 중앙은행의 통제를 받지 않는 탈중앙화 자산이고, 2,100만 개로 한정된 수량으로 인해 인플레이션 헤지 수단으로 여겨진다. 따라서 인플레이션에 대한 두려움이 커지면 사람들은 자산을 보호하기 위한 방법으로 비트코인에 투자하기도 한다. 하지만 전통적인 금융에서는 여전히 비트코인을 위험자산으로 보는 시각이 더 많은 것도 사실이다.

디지털 금을 뛰어넘은 독자적인 정체성

금(Gold)은 인류 역사상 가장 오래된 거래 매개 수단이자, 대표적인 대체자산이다. 풍부한 유동성 환경에서 인플레이션 리스크 헤지의 목적으로 가장 주목받아 온 자산이기도 하다. 비트코인은 금의 특성과 가치구조를 참고해 설계되었는데, 금과 마찬가지로 채굴할수록 희소성과 가치가 높아지는 구조를 지녔다. 둘의 가장 큰 공통점은 공급이 제한되어 있다는 점이다. 비트코인은 이렇듯 금과 비슷한 특성을 통해 '가치저장'이라는 정체성을 강화하는 동시에 '디지털 금'이라는 내러티브를 확보했다. 이후 실제로 금과 비슷한 행보를 보였다.

내재가치가 없기 때문에 명확한 밸류에이션을 평가하기 어렵다는 공통점도 있다. 비트코인은 현금 흐름을 기초로 하는 주식 등 전통적인 자산의 밸류에이션 모델을 적용할 수 없다. 금은 오랜 기간 거래되어왔기 때문에 가치를 평가할 수 있는 보편적인 기준이 상대적으로 비트코인보다 더 마련되어 있다. 가령 금과 은의 가격 비율, 물가상승률 대비 금값 등의 지표를 통해 현재 가격이 고평가되었는지, 저평가되었는지 판단이 가능하다. 하지만 비트코인 역시 15년이라는 짧은 역사에도 불구하고 온체인 지표를 비롯한 다양한 밸류에이션 도구를 갖추어 가고 있다. 물론 암호화폐 전반으로 확대하면 상황은 조금 달라진다. 알트코인은 비트코인에 비해 가치를 평가하는 기준이 더욱 부족하다. 그만큼 장기적인 가치를 판단하기가 어렵다.

비트코인 가격과 금 가격의 높은 상관관계는 2016년 더버그(Dyhrberg)가 발표한 '비트코인, 금 그리고 달러(Bitcoin, Gold and the Dollar)' 등 여러 논문을 통해 검증되었다. 리서치기관의 상관계수 조사에서도 금과 비트코인은 높은 상관관계를 나타내는 경우가 많았다. 하지만 2021년 이후 비트코인은 금 대신 나스닥을 따라가는 흐름을 보였다. 그리고 연준이 금리를 급격히 인상하기 시작한 2022년 내내 나스닥과의 동행을 이어갔다.

그러다가 2023년에 접어들면서 다시 금과 유사하게 움직이기 시작했는데, 그 계기가 된 사건은 앞서도 얘기한 대로 미국에서 일어난 중소형 은행 파산 사태였다. 2023년 4월 비트코인과 금의 상관관계는 50%에 달했으나 동행은 오래가지 않았다. 그로부터 3개월쯤 지난 2023년 중순을 넘어서면서 바로 격차가 벌어지기 시작했다. 2023년 6월에 이르자 비트코인과 금 가격의 30일 상관계수는 마이너스값을 기록했다. 상관계수가 1에 가까울수록 두 자산이 동조되어 움직인다는 뜻이며 이를 '커플링(Coupling)'이라고 부른다. 반대로 상관계수가 -1에 가까우면 두 자산이 비동조화되어 정반대로 움직인다는 뜻이며 흔히 '디커플링(Decoupling)'이라고 칭한다. 상관계수가 낮은 만큼 비트코인이 단순히 '디지털 금'이라는 내러티브를 뛰어넘어 독자적인 정체성을 확보하는 과정에 있다고 할 수 있다.

14% 상승 vs 144% 상승

지금부터 비트코인과 금을 2가지 측면에서 비교해 보자. 첫 번째는 투자 측면에서의 비교다. 투자 측면에서 비트코인과 금 둘 중 어떤 자산이 더 현명한 선택일까? 금의 경우 국가적인 차원의 거대한 수요가 있다. 금은 중앙은행이 보유하는 대표적인 준비자산으로 글로벌 외환보유고 비중의 10% 남짓을 차지한다. 중국만 보아도 금의 중요성을 알 수 있다. 중국은 미국채 보유량을 지속적으로 줄이면서 금 보유고를 꾸준히 늘리고 있다. 하지만 투자자산으로서 금에 맹목적인 환상이 존재하는 것도 사실이다. 지난 수십 년간 금 가격이 어떻게 움직였는지 살펴보자. 과연 금 투자 수익률이 비트코인이나 미국 주식 투자 수익률과 비교했을 때 더 좋았을까?

역사를 통틀어 금값이 크게 상승했던 구간은 언제였을까? 금 가격의 상승 배경과 상황을 정확히 이해하기 위해서는 먼저 금본위제를 살펴보아야 한다. 금본위제는 통화가치를 순금의 중량에 연계하는 화폐제도로, 미국은 1944년 브레턴우즈체제를 통해 금 1온스를 35달러로 고정하는 금본위제를 시작했다. 그 이후로 금 가격은 고정되었다. 그런데 미국이 베트남 전쟁 자금을 마련하기 위해 달러를 대규모로 찍어내면서 통화가치가 떨어졌고, 1971년 리처드 닉슨 미국 대통령은 금본위제를 일방적으로 폐지했다. 이후 세계 화폐시장은 변동환율제에 의해 운영되었다. 현재까지도 미국 패권 아래 원유 결제는 오직 달러로만 하는 페트로 달러 체제가 이어지고 있다.

금본위제의 문제는 전 세계 경제규모가 금의 공급량에 맞추어 거의 강제로 고정되어 버린다는 점이었다. 따라서 금본위제 폐지는 경제 성장을 더욱 가파르게 하는 요인이 되기도 했다. 금본위제가 폐지된 순간부터 금 가격은 폭등 랠리를 시작했다. 이전까지는 1온스당 35달러로 고정되어 있었는데 상한선이 사라진 것이다. 금본위제 폐지 이후 1971년에 약 44달러 수준이었던 금 가격은 1980년에는 무려 590달러까지 상승했으며 10년간 누적 수익률은 1,480%에 달했다. 미국에 금이 부족하다는 사실을 인지한 희소성에 의한 상승이었다. 하지만 1980년대에 접어들면서 상황이 변했다. 1980년에 590달러였던 금 가격은 2000년에 접어들었을 당시 무려 275달러까지 하락했다. 20년간 극심한 침체기를 겪은 것이다.

이후 금 가격의 반등을 이끈 것은 금 ETF의 등장이었다. 과거에는 소수의 투자자들만 금을 살 수 있었으나, 금 ETF가 등장하면서 투자 접근성이 높아졌고 개인투자자들도 주식과 동일하게 거래할 수 있게 되었다. 2001년 277달러였던 금 가격은 ETF 효과에 힘입어 2010년에는 1,405달러까지 상승했다. 10년 동안의 누적 수익률은 410% 내외였다. 2011년 말까지 상승 흐름을 이어간 후 10년 이상

금 ETF GLD의 상장 후 가격 변화

2010년

2008년

2006년

2004년

큰 반향을 일으키지 못하다가 2023년 10월이 지나서야 조금씩 상승 랠리를 시작했다.

하지만 비트코인은 가격 퍼포먼스에서 금을 압도했다. 비트코인은 2023년 한 해 동안 144% 상승한 반면, 금은 14% 상승에 그쳤다. 비트코인 가격이 금 가격 상승분보다 10배 이상 상승한 것으로 집계되었다. 금과 비트코인을 더 직관적으로 비교하면 다음과 같다. 2011년 기준 금 1온스는 약 1,700달러, 비트코인은 13달러로 금 1온스로 비트코인 129개를 살 수 있었다. 2017년 기준 금 1온스는 약 1,450달러, 비트코인은 1,350달러로 금 1온스로 비트코인 1.1개를

2023년 주요 자산별 수익률 비교

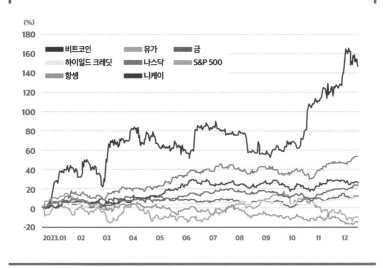

비트코인 / 유가 / 금 / 하이일드 크레딧 / 나스닥 / S&P 500 / 항생 / 니케이

(출처: Kaiko)

살 수 있었다. 2024년 초 기준 금 1온스는 약 2,000달러, 비트코인은 4만 5,000달러로 금 1온스로 비트코인을 고작 0.04개밖에 살 수 없었다. 또한 투자자산으로서 비트코인은 10년 이상 기간을 비교해도 금보다 훨씬 뛰어난 퍼포먼스를 보였다.

　시장에서는 비트코인 현물 ETF를 금 ETF와 비교하는 경우가 많다. 장기적으로 상승할 것이라는 전망은 비슷하다. 하지만 블랙록을 필두로 글로벌 자산운용사가 암호화폐 시장에 대거 참여했고, 자산의 성격도 비트코인이 더 다면적이기 때문에 수익률 측면에서 더욱 뛰어난 성과를 보여줄 것으로 예측된다.

세계 자산 순위(2024년 3월 15일 기준)

순위	자산	시가총액(달러)	가격(달러)	일일 변동(%)	30일 변동선	국가
1	금	10조 4,501억	2,159	-0.37		
2	마이크로소프트	3조 94억	416.42	-2.07		미국
3	애플	2조 6,650억	172.62	-0.22		미국
4	엔비디아	2조 1,950억	878.36	-0.12		미국
5	사우디아람코	2조 140억	8.32	-0.16		S.아라비아
6	아마존	1조 8,110억	174.42	-2.42		미국
7	알파벳	1조 7,610억	142.17	-1.5		미국
8	은	1조 4,300억	25.4	1.38		
9	비트코인	1조 2,860억	65,423	-5.61		
10	메타	1조 2,340억	484.1	-1.57		미국

(출처 : Companies Market Cap)

그렇다면 비트코인은 금의 시가총액을 앞지를 수 있을까? 2024년 1월 기준 금의 시가총액은 13.6조 달러로 한화 1경 7,898조 9,600억 원, 글로벌 1등 주식 애플 시가총액은 2.8조 달러로 한화 3,685조 원, 비트코인의 시가총액은 0.85조 달러로 한화 1,118조 8,550억 원 정도였다. 시가총액 기준으로 금이 비트코인보다 17배가량 크다. 비트코인 현물 ETF가 승인되면서 앞으로 두 자산의 수익률 격차는 더욱 커질 것이다. 금의 시가총액을 추월하는 건 시기상조이지만, 과거 사이클로 보았을 때 불가능한 것은 아니라고 본다.

가치저장 수단으로서 금을 능가한 비트코인

두 번째는 가치저장 수단으로서의 비교다. 금은 과연 비트코인보다 뛰어난 가치저장 수단일까? 그렇지 않다고 본다. 가치저장 수단이 갖추어야 할 속성을 비교해 보면 비트코인이 더욱 우위에 있다. 가치저장 수단이 갖추어야 할 속성은 크게 8가지로 분류할 수 있다. 각 속성을 비교해 보자.

① **내구성(Durable)**: 썩거나 쉽게 부서지지 않아야 한다.
② **휴대성(Portable)**: 이동 및 보관이 쉽고, 분실이나 도난으로부터 안전하게 지킬 수 있으며, 장거리 교역에도 편리하게 사용할 수 있어야 한다.
③ **대체가능성(Fungible)**: 하나를 다른 것과 동일한 양으로 교체할 수 있어야 한다.
④ **검증가능성(Verifiable)**: 신속하게 식별하고 검증할 수 있어야 한다.
⑤ **분할가능성(Divisible)**: 쉽게 나눌 수 있어야 한다.
⑥ **희소성(Scarce)**: 위조가 불가능하고, 풍부하지 않으며, 쉽게 얻거나 생산할 수 없어야 한다.
⑦ **역사(History)와 통용성**: 사회에서 더 오랜 기간 가치 있는 것으로 인식되어 왔을수록, 가치저장 수단으로서 매력이 증가한다.
⑧ **검열저항성(Free from censorship)**: 기관이나 정부 같은 외부 당사자가 보유 및 사용을 강제로 금지하기 어려울수록 좋다.

내구성(금<비트코인) 금은 화학적으로 매우 안정되어 다른 물질과 화학 반응이 거의 일어나지 않는다. 부식되지 않고 녹슬지 않으며 원래 상태를 유지한다. 수천 년 전에 주조된 금도 현존할 만큼 내구성이 뛰어나지만 완벽하지는 않다. 반면에 비트코인은 프로그램 코드로 존재하기 때문에 손상되기 쉬운 물리적 화폐와 달리 '완벽한' 내구성을 지녔다.

휴대성(금<비트코인) 현재 금 1kg은 1억 원 정도의 가치를 지니고 있다. 만약 1,000억 원 이상의 금을 보유하거나 거래하기 위해서는 1,000kg을 옮길 수 있는 차량이나 선박 등의 운송수단이 필요하다. 그만큼 금은 휴대성이 많이 떨어지는 자산 중 하나다. 반면 비트코인은 수억 달러 상당의 비트코인도 작은 USB에 보관할 수 있고, 어디든 쉽게 지니고 다닐 수 있다. 인터넷만 된다면 아무리 큰 금액도 몇 분 만에 전 세계 어디로든 전송이 가능하다. 비트코인은 모든 가치저장 수단 중 휴대성이 가장 뛰어나다.

대체가능성(금<비트코인) 불순물이 섞인 금과 섞이지 않은 금은 1:1로 대체될 수 없다. 같은 순도의 금만 대체가 가능하다. 반면에 네트워크상에서 전송되는 모든 비트코인은 동일한 가치를 지닌다. 두 개의 비트코인은 실질적으로 상호교환이 가능하다.

검증가능성(금<비트코인) 텅스텐이나 구리를 도금한 가짜 금괴를 투자자들에게 진짜로 속여 파는 사례가 종종 발생한다. 주요 글로벌 은행에 가짜 금괴가 등장했다는 소식이 화제가 된 적도 있다. 비트코인은 그럴 걱정이 없다. 비트코인 소유자는 암호화 서명을 사

용해서 공개적으로 자신의 비트코인 소유권을 증명할 수 있다.

분할가능성(금<비트코인) 금은 섭씨 1,000도가 넘는 온도에서만 녹으며, 이를 위해서는 공업용 장비가 필요하다. 금은 물리적으로 나눌 수 있지만, 나누면 나눌수록 사용하기가 더욱 어려워진다. 반면에 비트코인의 경우 1개를 1억 개의 작은 단위로 나눌 수 있다. 이 단위를 '사토시'라고 부른다.

희소성(금<비트코인) 세계금협회의 보고서에 따르면 역사적으로 총 20만 1,296톤의 금을 채굴했고, 땅속에 아직 5만 3,000톤의 금이 매장되어 있다고 한다. 실제로는 더욱 많은 물량이 존재할 수도 있다. 가성비 높은 채굴방법이 등장하면 금의 공급량이 더욱 획기적으로 늘어날 가능성도 배제할 수 없다. 반면에 비트코인은 최대 2,100만 개만 생성되도록 설계되었으며, 현재 94%가량의 물량이 채굴되었다. 또한 비트코인 소유자는 자신이 전체 공급량 중 몇 %를 가지고 있는지 알 수 있다.

역사와 통용성(금>비트코인) 금은 통화상품으로서 가장 오랜 역사를 지니고 있다. 먼 옛날 고대에 주조된 금화가 오늘날에도 여전히 상당한 가치를 유지할 만큼 전 세계 대부분의 국가에서 금의 가치를 인정하고 있다. 비트코인은 금보다 훨씬 짧은 역사에도 불구하고, 시장에서 충분한 시련을 겪으며 그 가치를 인정받고 있다. 향후 가치 있는 자산으로서 존속할 가능성이 높다. 하지만 규제 관련 이슈가 완전히 해결되지 않았으며 추가적인 검증 과정이 발생할 수도 있다.

검열저항성(금<비트코인) 비트코인은 탈중앙화에 의해 생겨난 검

열저항성이라는 특성을 지닌다. 비트코인의 분산화된 특성은 이론적으로 단일 주체가 거래를 통제하거나 검열하는 것을 어렵게 한다. 금이 지니고 있지 않은 속성이다.

이 8가지 항목 중 역사와 통용성 측면을 제외하면 모든 측면에서 비트코인이 금보다 우위에 있다. 내구성의 경우 조금 더 고려할 부분이 있다. 비트코인이 15년 정도 존재했다는 사실을 감안할 때, 금보다 내구성이 뛰어나다고 결론짓기에는 시기상조일 수 있다. 하지만 지금까지 비트코인 네트워크가 한 번도 해킹당하지 않았고, 여러 국가들이 규제하려 시도해 왔음에도 불구하고 지속적으로 성장했다는 점을 생각하면 내구성이 점점 더 강해지고 있다는 건 분명하다.

린디효과(Lindy effect)라는 개념이 있다. 기술이나 아이디어, 지식과 같이 부패하지 않는 것들은 오래될수록 잔존수명 또는 기대수명이 길어진다는 것이다. 비트코인에도 린디효과가 적용된다. 비트코인이 향후 20년 동안 존재해 보편적인 신뢰를 얻게 된다면, 사람들은 비트코인을 영원히 존재해도 될 만한 것으로 여길 것이다. 오늘날 인터넷이 사라질 거라고 생각하는 사람이 거의 없는 것처럼 블록체인과 암호화폐 역시 마찬가지다. 이와 더불어 인플레이션율에서도 비트코인은 금을 압도하는 자산이 되었다. 금은 현재 인플레이션율이 1.4%대로 굉장히 낮은 자산이다. 그런데 비트코인은 4차 반감기 이후 인플레이션율이 0.8%로 접어들었다. 가치저장 수단으로서 금보다 더 우위를 점하게 된 것이다.

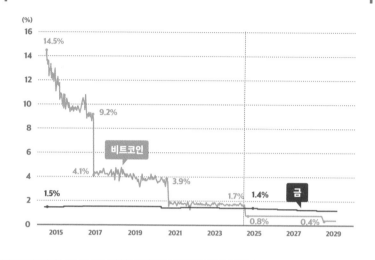

금과 비트코인의 인플레이션율과 전망

(출처: glassnode)

나스닥과 비트코인이 결별한 이유

비트코인과 금을 비교한 데 이어 이번에는 비트코인과 주식을 비교해 보자. 앞서 비트코인에는 금과 마찬가지로 내재가치가 없다고 했다. 비트코인의 가격은 수요와 공급을 통해서만 형성된다. 따라서 가치를 판단하는 척도가 주식과 확연히 다르다. 주식은 일반적으로 현금 흐름을 기반으로 하는 밸류에이션 모델을 따른다. 대표적으로 현금흐름할인법(DCF, Discounted Cash Flow)을 들 수 있다. 전통 자산시장의 구루(Guru)들은 비트코인이 그 자체로 매출이나 이익을 내거나, 잉여 현금 흐름을 발생시키지 못하기 때문에 가치가 없다고 비판해 왔다. 하지만 이는 비트코인을 제대로 이해하지 못해서 생겨난 오해다. 만약 그들의 이야기가 사실이라면 어떻게 15년이라는 시간 동안 비트코인 가격이 수십만 퍼센트나 상승할 수 있었을까?

비트코인을 주식과 비교하게 된 이유는 한동안 비트코인 가격이 미국 증시, 특히 나스닥과 유사하게 움직였던 시기가 존재하기 때문이다. 비트코인과 나스닥이 동조 흐름을 보인 것은 2021년 이후부터다. 2021년 이전까지는 비트코인과 나스닥의 상관계수가 0~0.2 정도에 불과했지만 2021년 1월에는 무려 0.7 근처까지 상승했다. 비트코인이 나스닥과 동행한 이유는 무엇일까? 바로 2021년 대세 상승장 시기부터 기관투자자의 유입이 크게 증가했기 때문이다. 비트코인의 본질을 몰랐던 기관투자자들은 블록체인이라는 4차 산업혁명의 혁신적 기술을 기반으로 한다는 점에서 비트코인을 마치 나스닥의 중형 기술주 중 하나 정도로 여겼다. 하지만 자산이라는 측면에서 비트코인은 더 확고한 정체성을 형성했다. 비트코인의 가격 상승은 기술적인 부분보다는 거시경제나 반감기 등의 요인에 의해서 이루어졌다. 이는 비트코인을 기술적인 관점보다는 경제학적인 관점에서 해석하는 것이 더욱 유효함을 의미한다.

비트코인과 나스닥의 동행은 2022년에도 계속되었다. 둘은 평균 0.6 정도의 상관계수를 꾸준히 유지했다. 나스닥을 필두로 한 기술주는 미래의 가치를 당겨와 가격이 책정되기 때문에 금리와 거시경

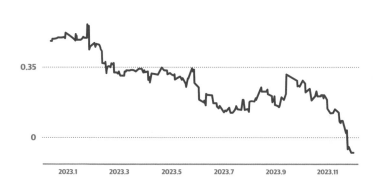

비트코인과 나스닥 100 지수의 상관계수

0.35

0

2023.1　2023.3　2023.5　2023.7　2023.9　2023.11

(출처: Kaiko)

제적 환경의 변화에 민감하게 반응한다. 이는 당시 기관들이 비트코인을 변동성이 큰 만큼 높은 수익률을 제공하는 고위험 투자상품으로 보았다는 것을 의미한다. 둘의 동행은 2023년 초 발생한 중소형 은행 파산 사건으로 마무리되었다. 이 사건을 계기로 비트코인은 나스닥 기술주가 아닌 금융 취약성에 대한 헤지 수단으로서 인식되기 시작했다.

　암호화폐 시장 분석업체인 카이코(Kaiko)의 데이터에 따르면, 2023년 11월에 이르러서는 비트코인과 나스닥100 지수의 상관계수가 음수의 영역으로 떨어졌다. 이는 둘이 반대로 움직인다는 의미다. 2024년 비트코인 현물 ETF 승인을 기점으로 더 많은 기관의 유입이 일어나고 있는데도 둘은 왜 다시 커플링되지 않을까? 비트코인이 대체자산으로서 확고히 자리 잡고 있기 때문이다. 이제 기관은 단순히 수익률을 높이기 위한 용도로 비트코인을 담지 않는다. 나스닥의 우량주를 담는 것과 확연히 다른 개념으로 비트코인을 포트폴리오에 넣고 있다. 이제 비트코인에 관해서 과거와 다른 새로운 관점을 가져야 한다.

해리 마코위츠의 현대 포트폴리오 이론

여러 자산과 비교한 결과, 비트코인이 전통적인 자산과 확연히 다른 다면적인 자산이라는 사실을 알게 되었다. 이러한 다면적 정체성은 기관투자자들의 유입으로 이어지는 가장 중요한 열쇠다.

"달걀을 한 바구니에 담지 마라."

투자자라면 한 번쯤은 들어본 격언일 것이다. 1981년 노벨경제학상을 수상한 제임스 토빈(James Tobin)이 한 말이다. 그는 '금융 포트폴리오 이론'을 정립해 분산투자의 중요성을 널리 알렸다. 분산투자를 더욱 정교한 이론으로 발전시킨 인물도 있다. 바로 '현대 포트폴리오 이론'으로 1990년 노벨경제학상을 수상한 해리 마코위츠(Harry Markowitz)다. 그는 "분산투자는 공짜 점심(FreeLunch)이다"라는 유명한 격언을 남겼다. 이는 "공짜 점심은 없다"라는 경제학의 기본 원칙에 도전하는 말이다.

마코위츠는 1952년 발표한 논문 '포트폴리오 선택 이론(Portfolio

Selection)'에서 분산투자의 효율성을 수학적으로 증명했다. 그는 이 논문을 통해 분산투자로 위험은 낮추고 수익률은 높일 수 있다는 사실을 밝혔다. 마코위츠에게 배워 '기금 운용계의 워런 버핏'으로 불리는 데이비드 스웬슨(David Swensen)은 마코위츠의 이론을 예일대 기금에 적용했다. 1985년 스웬슨이 운용을 맡을 당시 10억 달러, 한화로 약 1조 3,000억 원 수준이었던 예일대 기금규모는 2019년 294억 달러(한화 약 33조 3,690억 원)로 30배나 불어났다. 연평균 수익률은 13.7%를 기록했다. 기금은 외부자본에 흔들리지 않고 영원히 안정적으로 유지되어야 한다는 측면에서 스웬슨이 달성한 기록은 사실상 최고의 성과로 평가받고 있다. 해리 마코위츠의 '현대 포트폴리오 이론'은 모든 기관투자자의 정석으로 자리 잡았다. 기관들은 고객 자산을 운용하는 입장에서 맹목적으로 높은 수익률만을 추구할 수 없다. 높은 수익률을 올리는 것만큼이나 손실을 최소화하는 전략도 중요하다. 즉, 고객에게 '장기간' 지속가능한 수익률을 제공해야 하고, 이를 위해 적절한 비용을 감당하면서 수익률을 달성하는 '가성비' 좋은 투자전략을 추진해야 한다.

'현대 포트폴리오 이론'에 입각해서 볼 때, 상관관계가 높은 자산을 포트폴리오에 많이 담으면 리스크 헤지 측면에서 바람직하지 않다. 따라서 기존의 전통적인 자산과 확연히 다른 비트코인을 포트폴리오에 편입하는 것은 어찌 보면 당연한 수순이라고 볼 수 있다.

비트코인과 여타 전통적인 자산의 상관관계는 매우 낮다. 비트코인과 금의 상관계수는 0.15로 은의 0.26보다도 낮다. 오일이나 가스

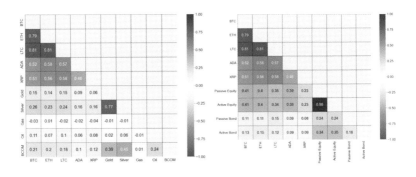

(출처: glassnode)

같은 원자재 역시 상관계수가 낮다. 채권 역시 0.11로 비트코인과 거의 또는 전혀 관계가 없다. 성장주 펀드와는 상대적으로 높은 상관관계가 있다. 하지만 이 역시도 시간이 지나면 달라질 가능성이 높다. 앞서 나스닥과의 관계를 설명하며 말했듯, 변동성 높은 위험자산이 아닌 대체자산으로서 비트코인의 위상이 점점 더 높아지고 있기 때문이다.

홍미로운 에피소드를 하나 소개한다. 2021년, SALT 뉴욕 컨퍼런스에 헤지펀드의 제왕으로 불리는 브리지워터어소시에이츠(Bridgewater Associates)의 레이 달리오(Ray Dalio)가 연사로 나섰다. 당시 그는 이렇게 말했다.

"비트코인이 성공을 거두면 당국은 이를 죽이려 할 것입니다. 그들에게는 그럴 수 있는 수단이 있습니다."

그리고 청중을 향해 이런 질문을 던졌다.

"금을 보유한 투자자, 암호화폐를 보유한 투자자가 얼마나 되는지 손을 들어보세요."

콘퍼런스 참석자 대부분은 기관투자자, 펀드매니저 등으로 금융업에 종사하는 사람들이었다. 거수로 진행된 즉석 설문조사에서 결과는 암호화폐의 압승이었다고 한다. 참석자 중 약 70%는 암호화폐에 어떤 식으로든 투자하고 있다며 손을 들었다. 반면 금에 투자하고 있다고 손을 든 투자자는 절반에 훨씬 못 미쳤다고 한다.

암호화폐 전문 리서치기관인 K33리서치(K33 Research)는 보고서를 통해, 비트코인 현물 ETF가 승인되면 비트코인 익스포저(Exposure) 방식이 단순화되고 전통적인 60/40 포트폴리오(주식 60%, 채권 40%)의 효율성을 높이는 데 도움이 될 것이라고 밝혔다. 그리고 비트코인이 강력한 포트폴리오 다각화 도구로서 가치를 입증했으며 비트코인에 1% 노출된 투자자는 그렇지 않은 투자자보다 3.16% 더 나은 성과를 거두었다고 강조했다.

월가의 자본이 비트코인을 향하고 있다. 향후 기관의 비트코인 수요는 크게 증가할 것이다. 기관 입장에서 비트코인에 투자하지 않아야 할 이유는 적고, 반드시 투자해야 하는 이유는 너무나 많다.

비트코인이 150만 달러까지 도달하는 이유

비트코인의 장기적인 가격을 가장 긍정적으로 전망하는 사람은 아크인베스트(ARK Invest)의 CEO 캐시 우드(Catherine D. Wood)가 아닐까? 캐시 우드는 한국 투자자들 사이에서 '돈나무 언니'라는 애칭으로 유명하다. 그의 주장도 상당 부분 해리 마코위츠의 '현대 포트폴리오 이론'에 입각하고 있다.

2021년, CNBC 방송에 출연한 캐시 우드는 기관투자자들이 비트코인에 투자하는 비율을 5%가량 늘리면 비트코인 가격이 50만 달러까지 상승할 수 있다고 주장했다. 기관투자자들이 비트코인을 포트폴리오에 추가하고, 이로 인해 가격이 상승할 수밖에 없는 이유는 '비트코인이 다른 자산과는 매우 다른 형태의 자산'이기 때문이다. 그녀는 투자 다각화 차원에서 헤지펀드 등 대규모 기관투자자들이 암호화폐의 투자 비중을 꾸준히 늘리고 있다고 주장했다.

아크인베스트는 매년 1월이 되면 '빅 아이디어스(Big Ideas)' 보고서를 발간해 비트코인의 장기적인 전망을 제시하는데, 2023년 보고서에서는 2030년 12월 31일까지 비트코인이 도달 가능한 목표 가격을 예측했다. 가장 긍정적인 시나리오인 불 케이스(Bull Case)에서는 1BTC를 무려 148만 달러로 제시했다. 한화로 환산하면 약 18억 원에 달한다. 기본적인 케이스에서는 68만 2,800달러를 제시했다. 한화로 환산하면 9억 원 정도다. 마지막으로 가장 부정적인 시나리오인 베어 케이스(Bear Case)에서는 25만 8,500달러를 제시했다. 한화로 3억 4,000만 원 정도다.

아크인베스트는 무슨 항목을 기준으로 이런 가격을 산출한 것일까? 기업 재무, 송금 네트워크, 국고, 신흥시장 통화, 결제 네트워크, 압류 방지 자산, 기관투자, 디지털 금 등 크게 8가지 항목을 제시하고 있다. 이 기준을 가장 긍정적인 시나리오에 적용해 보자. 비트코인이 해당 항목에서 어느 정도 비중을 차지해야 할까?

- **기업 재무**: S&P 500 기업의 현금 중 5% 차지
- **송금 네트워크**: 국제 송금에서 25% 차지
- **국고**: 전 세계 외환보유고의 5% 편입
- **신흥시장 통화**: 이머징 마켓(Emerging Market)에서 광의통화의 10% 차지
- **결제 네트워크**: 미국 은행 지급결제액의 25% 도달
- **압류 방지 자산**: 세계 고액 순자산 보유자 자산의 5% 차지
- **기관투자**: 기관 포트폴리오에서 6.5% 차지
- **디지털 금**: 금 전체 시가총액의 50% 도달

아크인베스트가 비트코인 네트워크의 성장을 긍정적으로 보는 근거는 무엇일까? 우선 채굴자들의 움직임에서 그 근거를 찾을 수 있다. 2022년 크립토윈터 구간은 그 어느 때보다 길었다. 테라-루나 사태를 비롯해 FTX 파산 등 굵직한 이슈가 시장을 강타했다. 하지만 채굴자들은 굳건하게 자리를 지켰고, 해시레이트는 역대 최고치를 꾸준히 경신했다.

다음 근거는 기관의 움직임에서 찾을 수 있다. 약세장 동안에도 기관들은 꾸준히 비트코인을 주목해 왔고, 다양한 상품으로 비트코인 익스포저를 늘려왔다. 익스포저란 특정 자산이나 시장에 노출된 상태를 말하는데 투자자가 특정 자산이나 시장에 투자함으로써 발생한다. 비트코인 장기보유자 비중이 지속적으로 증가하는 것도 눈여겨보아야 한다. 이는 비트코인 결제와 송금의 증가로도 연결된다. 여기서 끝이 아니다. 투자자의 신뢰 붕괴에 대응하기 위해 거래소의 투명성은 더욱 강화되었다. 그리고 탈중앙화라는 가치의 중요성도 더욱 많이 인지하게 되었다. 결과적으로 비트코인은 앞으로도 큰 상승을 이룰 수 있는 궁극적인 기반을 마련했다. 2024년 4월, 캐시 우드는 비트코인을 가리켜 "금융 슈퍼 고속도로"라며 수학적으로 비트코인 가격이 380만 달러, 한화로 약 51억 원까지 오를 수 있다고 주장하기도 했다.

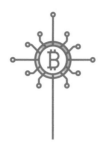

3장

비트코인의 미래를 결정할 이슈들

비트코인의 가격 변화를 이끈 주요 사건들

2009년 1달러도 채 되지 않았던 비트코인 가격이 천문학적으로 상승하기까지 어떤 일들이 있었을까? 앞서 비트코인의 성장은 우연이 아니라고 했다. 비트코인의 가격 상승에 영향을 미친 중요한 사건과 사고를 시기별로 한번 정리해 보자. 이를 통해서 향후 비트코인의 성장에 무엇이 가장 중요한지 알 수 있다.

연도별 비트코인의 달러 가격(2024년 4월 기준)

연도	시작가	최고가	최저가
2010년	0.003	0.4	0
2011년	0.3	32	0.29
2012년	4.7	16	4
2013년	13.3	1,163	13
2014년	805	936	310
2015년	318	465	172
2016년	434	981	351
2017년	966	19,892	784
2018년	13,657	18,343	3,217
2019년	3,844	13,017	3,401
2020년	7,200	29,096	3,850
2021년	28,951	68,789	29,796
2022년	46,379	47,835	18,490
2023년	16,537	44,745	16,537
2024년	44,160	-	-

(출처: Bitcoin Magazine)

2008~2009년은 비트코인의 태동기였다.

2008년 비트코인 백서(White Paper)가 공개되었고 2009년 1월 3일 제네시스 블록이 생성되었다. 10월, 비트코인의 가치를 처음으로 미국 달러로 환산하여 제시한 뉴리버티스탠다드(New Liberty Standard) 거래소가 설립되었지만, 대부분의 거래는 온라인 커뮤니티인 비트코인토크포럼(Bitcoin Talk Forum)에서 이루어졌다. 그리스에서 유럽 국가부채 위기가 발발했으나 비트코인의 가치저장 내러티브가 생성되기 전이어서 비트코인 시세에는 영향을 미치지 못했다.

2010년에는 커뮤니티를 중심으로 비트코인 거래가 시작됐다.

5월 22일, 비트코인 네트워크의 초기 채굴자이자 개발자 라스즐로 핸예츠(Laszlo Hanyecz)가 1만 BTC로 두 판의 피자를 사먹었다. 비트코인으로 실제 제품을 구매한 최초의 거래였는데, 여기서 유래한 '피자데이'는 지금도 비트코인 커뮤니티의 주요 기념일이다. 7월 18일, 최초의 대규모 비트코인 거래소 마운트곡스가 출범했다.

2011년에는 익명성과 검열저항성이 부각되었다.

마약 등 불법 물품을 거래하는 다크웹인 실크로드(Silk Road)에서 사용되는 등 비트코인이 유의미한 물량으로 유통되기 시작했다. 미국 정부의 비밀을 폭로한 위키리크스(WikiLeaks)의 계좌가 동결되면서 비트코인을 통한 기부가 이루어졌다. 이를 통해 비트코인은 사회적으로 크게 주목받기 시작했다. 그리고 4월 26일, 비트코인 창시자 사토시 나카모토가 마지막 메일을 남기고 잠적했다.

2012년에는 비트코인이 첫 번째 반감기를 맞이했다. 6월에 코인베이스 거래소가 설립되었고, 11월 28일에 비트코인 1차 반감기가 도래했다. 키프로스 금융위기로 유럽연합이 구제금융을 신청, 비트코인은 조세피난처로 부각됐다. 비트코인은 키프로스 금융위기 발생 전까지 약 40달러에 거래되었지만 두 달 만에 가격이 2배 이상 상승했다.

2013년에는 비트코인의 첫 대세 상승장이 일어났으며 중국의 훼방이 이어졌다. 8주 만에 840%라는 놀라운 상승세를 기록했으나 중국이 금융기관의 비트코인 사용을 금지하면서 가격이 큰 폭으로 하락했다.

2014년에는 비트코인의 첫 크립토윈터와 마운트곡스 해킹 사건이 발생했다.

마운트곡스 해킹으로 85만 BTC가 도난당하면서 가격 폭락은 물론이고, 비트코인에 대한 투자자들의 신뢰가 크게 흔들렸다. 이는 암호화폐 거래소의 보안을 강화하고, 암호화폐 규제의 목소리를 키우는 계기가 되었다.

2015년에는 비트코인 블록 크기 논쟁이 대두되었다.

6월 22일, 개빈 안드레센(Gavin Andresen)과 마이크 헌(Mike Hearn)을 중심으로 비트코인 블록 크기를 8MB로 늘려야 한다는 주장이 제기됐다. 8월에는 비트코인 네트워크의 첫 하드포크 프로젝트인 비트코인XT가 출시되었다. 피터 우일(Pieter Wuille)을 필두로 한 비트코인 코어 개발자들이 참여해 확장성 개선을 위한 세그윗(Segwit) 소프트포크를 제안했다. 세그윗은 쉽게 말해 거래기록에서 서명 부분을 따로 저장해 더 많은 거래를 처리할 수 있도록 하는 방식이다.

2016년에는 비트코인 2차 반감기가 있었다.

7월 9일, 2차 반감기가 일어났고 비트코인 가격은 일 년 내내 350~700달러 사이를 유지했다. 영국 국민투표에서 브렉시트가 확정되면서 비트코인 가격은 연말까지 966달러에 도달했다.

2017년에는 비트코인의 두 번째 대세 상승장과 ICO 열풍이 있었다.

이더리움을 필두로 ICO(Initial Coin Offering) 열풍이 불었는데 ICO 란 초기 코인 공개 혹은 암호화폐 공개로 이해하면 된다. 주식 공개 모집을 의미하는 IPO(Initial Public Offering)에서 나온 말로, 블록체인 기술을 기반으로 새로운 암호화폐를 만들기 위해 불특정 다수의 투 자자들로부터 초기 개발자금을 모금하는 과정을 의미한다. 대개 새 로운 암호화폐를 만들게 된 동기, 목적, 운영방식, 전망 등의 내용을 담은 백서를 발행하고, 초기 투자자를 모집한다. ICO 프로젝트 대 부분이 비트코인으로 투자를 받으면서 BTC 수요가 급증했다. 자연 히 비트코인 가격이 크게 오르면서 언론의 관심도 커졌다. 무분별한 ICO로 인해 각종 해킹, 러그풀(Rug Pull, 프로젝트를 중단하고 투자금을 가 지고 사라지는 행위) 사기 등이 발생하며 암호화폐에 대한 부정적인 인 식도 함께 증가했다.

8월 1일, 소프트포크를 통해 세그윗 업그레이드를 비트코인 네트 워크에 구현함으로써 비트코인의 확장성 문제를 일부 해결했고, 라 이트닝네트워크(Lightning Network)를 구현할 수 있는 기반을 마련했 다. 세그윗 업그레이드를 계기로 비트코인캐시 하드포크가 일어났 는데 우지한이 이끄는 비트메인(Bitmain), 비아비티씨(viaBTC) 등 중 국 채굴업체들이 주축이 되었다. 8월 2일, 대규모 거래소 비트파이 넥스(Bitfinex)가 해킹으로 12만 BTC를 도난당하면서 마운트곡스 이 후 최악의 해킹 사건으로 기록되었다. 12월 18일, 시카고상품거래 소(CME)에 비트코인 선물이 상장되며 제도권 자본 유입 기반이 마런되었고, 연초 1,000달러 정도였던 비트코인 가격은 12월이 끝날 무렵 무려 1만 9,892달러까지 도달하면서 1년 사이에 20배 가까이 상승했다.

2018년에는 비트코인에 두 번째 크립토윈터가 찾아왔다.

1월, 중국에서 채굴작업 중단 명령이 내려졌다. 중국은 마감일을 지정하지 않은 채 '질서 있는 철수'를 지시했다. 비트코인 가격은 1분기 말에 이미 1월 가격에서 거의 50%나 떨어졌고, 연말에는 연초 대비 73% 하락했다. 2018년 11월 15일, 비트코인캐시 업그레이드 방향성을 두고 내분이 발생해 비트코인ABC와 비트코인SV로 진영이 갈라졌다.

2019년에는 기관투자자가 유입되면서 비트코인 채택의 움직임이 늘어났다.

6월 18일, 페이스북이 자체 암호화폐 리브라 출시 계획을 발표했다. 이는 비트코인 가격에는 별다른 영향을 미치지 않았지만, 각국 중앙은행이 CBDC 개발에 돌입하는 계기가 되었다. 9월 22일, 뉴욕증권거래소(NYSE)와 23개 글로벌 거래소를 소유한 세계 최대 증권거래소 사업자인 인터컨티넨털익스체인지(ICE, Intercontinental Exchange)가 암호화폐 거래 플랫폼 백트(Bakkt)를 설립했다. 비트코인 가격은 일 년 내내 7,000달러 근처를 오르내렸다.

2020년에는 비트코인 3차 반감기가 도래했으며 코로나19 바이러스로 인해 금융시장 전반이 크게 하락했다.

3월 17일, 비트코인은 최저 4,000달러까지 하락하며 -75%를 기록했다. 5월 12일, 3차 반감기와 연준의 유동성 공급으로 비트코인 가격은 약 4개월 만에 1만 달러를 넘어섰다. 마이크로스트래티지가 비트코인을 축적하기 시작한 최초의 상장기업으로 기록되었다.

2021년, 비트코인의 세 번째 대세 상승장이 찾아왔다.

2월, 테슬라(Tesla)가 15억 달러 상당의 비트코인을 취득했다고 발표했고 4월 중순, 비트코인 가격은 연간 최고가인 6만 4,594달러에 도달했다. 5월, 중국의 채굴 금지 조치로 인해 3만 2,450달러로 폭락했고 7월 21일, 새로운 연간 최저가인 2만 9,970달러를 기록했다. 채굴업자들이 ASIC 채굴기를 러시아, 카자흐스탄 및 북미 등지로 이전함에 따라 이후 몇 달 동안 해시레이트가 급감했다. 9월, 해시레이트를 회복했고, 엘살바도르가 비트코인을 법정화폐로 도입한다는 소식이 들려왔다. 그 뒤를 이어 10월, 최초의 선물 기반 비트코인 ETF 승인으로 낙관론이 팽배했다. 11월 10일, 비트코인 가격이 연간 두 번째 최고가이자, 역대 최고가(ATH)인 6만 8,789달러까지 상승했다.

2022년, 비트코인의 세 번째 크립토윈터와 대규모 몰락이 찾아왔다.

2월, 우크라이나-러시아 전쟁의 발발과 G7의 러시아 금융제재(비자, 스위프트망 등 글로벌 결제 시스템에서 제거)로 세계 경제 및 금융 시장의 혼란이 가속되었다. 5월 7일, 알고리즘 스테이블코인 UST가 8,450만 달러의 USDC로 교환되면서 UST의 달러 페깅이 깨지려는 조짐을 보였다. 루나파운데이션가드(LFG)는 페깅을 유지하기 위해서 8만 BTC가량을 매도하며 대응했지만, 비트코인 가격은 5월 6일부터 18일까지 44%가량 하락했고 결국 테라-루나는 몰락했다. 이는 중앙화 금융 씨파이(CeFi) 회사인 셀시우스(Celsius)와 보이저디지털(Voyager Digital), 헤지펀드 3AC(Three Arrows Capital)의 연쇄 파산으로 이어졌다. 6월, FOMC에서 자이언트스텝(0.75%p 금리인상)을 단행한 이후 4번 연속으로 자이언트스텝을 시행했다. 9월 15일, 이더리움은 더머지(The Merge) 업그레이드를 통해 작업증명(PoW)에서 지분증명(PoS)으로 전환했다. 11월, FTX 거래소가 붕괴했고 연말에 비트코인 가격은 1년 전 대비 64% 하락한 1만 6,537달러로 마감했다.

2023년은 비트코인의 제도권화 기반을 마련한 해였다.

2월, 블록체인의 개별 사토시(SAT)에 고유 식별자를 할당하고 추가 데이터를 첨부하여 거래할 수 있도록 하는 비트코인 오디널스(Bitcoin Ordinals) 프로토콜이 출시되면서 비트코인 네트워크의 새로운 사용 사례가 제시되었다. 3월, 실리콘밸리은행을 비롯한 미국의 주요 중소은행 파산 사태가 벌어지면서 비트코인 가격이 회복되기 시작했다. 대체자산으로서 비트코인의 정체성을 확고히 하는 계기가 되었다. 4월, 유럽연합이 세계 최초로 가상자산 기본법인 미카(MiCA, Markets in Crypto-Assets) 규제안을 승인하면서 암호화폐의 안정성과 투명성이 강화되었다. 6월, 홍콩 정부가 새로운 암호화폐 거래소 규제를 시행했다. 7월, 블랙록, 피델리티, 프랭클린템플턴(Franklin Templeton), 인베스코(Invesco) 등 초대형 금융기관이 미국증권거래위원회(SEC)에 비트코인 현물 ETF 승인을 신청했다. 미국 연방지법의 아날리사 토레스(Analisa Torres) 판사가 리플(XRP) 판매는 증권으로 간주되지 않는다고 판결하며 리플을 운영 및 관리하는 리플랩스(Ripple Labs)가 사실상 SEC를 상대로 승소했다. 8월, 가상자산운용사 그레이스케일(Grayscale)이 그레이스케일비트코인트러스트(GBTC)의 현물 ETF 전환 소송에서 SEC를 상대로 승소했다. 11월, 바이낸스 CEO 자오창펑(趙長鵬)이 사임하며 암호화폐의 한 시대가 막을 내렸고 12월, 2023년 마지막 FOMC 정기회의에서 금리인하 전망이 제시되었다.

2024년에도 굵직한 이벤트가 있었다.

1월 10일, 미국에서 비트코인 현물 ETF가 승인되면서 BTC의 큰 가격 상승을 이끌었다. 4월 20일, 비트코인의 4차 반감기가 있었다.

한국 날짜로 5월 24일, 미국의 이더리움 현물 ETF 승인이 있었다. 2024년에 남은 중요한 이슈는 미국과 홍콩에 이은 여타 국가의 비트코인 및 이더리움 현물 ETF 승인 여부다. 그리고 암호화폐 관련 규제 이슈가 어떻게 해결될지도 변수다. 거시경제적 이벤트는 특히 중요한데, 금리인하와 유동성 공급이 비트코인 가격에 긍정적인 영향을 미칠 수 있다. 2024년 11월로 예정된 미국 대선 역시 암호화폐의 방향성에 큰 영향을 미칠 수 있다. 현재 트럼프가 친암호화폐, 바이든이 반암호화폐 구도를 형성하고 있다. 암호화폐가 대선의 중요한 이슈가 될 것이라는 전망이 지배적이다.

비트코인의 장기적인 성장은 채택에 달렸다

비트코인의 사용성 증대와 장기적 성장에서 가장 중요한 것은 바로 '채택(Adoption)'이라고 볼 수 있다. 비트코인 네트워크가 태동한 직후 비트코인에 대한 수요는 주로 마약처럼 불법적인 물품을 거래할 때 발생했다. 이는 비트코인이 음지의 거래에 주로 사용될 가능성이 크다는 오해를 불러일으켰다. 투자시장에서도 개인투자자들이 주축을 이루며 과도한 변동성이 발생했고, 이는 투기성 자본이라는 오해를 받는 계기가 되었다. 하지만 현재 비트코인의 입지는 과거와 확연히 달라졌다. 기관이 자산으로서 채택하면서 비트코인 투자의 주체가 개인에서 기관으로 바뀌고 있다. 향후 국가적 차원에서 본격적인 채택이 이루어진다면 비트코인의 입지는 더욱 탄탄해질 것이다.

2차 반감기 1년 뒤였던 2017년 대세 상승장과 3차 반감기 1년 뒤였던 2021년 대세 상승장의 근본적인 차이는 무엇일까? 2017년에는 주로 한국, 중국, 일본 등 동아시아의 젊은 투자자들이 시장을 주도했다. 2021년에는 비트코인의 가치를 알아본 기관투자자들이 본격적으로 진입하기 시작했다. 2021년 11월에 비트코인 선물 ETF가 승인된 것도 그 증거 중 하나다. 기관투자자의 유입은 비트코인이 투기성, 사행성 자본이라는 오해에서 벗어나 장기적으로 상승할 수 있는 기반을 마련했음을 의미한다. 하나의 단계가 마무리되는 것을 넘어서 새로운 확장과 광범위한 채택의 시작을 뜻하기도 한다.

변화의 흐름은 글로벌 자산운용사를 이끄는 리더의 발언에서도 확인할 수 있다. 2017년 대세 상승장 당시 모건스탠리, JP모건(J.P. Morgan), 골드만삭스(Goldman Sachs), 시타델(Citadel) 등 수많은 금융 기관의 수장과 분석가가 합심해서 비트코인을 비판했다. 세계 최대 자산운용사 블랙록의 회장 래리 핑크(Larry Fink)는 2017년 10월 "비트코인은 전 세계의 자금세탁 수요가 얼마나 많은지를 보여주는 단적인 예"라고 주장했다. 비트코인을 자금세탁에 이용되는 불법적인 자금 정도로 여긴 발언이었다. 다음 해인 2018년 비트코인 가격은 -74% 가까이 폭락했다. 당시에는 이들의 예측이 적중한 듯 보였다. 하지만 6년이 지난 지금은 어떨까? 래리 핑크는 비트코인을 디지털 금이라고 추켜세우며, 금융의 혁신이라고 주장하고 있다. 비트코인을 '플라이트 투 퀄리티(Flight To Quality)', 즉 가장 안전한 자산이라고 칭하기도 했다.

극적으로 입장을 바꾼 인물은 또 있다. 미국에서 가장 높은 수익률을 거둔 헤지펀드 시타델의 CEO 켄 그리핀(Ken Griffin)이 그 주인공이다. 2017년, 켄 그리핀은 비트코인 투자를 튤립 버블에 빗대었다. 2018년에는 젊은 투자자들이 주식보다 코인 투자에 이끌리는 현실이 한탄스럽다고 말했다. 2021년에는 급기야 달러를 믿지 않고 비트코인을 믿는다는 이유로 코인 투자자를 이슬람 극단주의 무장조직원 지하디스트에 비유했다. 하지만 2022년 그는 돌연 자신의 과오를 반성하는 듯한 발언을 했다.

"내가 암호화폐를 잘못 판단했다. 암호화폐 시장은 지난 15년간 금융계에서 가장 파급력 있는 존재 중 하나다."

물론 비트코인에 대한 부정적인 인식을 공식적으로 거두지 않은 투자의 거장도 있다. 대표적으로 2023년 12월 타계한 버크셔해서웨이(Berkshire Hathaway)의 부회장 찰리 멍거(Charlie Munger)는 비트코인을 쥐약, 냄새나는 공에 비유하며 강력하게 비판했다.

"비트코인에 대해 말하게 하지 마라. 그것은 내가 본 것 중 가장 어리석은 투자였다. 이러한 투자는 대부분 0에 수렴할 것이다."

그런데 아이러니한 사실이 있다. 〈포브스〉에 따르면 버크셔해서웨이의 주식 포트폴리오에서 2023년 가장 높은 수익률을 기록한 종목은 친암호화폐 은행 누뱅크(Nubank)였다. 2021년 6월, 5억 달러를 투자했는데 2023년 당시 수익률은 100% 이상이었다.

2023년 12월, JP모건의 회장 제이미 다이먼(Jamie Dimon) 역시 비트코인을 정부 차원에서 금지해야 한다고 주장한 바 있다. 하지만 JP모건의 블록체인 사업부인 오닉스(Onyx)의 인원수는 최근 3년간 3배 이상 증가했다. 또한 JP모건이 발행한 JPM 코인을 통해 하루에 10억 달러, 한화로 1조 원이 넘는 거대 자본이 이동하고 있다. 그뿐만이 아니다. JP모건은 다수의 비트코인 현물 ETF에 지정참가회사(AP, Authorized Participant)로 참여하고 있다.

시장의 판도를 바꿀 비트코인 현물 ETF

2022년 한 해 동안 미국 연방준비제도의 급격한 금리인상으로 자산시장 전반이 큰 타격을 받았다. 암호화폐 시장은 각종 내부 악재까지 겹치면서 유독 심각하게 하락했다. 주식의 경우 주가가 하락할수록 저렴하게 살 기회를 노리는 새로운 기관투자자가 유입되는 경우가 많다. 반면에 암호화폐 시장에는 기관투자자가 진입하기 쉽지 않았다. 그 이유가 무엇일까? 큰 가격 변동성 때문이라고 생각할 수도 있다. 그것도 일부는 맞다. 하지만 더욱 중요한 이유는 법적 제도나 규제가 아직 명확하지 않기 때문이다. 기관투자자 입장에서는 비트코인 현물을 매입하는 것도, 현물을 보유하는 것도 무척 어려운 일이다. 그래서 기관투자자들은 비트코인에 관심을 가지고는 있지만, 직접 투자하지 못하고 간접 투자하는 방식으로 접근해 왔다. 그레이스케일비트코인트러스트나 선물 ETF, 채굴주 및 관련 기술주 등에 투자한 것이 그 예다. 참고로 시가총액 기준 미국의 5대 채굴회사는 라이엇플랫폼(RIOT), 마라톤디지털(MARA), 사이퍼마이닝(CIFR), 헛8(HUT8), 테라울프(WULF)다. 이 중 헛8을 제외한 나머지 4개 회사의 2대 주주가 바로 블랙록이다.

따라서 비트코인의 '채택'에서 중요한 과정 중 하나는 현물 ETF 승인이다. ETF 승인의 의미를 깊이 이해하기 위해서는 **화폐 현상**을 이해해야 한다. 화폐 현상은 19세기 영국의 경제학자였던 윌리엄 스탠리 제번스(William Stanley Jevons)가 제시한 것으로, 특정 물건이 소장품에서 출발해 화폐의 3가지 기능을 습득해 나가는 과정이다. 이 3단계 과정은 가치저장 수단, 교환 매개, 회계 단위를 의미한다.

화폐 현상의 과정 = 소장품 → 가치저장 수단 → 교환 매개 → 회계 단위

비트코인은 현재 화폐 현상 중 가치저장 수단으로서의 지위를 공고히 하는 단계를 거치고 있으며, 이 과정에서 현물 ETF가 중요한 역할을 하고 있다. 현물 ETF는 투자의 편의성과 안정성을 크게 향상시킨다. 안정성부터 살펴보자. 각각의 암호화폐 거래소는 저마다 세운 방침에 따라 운영된다. 따라서 해킹을 당하거나 갑작스러운 폐쇄로 인해 피해가 발생해도 투자자가 법적인 보호를 제대로 못 받는 경우가 많았다. 거래소를 믿지 못한다면 개인지갑을 활용하면 되지 않을까, 하는 의문이 들 수 있다. 개인이 자신의 암호화폐를 직접 보관하고 관리하는 셀프 커스터디(Self-Custody)는 암호화폐 투자의 중요한 장점 중 하나다. 하지만 절차가 다소 복잡하며 관리가 어렵고, 비밀번호를 잃어버리면 영원히 찾을 수 없다는 리스크가 있다. 즉, 편의성이 부족하다. 그래서 기관투자자들은 비트코인 현물 투자를 꺼려온 것이다. 이제 비트코인 현물 ETF가 출시됨에 따라 주식 거래소에서 주식처럼 비트코인을 매매할 수 있다. 편리하고 안정적으로 매입이 가능해진 것이다.

따라서 비트코인 현물 ETF 상장은 전 세계 부의 대부분을 관리하는 전통 금융권을 비트코인의 테두리에 포함하는 과정으로 볼 수 있으며, 지금까지와는 차원이 다른 수준으로 시장이 확대되는 효과가 일어날 수 있다. 미국 증시는 글로벌 자본시장의 가장 큰 축을 형성하는 동시에 전 세계 기관투자자들이 가장 신뢰하는 시장이다. 이러한 미국 증시에 비트코인 현물 ETF가 상장했다는 것은 엄격한 규약에 따라 운영되는 장기성 제도권 자금이 비트코인에 유입될 경로를 확보했다는 뜻이다. 따라서 비트코인 현물 ETF는 단기적인 관점보다는 장기적인 관점에서 호재로 볼 수 있다.

사실 비트코인 현물 ETF에 대한 내러티브는 오래전부터 있어왔다. 아크인베스트는 2021년 10월과 2022년 10월 두 차례에 걸쳐 SEC에 현물 ETF 상장을 신청했지만 거부당했다. 비트코인 현물 ETF가 투자자 보호를 위한 규정을 충족하지 못했다는 이유에서였다. SEC는 비트코인 시장의 변동성이 크고, 사기와 시장 조작이 발생할 위험이 있다고 주장했다. 물론 이는 명목적인 이유에 불과하다. SEC는 비트코인 현물 ETF와 선물 ETF가 왜 투자자 보호의 측면에서 차이를 보이는지 논리적으로 설명하지 못했다. 아크인베스트는 포기하지 않았고, 2023년 5월 15일 세 번째 신청 끝에 2024년 1월 10일 승인을 받았다. 물론 여기에는 블랙록의 존재감이 주요했다.

따라서 비트코인 현물 ETF와 관련해서 가장 중요한 화두는 세계 1위 자산운용사 블랙록의 등판이었다. 블랙록의 등판 역시 하루아침에 결정된 것은 아니다. 블랙록은 현물 ETF의 포석을 다지기 위해 그간 꾸준히 준비해 왔다. 2022년 8월, 블랙록은 미국에 기반을 둔 기관투자자들을 대상으로 하는 비트코인 현물 개인신탁(private trust)을 출시한다고 발표했다. 미국 최대 암호화폐 거래소 코인베이스와 제휴해 기관투자자들에게 비트코인 거래 및 운용 서비스를 제공하기로 한 것이다. 이는 2가지 시사점을 제시했다.

첫째, 기관 대상 비트코인 펀드시장 내 경쟁을 심화시키는 계기가 되었다. 둘째, 블랙록의 시장 참여로 암호화폐 및 관련 투자상품에 대한 규제 당국의 입장을 변화시켰다.

그동안 암호화폐의 여러 이슈에 대해 미 규제 당국은 모호한 입장을 취해 왔다. 하지만 세계 최대 자산운용사인 블랙록의 참여를 계기로 입장을 바꾸었다. 미국의 연기금 등 장기성 자금이 암호화폐 보유자가 될 수 있는 기반을 마련하기 위해서는 규제의 불확실성을 제거하려는 당국의 노력을 가속화해야 했다. 결론적으로 시장에 대한 적절한 감독 및 지침이 개발되었고, 업계 발전을 촉진하는 주요 촉매제로 작용했다.

비트코인 현물 ETF는 추가로 어떤 변화를 이끌어 낼까? 많은 기관들이 은퇴연금 401(k)에 비트코인을 포함하기로 결정할 수 있다. 이는 암호화폐를 직접 소유하지 않고도 비트코인에 투자하고 싶어 하는 은퇴연금 저축자들의 수요에 정확히 부합한다. 실제로 최근 몇 년 사이에 주요 연기금들은 암호화폐에 자산을 할당했다. 미국의 401(k)는 고용주가 납입액의 일정 비율을 부담하는 개인연금 계좌 프로그램이다. 많은 기업들이 직원들에게 이 프로그램을 제공하고 있고, 구직자들이 회사를 선택할 때 중요하게 고려하는 요소로 꼽힌다.

비트코인 현물 ETF의 승인은 비트코인이 기초자산으로서 인정받았다는 것을 의미한다. 고무적인 것은 이더리움 현물 ETF도 승인을 받았다는 사실이다. 암호화폐 시장은 새로운 국면으로 접어들고 있다. 앞으로 다양한 알트코인 ETF가 출시되어 암호화폐 시장의 저변이 확대될 가능성도 열려 있다.

월가 주도의 가상자산 거래소 EDXM

앞서 시타델의 CEO 켄 그리핀의 발언을 간단히 언급했다. 비트코인 투자를 튤립 버블에 빗대었던 자신의 과오를 반성한 켄 그리핀은 향후 많은 기업들이 암호화폐 시장을 두 팔 벌려 환영할 것으로 예측했다. 그리고 시타델이 암호화폐 시장을 개척하는 데 관여하는 모습을 곧 볼 수 있을 것이라고 강조했다. 이는 수많은 기업과 기관이 암호화폐 시장에 진입할 수 있는 기반을 만들겠다는 의미로 해석할 수 있는데, 이후 2023년 월가가 주도하는 암호화폐 거래소 EDXM 프로젝트가 시작되었다. EDXM은 개인투자자가 아닌 기관을 대상으로 하는 거래소다.

EDXM은 크게 3가지 축으로 이루어져 있다. 리테일 증권사, 마켓메이커, 벤처캐피털이다. 증권사는 찰스슈왑(Charles Schwab)과 피델리티가 주축이 되고, 마켓메이커는 시타델과 버추(Virtue)가 중심을 이루고 있다. 벤처캐피털은 패러다임(Paradigm), 세콰이어캐피털(Sequoia Capital) 등으로 구성되었다. 이후 마이애미인터내셔널홀딩스(MIAX), DV크립토(DV Crypto), GTS 같은 새로운 투자자들이 합류하며 꾸준히 규모를 확장하고 있다.

EDXM의 CEO인 자밀 나자랄리(Jamil Nazarali)는 시타델에서 글로벌 비즈니스를 담당해 온 인물이다. 또한 시타델 디지털을 포함해서 여러 시타델 계열사가 참여하고 있어 시타델이 EDXM의 주축이라고 추측해 볼 수 있다. 시타델은 컴퓨터를 이용한 알고리즘 트레이딩을 주력으로 하며, 현재 전 세계에서 가장 높은 수익률을 기록하고 있는 1위 헤지펀드다. 켄 그리핀은 헤지펀드의 제왕으로 불린다. 2022년 시타델은 160억 달러, 한화로 21조 원가량을 벌어들였다. 수수료 등을 제하고 고객들에게 돌려준 순수익 기준이다. 이는 지난 2007년 금융위기 당시 '빅쇼트' 전략으로 150억 달러를 벌어들인 존 폴슨(John Paulson)의 수익을 뛰어넘는, 헤지펀드 역사상 최고 기록으로 등극했다. 시기적으로 투자로 수익을 얻기가 어려웠던 2022년에 거둔 성과라는 것이 고무적이다. 같은 기간에 미국 내 전체 헤지펀드 평균 수익률은 -8.2%였다고 한다.

2023년 〈포브스〉에 따르면 켄 그리핀은 순자산 350억 달러, 한화 약 46조 원으로 그는 세계에서 서른다섯 번째로 부유한 사람이자 미국에서 가장 관대한 기부자 목록에 등재된 사람이다. 기부 대상에는 유력 정치인들도 상당수 포함되어 있다. 켄 그리핀의 정치적, 사회적 영향력이 어느 정도일지 충분히 짐작할 수 있다.

2021년 10월, 비트코인 선물 ETF가 승인된 시점은 공교롭게도 비트코인의 역사상 최고점이었다. 이후 비트코인 가격은 폭락했다. 선물에는 상승에 베팅하는 롱포지션도 있지만. 반대인 숏포지션도 있다. 선물 ETF 승인이 급격히 상승하는 비트코인의 상승세를 누르기 위한 의도였다는 음모론이 나오는 이유다. 지금은 어떤 시점일까? 오직 상승에만 베팅할 수 있는 비트코인 현물 ETF가 승인되었다는 것은 암호화폐 시장의 크립토윈터가 지나가고, 반감기를 필두로 한 상승장을 준비해야 하는 시기가 왔음을 의미한다고 볼 수 있다.

EDXM은 어떤 차별화 전략을 구사하고 있을까?

첫째, 비수탁 암호화폐 거래소라는 점이다. EDXM은 사용자의 암호화폐를 직접 보관하거나 청산하지 않는다. 자산을 거래하는 거래소와 자산을 보관하는 수탁, 즉 커스터디를 엄격하게 구분하고 있다. EDXM은 투자자들이 거래소에 직접 접근하는 것이 아니라 피델리티, 찰스슈왑 같은 증권사를 통해 주문을 제출하는 형태로 전통적인 자산시장의 구조와 비슷하다. EDXM이 이런 구조를 취한 이유는 무엇일까? 그동안 암호화폐 거래소가 수탁까지 담당하면서 큰 사고가 수차례 발생했기 때문이다. 과거 FTX 파산 사태도 마찬가지 이유였다. 이들은 사용자의 예치금을 임의로 사용하기도 했다. 기관들이 EDXM의 구조를 더욱 신뢰할 수밖에 없는 이유다.

둘째, 증권 이슈에서 가장 안전한 비트코인, 이더리움, 라이트코인(LTC) 3가지 코인만 거래한다는 것이다. 원래는 비트코인캐시가 포함되어 있었지만 상장을 철회했다. 앞으로 거래 가능한 암호화폐의 숫자는 꾸준히 늘어나겠지만, SEC의 규제에 부합하는 프로젝트를 엄선해서 선정할 가능성이 높다. 결론적으로 EDXM은 미 금융당국의 규제에서 가장 안전한 암호화폐 거래소가 될 가능성이 있다.

헤지펀드의 제왕이 동참한 만큼 성공 가능성은 높아 보인다. 하지만 과거 뉴욕증권거래소의 모기업 ICE가 추진했던 백트 거래소의 사례를 기억해야 한다. 총체적인 문제가 있었겠지만, 백트가 실패한 이유는 증권사들이 호가를 주지 않았던 것이 큰 영향을 미쳤다. 호가를 준다는 것은 증권사가 거래소에 참여한다는 의미이고, 거래 상품을 신뢰한다는 뜻이다. 그러나 증권사들은 암호화폐의 변동성에 대한 우려와 불확실성 때문에 백트에 호가를 주지 않았고, 그 결과 백트의 거래량은 급감해 유명무실해지고 말았다. EDXM이 성공하려면 찰스슈왑, 피델리티 외에도 다양한 증권 중개인이 참여해야 한다. 물론 유동성을 공급하고, 거래를 활성화하고, 가격을 안정화하는 시타델, 버추 같은 마켓메이커들의 역할도 그 이상으로 중요하다. EDXM의 성공을 위해서 여러 마켓메이커의 꾸준한 참여가 필수다.

앞으로 글로벌 기업들이 비트코인을 담게 되는 이유

상장기업의 비트코인 보유량을 보면 마이크로스트래티지, 테슬라, 블록(Block), 넥슨(NEXON) 등 상위권에 위치한 몇몇 대기업 외에는 대부분이 채굴회사 또는 투자기관이라는 걸 알 수 있다. 미국 내에는 비트코인의 장기적인 가치를 높게 보는 수많은 기업이 존재한다. 그런데 이들이 그동안 비트코인을 재무제표에 담지 못했던 이유는 무엇일까? 바로 잘못된 재무회계 기준 때문이었다.

2023년 9월, 암호화폐 시장에 반가운 소식이 전해졌다. 미국의 회계 관련 규제기구인 '재무회계기준위원회(FASB)'가 기업이 암호화폐 보유량을 공정시장가치로 보고할 수 있도록 하는 신규 회계기준을 만장일치로 승인한 것이다. 신규 회계기준은 2025년부터 시행예정이지만, 기업들은 조기에 해당 기준을 적용할 수도 있다. 그동안 기업이나 자산운용사가 암호화폐를 샀을 때 이를 재무제표상 어디에 반영해야 하는지, 또 어느 기준으로 가치를 매겨야 하는지가 명확하지 않았는데 이런 애로사항을 해소할 길이 열린 것이다.

그동안 암호화폐를 보유한 기업들은 미국 공인회계사협회(AICPA)

상장기업의 비트코인 보유 현황(2024년 1월 기준)

기업	국가	티커:거래소	보유량(개)	가치(달러)	% of 21m
MicroStrategy	미국	MSTR:NADQ	189,150	8,248,648,025	0.90%
Marathon Digital Holdings Inc	미국	MARA:NADQ	15,174	661,723,421	0.07%
Tesla, Inc	미국	TSLA:NADQ	10,725	467,706,847	0.05%
Hut 8 Corp	캐나다	HUT:NASDAQ	9,195	400,985,031	0.04%
Coinbase Global, Inc.	미국	COIN:NADQ	9,000	392,481,270	0.04%
Galaxy Digital Holdings	미국	BRPHF:OTCMKTS	8,100	353,233,143	0.04%
Block, Inc.	미국	SO:NYSE	8,027	350,049,684	0.04%
Riot Platforms, Inc.	미국	RIOT:NADQ	7,362	321,049,679	0.03%
Bitcoin Group SE	독일	BTGGF:TCMKTS	3,830	167,022,585	0.02%
CleanSpark Inc	미국	CLSK:NASDAQ	3,002	130,914,308	0.01%
Voyager Digital LTD	캐나다	VOYG:TSX	2,287	99,733,852	0.01%
NEXON Co. Ltd	일본	NEXOF:OTCMKTS	1,717	74,876,705	0.01%

(출처: Bitcoin Treasuries)

의 가이드라인에 따라 암호화폐를 무형자산으로 회계 처리해 왔다. 무형자산은 일반적으로 상표권이나 특허권처럼 기업이 생산활동 등을 목적으로 오랫동안 보유하는 자산을 의미한다. 회사는 무형자산 가격이 처음 취득한 장부 가격보다 낮아지면 그 차액을 손상차손으로 비용에 반영한다. 반대로 가치가 올라가면 평가이익을 회사이익으로 반영하지 않고, 나중에 매도해야만 처분이익으로 반영이 가능하다.

이는 기업에 상당한 손실로 기록될 수 있고, 기업의 고유가치에 부정적인 인상을 남기기 때문에 기업 입장에서는 비트코인 채택을 꺼리게 하는 요소였다. 기존 회계기준은 다른 자산에 비해 변동성이 크고, 24시간 거래되는 암호화폐에는 적합하지 않다고 볼 수 있다. 기업의 입장에서 기존 회계기준은 암호화폐 보유를 결정하는데 큰 장애물 중 하나였다.

마이크로스트래티지 창업자인 마이클 세일러(Michael Saylor)는 그동안 FASB에 꾸준히 규정안 수정을 촉구했다. 2023년 5월, FASB의 암호화폐 회계기준안을 지지하는 서한도 제출한 바 있으며, 다른 기업들의 적극적인 동참을 유도했다. FASB의 결정이 확정된 후 마이클 세일러는 트위터를 통해 "FASB 회계기준 개정으로 기업이 비트코인을 재무 자산으로 채택하는 것을 가로막던 주요 장애물이 사라졌다"라고 밝혔다. FASB의 규정 개정을 통해 기업의 분기별 수익 보고서에 암호화폐의 손익을 포함하고 가치변동 여부를 반영할 수 있게 되었다. FASB의 결정은 암호화폐 전체 시장을 위한 중대한 결정으로서 대규모 채택을 촉진할 가능성이 높다.

신흥국 통화가치 하락이 비트코인에 미치는 영향

화폐 현상에서 가치저장 수단 이후 확보하게 될 비트코인의 지위인 '교환 매개'로서의 입지를 알아보자. 블록체인 데이터 분석업체인 체이널리시스(Chainalysis)는 매년 '글로벌 암호화폐 채택 지수'를 공개하고 있다. 국가별로 경제활동에서 암호화폐를 어느 정도로 비중 있게 쓰는지를 지수로 나타낸 것이다. 이는 자산으로서의 절대적 거래량이 아닌 평범한 개인의 사용 정도에 중점을 둔 수치여서, 한국의 경우 원화 거래량이 전 세계 최상위권에 속하지만 이 지표에는 포함되지 않는다. 실제 화폐로서의 사용성에 중점을 둔 지수이기 때문이다. 해당 지수의 목적은 '일반인'이 암호화폐를 가장 많이 사용하는 국가를 찾는 것이다. 따라서 암호화폐를 거래 및

글로벌 암호화폐 지수

2021년 순위	국가명	2023년 순위	국가명
1	베트남	1	인도
2	인도	2	나이지리아
3	파키스탄	3	베트남
4	우크라이나	4	미국
5	케냐	5	우크라이나
6	나이지리아	6	필리핀
7	베네수엘라	7	인도네시아
8	미국	8	파키스탄
9	토고	9	브라질
10	아르헨티나	10	태국
11	콜롬비아	11	중국
12	태국	12	튀르키예
13	중국	13	러시아
14	브라질	14	영국
15	필리핀	15	아르헨티나
16	남아공	16	멕시코
17	가나	17	방글라데시
18	러시아	18	일본
19	탄자니아	19	캐나다
20	아프가니스탄	20	모로코

(출처: Chainalysis)

투자 수단으로 활용하는 정도보다 상품교환 및 저축 등 일상적인 경제활동에 사용하는 정도에 초점을 맞추고 있다. 이를 위해 각 국가의 1인당 구매력평가(PPP)에서 암호화폐가 차지하는 비중, 거래소가 아닌 개인 대 개인(P2P) 거래량이 많은 정도 등을 기준으로 순위를 매긴다. 2021년과 2023년을 비교해 살펴보자.

2021년의 경우 전 세계 154개국을 대상으로 분석한 결과, 글로벌 암호화폐 채택지수가 가장 높은 곳은 베트남이었다. 이어서 인도, 파키스탄, 우크라이나와 케냐가 상위 5개국에 자리했다. 상위 20개 국가는 대부분 아시아와 아프리카, 중남미 지역의 신흥국가들이었다. 이 국가들에는 공통점이 있다. 정부가 개인의 자본유출을 강하게 통제하고, 해외 이민자 수가 많으며, 자국 통화가치가 낮아지고 있다는 점이다. 신흥국에서 자국 통화가치가 하락하자 자산가치를 유지하고, 자유롭게 송금하기 위해 비트코인을 활용하고 있음을 알 수 있다. 즉, 화폐가치 불안과 송금 규제의 '대안'으로 비트코인이 부각되고 있다는 점에 주목해야 한다. 이들 국가에서는 일반적인 암호화폐 거래소에 개인이 접근하는 게 제한되는 경우가 많아서, 거래가 주로 P2P 방식으로 이루어진다. 이는 비트코인의 탄생 목적에도 부합한다.

이보다 앞선 2020년 순위에서 암호화폐 시장을 주도하던 미국과 중국의 순위는 각각 6위와 4위였다. 그런데 2021년에는 각각 8위와 13위를 차지했다. 두 나라 모두 순위가 하락했지만, 하락한 이유는 다르다. 중국의 경우 정부가 암호화폐 거래 및 채굴을 집중적으로 단속해 거래가 줄어든 게 이유라면, 미국에서는 개인보다 전문기관으로 거래 주체가 바뀐 게 그 이유였다.

두 나라를 제외하면 체이널리시스 지수 상위에 주요 선진국은 포함되어 있지 않았다. 신흥시장에선 일반 소비자가 경제활동을 위해 암호화폐를 사용하는 반면 북미와 서유럽, 동아시아 등에서는 투자 목적으로 기관투자자 등이 주도해 암호화폐 사용을 늘렸기 때문이다.

2023년의 순위는 어떨까? 여전히 상위 20개 국가에는 대부분 아시아와 아프리카, 중남미 지역의 신흥국가들이 자리했다. 2021년과 추세가 비슷하다고 볼 수 있다. 이번에는 인도가 1위를 차지했고, 베트남은 3위로 내려갔다. 6위였던 나이지리아는 2위로 상승했다. 눈에 띄는 변화는 선진국들의 약진이었다. 미국이 4위로 올라섰고, 중국도 11위로 소폭 상승했다. 그리고 영국, 캐나다, 일본 등이 신규 진입했다. 선진국에서도 암호화폐를 사용하는 추세가 늘고 있음을 의미한다.

세계은행은 1인당 국민총소득(GNI)을 기준으로 소득 수준에 따라 국가를 고소득(HI), 중상위소득(UMI), 중하위소득(LMI), 저소득(LI)으로 분류하고 있다. 분류 결과를 살펴보면 비트코인을 사용하는 국가들은 중하위소득 수준에 주로 포진해 있다. 해당 국가들은 대부분 인구가 많고, 산업이 성장하고 있으며, 다수는 지난 수십 년 동안 상당한 경제발전을 거쳐 저소득 수준에서 벗어나 성장한 국가들이다. 더욱이 세계 인구의 40%는 중하위소득 국가에 살고 있다. 이는 암호화폐가 미래에 경제의 큰 축이 될 것이라는 명백한 증거다. 신흥국 시장을 중심으로 암호화폐 거래가 이미 글로벌 트렌드로 자리 잡았다는 것을 의미한다. 반면에 고소득 국가에서는 대규모 조직이 주도하는 기관적 채택이 현재 진행 중이라고 앞서 이야기했다. 이는 가까운 미래에 상향식 및 하향식 암호화폐 채택이 결합되는 모습을 볼 수 있다는 것을 암시한다.

국가적인 차원의 도입과 규제 이슈

해시파워(Hash Power, 채굴 역량) 기준으로 글로벌 1위 채굴 사업자인 마라톤디지털의 CEO 프레드 티엘은 개인과 기관 다음은 국가적 차원의 채택이라고 강조했다. 주권 국가의 법정화폐로의 도입과 중앙은행이나 연기금 등의 투자자산 편입이라는 2가지 측면에서, 2024년에는 국가적인 차원의 수용이 더 활발해질 가능성이 높다. 현재 비트코인을 법정화폐로 도입한 국가로는 엘살바도르, 온두라스 프로스페라 경제특구, 중앙아프리카공화국을 들 수 있다. 2024년에도 남미, 중동, 아프리카, 서남아시아 지역의 국가들로부터 관련 소식을 기대해 볼만 하다. 국가적인 차원의 투자도 이어지고 있다. 특히 2023년에는 부탄의 국부펀드가 비트코인에 투자한 것이 알려져 화제가 되었다.

가장 주목해야 할 국가는 미국과 중국이다. 2024년 1월 기준으로 국가별 해시레이트 순위에서 미국은 38%로 1위, 중국은 21%로 2위를 차지했다. 이어서 카자흐스탄 13%, 캐나다 7%, 러시아 5%, 독일

국가별 비트코인 보유량(2024년 1월 기준)

국가명	보유량(개)	가치(달러)	% of 21m
미국	207,189	9,060,321,101	0.987
중국	194,000	8,483,569,560	0.924
우크라이나	46,351	2,026,917,179	0.221
엘살바도르	2,381	104,120,511	0.011
핀란드	1,981	86,628,615	0.009
조지아	66	2,886,163	0
합계	451,968	19,764,443,128	2.152

(출처: Bitcoin Treasuries)

3%, 말레이시아 3%, 아일랜드 2% 순으로 나타났다. 중국은 정부 차원에서 비트코인 채굴을 금지했는데도 무려 21%를 차지하고 있다.

두 나라는 비트코인 보유량에서도 압도적이다. 미국은 20만 7,189개로 1위, 중국은 19만 4,000개로 2위를 차지하고 있다. 이어서 우크라이나, 엘살바도르, 핀란드, 조지아 순이다. 미국과 중국의 비트코인 매도는 시장에 단기적인 악재로 작용할 수 있다. 특히 미국은 주기적으로 비트코인을 시장에 매도한다고 발표한 바 있다. 미국이 금융시장에서 비트코인 현물 ETF를 승인했다는 건 미국이 암호화폐 시장을 어떻게 바라보고 있는지 알 수 있는 대목이다. 미국의 주정부들도 하나둘 비트코인에 우호적인 움직임을 보이고 있다. 뉴욕주, 플로리다주 등이 비트코인에 친화적인 것으로 알려져 있는 가운데, 2024년 1분기 SEC의 13F 보고서에서 위스콘신주 투자위원회가 블랙록 비트코인 현물 ETF를 1억 달러 상당 보유하고 있는 것으로 밝혀졌다. 이제 중요한 것은 관련 법안을 완성하는 것이다.

유럽연합은 가상자산에 관한 포괄적인 규제를 담은 미카 법안을 세계 최초로 통과시킴으로써의 건전한 시장 조성을 위한 규제를 마련했다. 유럽연합에 이어 영국, 일본, 싱가포르 등 해외 주요 국가에서도 암호화폐 투자자 보호와 함께 상품개발을 지원하기 위한 규제 프레임워크를 마련하거나 법안 적용을 명확히 하기 위한 작업을 진행 중이다.

미국은 2023년 7월 하원금융서비스위원회(House Financial Services Committee)에서 '블록체인 규제 명확성 법안(Blockchain Regulatory Certainty Act)'을 통과시켰고, 암호화폐의 발행 및 거래에 대한 증권거래위원회 SEC와 상품선물거래위원회 CFTC 간 역할을 명확히 하는 '21세기를 위한 금융 혁신 및 기술 법안(The Financial Innovation and Technology for the 21st Century Act)'도 통과시켰다. 하지만 이후 추가 법률 제정에서 속도를 내지 못하고 있다. 2022년 공화당 주도로 암호화폐 규제 법안을 처리하려 했으나 성공하지 못했다. 특히 공화당과 민주당 간에 암호화폐가 정치적인 쟁점이 되고 있으며 미국 대선에서도 큰 영향을 미칠 수 있는 변수로 떠오르고 있다. 미 의회에서 규제안이 완성되어야 SEC의 집행 위주 규제를 막을 수 있다.

중국은 암호화폐를 원천적으로 금지하고 있지만, 블록체인 기술에 관한 관심을 이어가고 있다. 중국 당국은 웹3 친화 정책 추진의 일환으로, 대체 불가능한 토큰 NFT와 탈중앙화 애플리케이션 디앱의 개발을 장려하는 것으로 전해지고 있다. 자본유출을 경계하는 중국 입장에서는 자산으로서의 비트코인이 달갑지 않을 수 있다. 하지만 특별자치구인 홍콩은 반대의 움직임을 보이고 있다. 2023년 6월부터 홍콩 정부는 새로운 암호화폐 거래소 규제를 시행하고 특정 조건을 충족한 플랫폼에 라이선스를 부여하기 시작했다. 개인투자자에게도 암호화폐 거래를 허용하되 라이선스제를 도입하는 등 투자자를 철저히 보호하고 있다. 또한 아시아 국가에서는 가장 먼저 비트코인 현물 ETF를 승인했고, 아울러 이더리움 현물 ETF의 경우 미국보다 먼저 승인했다.

국제적으로도 암호화폐의 경제적 실체를 분명히 하려는 움직임이 일고 있다. 2023년 11월 국제증권감독기구(IOSCO)는 '암호화폐 및 디지털 자산시장에 대한 정책 권고안'을 발표했다. 또한 국제통화기금은 중남미 국가들을 상대로 암호화폐를 전면 금지하는 정책을 강요해 왔다. 하지만 2023년 6월에 발표한 IMF 보고서에서는 일부 남미 국가들이 위험성을 이유로 암호화폐를 전면 금지하는 것은 장기적으로 효과가 떨어진다는 의견을 내놓았다. 대신 디지털 결제 수요를 정확히 확인해 해결하고, 암호화폐 거래를 통계화해 투명성을 높이는 데 초점을 맞춰야 한다고 주장했다. 2024년 4월에 발표한 IMF 보고서에서는 비트코인이 단순한 투기대상을 넘어 글로벌 시장에서 자산보존의 필수 요소로 인식되고 있다는 분석을 내놓았다. 국제기구가 비트코인을 바라보는 관점은 이렇듯 조금씩 바뀌고 있다.

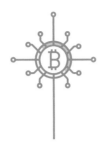

4장

확장하고 있는 비트코인 생태계

비트코인 결제와 라이트닝네트워크

사토시 나카모토는 탈중앙화되고 신뢰가 필요 없는 'P2P 전자 현금 시스템'을 구상했다. 결제수단으로서 인정받는 것은 비트코인의 궁극적인 목적이기도 하다. 하지만 이를 위해서는 극복해야 할 몇 가지 문제가 있다.

첫 번째 문제는 긴 블록 생성시간이다. 트랜잭션이 블록에 추가되려면 그전에 검증되어야 한다. 노드의 검증은 탈중앙화되고 안정적인 비트코인 네트워크의 핵심이지만, 이로 인해 거래가 이루어지기까지 상당한 시간이 소요된다. 새로운 블록이 생성되는 데 걸리는 시간은 약 10분이다.

두 번째는 확장성 문제로, 작은 블록 크기로 인해서 처리량이 제한적이라는 점이다. 결제의 효율성 측면에서 비트코인 네트워크는 비자(Visa)나 마스터카드(Mastercard) 같은 주요 결제 대기업과 종종 비교되곤 한다. 비자의 경우 약 2만 4,000TPS를 지원할 수 있다. TPS는 1초당 처리할 수 있는 트랜잭션인데 비트코인 블록체인은 7TPS 정도에 불과하다. 따라서 대량의 트랜잭션을 처리하기에는 한계점이 명확하다.

세 번째 문제는 상대적으로 높은 거래 수수료다. 네트워크가 혼잡해질수록 사용자는 거래의 우선순위를 정하기 위해 더 높은 수수료를 지불해야 하므로, 규모가 작거나 빈번한 거래에서는 사용 매력이 떨어진다. 2023년 8월 기준으로 0.64달러(한화 약 840원)였던 거래 수수료는 11월에는 약 970% 상승한 6.84달러(한화 약 8,900원)를 기록했다. 2024년 4월에는 60달러 이상으로 정점을 찍기도 했다.

라이트닝네트워크는 비트코인의 이러한 한계점을 극복하기 위해서 만들어졌다. 라이트닝네트워크는 레이어2 결제 프로토콜로서, 비트코인 블록체인 위에 구축된 채널을 통한 결제를 지원한다. 결제 채널은 메인 블록체인과 병렬로 실행되는 오프체인 네트워크다. 거래하고자 하는 두 당사자 사이에 채널을 설정하고, 해당 결제 채널에서 거래가 이루어지는 방식이다. 거래는 즉각적으로 이루어지고 수수료도 매우 낮다.

라이트닝네트워크의 개념은 2016년 조셉 푼(Joseph Poon)과 타데우스 드라이야(Thaddeus Dryja)에 의해 처음으로 제안되었다. 2017년에 있었던 세그윗 업그레이드는 라이트닝네트워크를 레이어2 솔루션으로 활성화하는 기반을 마련했다. 그리고 2018년, 라이트닝네트워크가 비트코인 메인넷에 출시되었다. 라이트닝네트워크는 2021년에 비트코인을 법정화폐로 지정한 엘살바도르의 비트코인 결제에 중추적인 역할을 했다. 라이트닝네트워크 실행을 위해서는 3단계의 절차가 필요하다.

1단계: 라이트닝 채널 열기
2단계: 라이트닝 채널에서 거래하기
3단계: 라이트닝 채널 닫기

1단계: A가 B에게 비트코인을 지불하려 한다고 가정해 보자. 결제 채널을 개설하려면 A, B, 혹은 둘 다 비트코인을 다중서명(Multisig) 지갑에 입금해야 한다. 이렇게 하면 온체인 트랜잭션이 메인넷에 기록된다. 자금은 다중서명 주소에 락업된다.

2단계: 사용 가능한 자금이 있으므로 A는 B에게 송금할 수 있다. 라이트닝네트워크는 양방향 결제 채널을 사용한다. B가 원할 경우 동일한 채널을 통해 A에게 자금을 보낼 수도 있다. 둘 사이의 모든 트랜잭션은 오프체인에서 이루어지며, 각자 모든 거래에 서명하면 된다. 각 당사자가 개인키를 보유하도록 설계되었고, 채널에서 자금을 재분배하는 것은 두 당사자가 동의한 경우에만 가능하다. 트랜잭션이 발생할 때마다 채널의 잔액이 오프체인에 업데이트된다. 결제채널의 사용자는 필요한 기간 동안, 필요한 양만큼 거래를 할 수 있다.

3단계: 채널을 열기 위한 트랜잭션과 마찬가지로 라이트닝 채널을 닫는 것도 온체인 트랜잭션이다. 채널을 닫으려면 두 당사자가 모두 동의해야 한다. 이후 자금이 각자의 지갑으로 다시 전송된다. 채널이 성공적으로 닫히면, 당사자 간의 잔액을 나타내는 단일 트랜잭션이 비트코인 네트워크에 전송된다.

라이트닝네트워크는 꾸준히 성장하고 있다. 라이트닝네트워크의 트랜잭션은 2021년 8월 기준 약 50만 건에서 2023년 8월 기준 약 660만 건으로, 1,200%가량 성장한 것으로 나타났다. 하지만 고민해야 하는 지점도 있다.

첫째, 라이트닝네트워크가 중앙화로 이어질 수 있다는 비판이 있다. 사용자가 더 많은 유동성과 더 낮은 수수료를 제공하는, 자금이 풍부한 노드에 끌릴 수 있기 때문이다.

둘째, 채택 수준이 낮다. 라이트닝네트워크가 성공하려면 상당수의 사용자와 기업이 이를 채택해야 한다. 하지만 아직 그 정도에 도달하지는 못했다. 기술적으로 복잡하다는 점도 일반 사용자의 광범위한 채택을 방해하는 요소다.

셋째, 해킹 이슈도 있다. 비트코인 오픈 소스 개발자인 안토니오

라이드는 라이트닝네트워크의 심각한 결함을 지목하고, 이로 인해 라이트닝네트워크가 해킹에 취약할 수 있다고 강조했다. 그는 비트코인 기본 계층에 근본적인 변화가 필요하며 이는 라이트닝네트워크 자체로 해결이 어려운 문제라고 주장했다.

비트코인을 결제수단으로 도입하는 데는 더욱 중요한 문제가 있다. 바로 '기회비용'이다. 많은 투자자들이 앞으로 비트코인 가격이 크게 상승할 것이라는 기대감을 갖고 있으므로 비트코인을 결제에 사용하는 것을 꺼릴 가능성이 있다. 비트코인이 글로벌 경제 전반에서 결제수단으로 활발히 사용된다면, 비트코인 가격이 완전히 안정화에 돌입하고, 변동성이 극도로 줄어든 상태로 보아야 할 것이다.

비트코인의 새로운 시도,
오디널스, BRC-20 그리고 룬프로토콜

지금부터는 비트코인 네트워크의 새로운 시도를 좀 살펴보자. 2023년 한 해 동안 비트코인 네트워크를 뜨겁게 달군 화두가 있다. 바로 오디널스프로토콜(Ordinals Protocol)과 BRC-20(Bitcoin Request for Comment 20)이다. 오디널스프로토콜과 BRC-20은 비트코인 네트워크에 현재 어떤 영향을 미치고 있으며, 향후 네트워크의 미래에 어떤 영향을 줄까?

케이시 로더머(Casey Rodarmor)가 개발한 오디널스프로토콜은 비트코인의 최소 단위인 사토시(1억분의 1BTC)에 데이터를 첨부해 일종의 NFT를 만들 수 있게 구현한 기술이다. 오디널스프로토콜은 각 사토시에 순차적으로 번호를 할당하는데, 이 번호를 오디널스라고 한다. 사진, 텍스트, 동영상과 같은 데이터를 각인(Inscription, 인스크립션)할 수 있다. 이론적으로는 블록당 최대 4MB의 데이터를 새겨 넣을 수 있다.

비트코인 네트워크에서 토큰을 발행한다는 아이디어는 비트코인 백서에는 없다. 탄생 당시에는 구상되지 않은 아이디어로 오디널스프로토콜이 가능해진 것은 2021년 11월 비트코인 네트워크에 적용된 탭루트(Taproot) 업그레이드 이후다.

이번에는 BRC-20을 알아보자. BRC-20은 오디널스프로토콜을 이용해 비트코인 블록체인에 대체가능토큰(FT)을 형성할 수 있는 표준이다. 도모(domo)라는 익명의 개발자가 2023년 3월에 만들었다. BRC-20이라는 이름은 이더리움 블록체인의 대체가능토큰 표준인 'ERC-20'에서 따온 것이다. 그런데 둘은 기능에서 큰 차이가 있다. BRC-20은 ERC-20과 달리 스마트 콘트랙트를 사용하지 않는다. BRC-20은 P2P 토큰 전송 정도의 기능만 가능하다. 또한 비트코인 블록체인을 지원하는 지갑에서만 작동하기 때문에 BRC-20 토큰을 사용하기 위해서는 전용 지갑이 필요하다. 가장 많이 쓰이는 지갑은 유니셋(UniSat) 지갑이다.

오디널스프로토콜 및 BRC-20에 관해서는 여러 찬반 의견이 존재한다. 혁신적인 실험으로 보는 의견이 있는가 하면, 비트코인 비전에서 벗어난 무가치하고 무의미한 것으로 보는 의견도 있다. 그럼에도 BRC-20이 관심을 받는 이유는 엄청난 거래량 때문이다. 오디널스프로토콜과 BRC-20 사용량이 폭증하면서 비트코인 일일 온체인 트랜잭션 수는 연일 최고치를 경신했다.

네트워크 트랜잭션이 증가하면서 채굴자의 수수료도 급증했다. 이는 향후 비트코인 네트워크에 중요한 역할을 할 수 있다. 채굴 보상이 막바지에 접어들면 채굴자들이 계속해서 비트코인 네트워크 보안을 유지할 유인이 부족하다. 그때는 트랜잭션 수수료만으로 채굴자의 수익성이 유지되어야 한다. 2023년 한 해 동안 BRC-20을 필두로 한 트랜잭션 수수료는 두 번 급증했고, 당시 채굴자 수익의 상당 부분을 차지했다. 2021년 강세장 당시와 유사한 수준의 비중이었다.

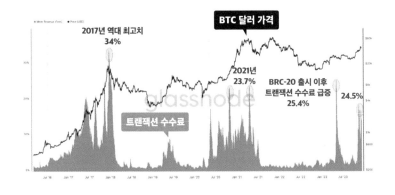

채굴자의 수수료 중 트랜잭션 수수료 비율

(출처: glassnode)

4차 반감기가 적용된 84만 번째 블록에서는 룬프로토콜(Runes Protocol)이 활성화되었다. 룬프로토콜은 오디널스프로토콜을 만든 케이시 로더머(Casey Rodamor)가 제안한 것이다. 로더머는 BRC-20으로 인해서 UTXO가 과도하게 생성되어 비트코인 네트워크가 심각한 정체를 겪게 되었다고 주장했다. 사용 편의성에 중점을 두고 설계된 룬프로토콜은 기존 프로토콜이 직면한 주요 문제인 UTXO 세트의 불필요한 팽창을 줄여 네트워크에 악영향을 미치는 것을 최소화하는 전략을 선택했다. 룬프로토콜은 활성 초기 크게 주목받았다. 4차 반감기 직후 채굴자의 수수료가 오히려 급증했기 때문이다. 이때 일일 비트코인 트랜잭션 중 70%가량을 룬프로토콜이 차지할 정도로 큰 비중을 차지했다. 룬프로토콜은 비트코인에서 블록 공간의 가치를 증명하려는 새로운 시도로 볼 수 있다.

비트코인 네트워크에서 새로운 토큰이 발행된다는 건 어떤 의미일까? 이는 비트코인이 가치저장 및 교환수단을 넘어 혁신과 진화를 거듭하고 있으며 유의미한 생태계를 구성하고 있음을 증명하는 것이다. 물론 아직까지는 검증이 더 필요하다. BRC-20과 룬프로토콜이 빠르게 주목받았지만, 이더리움의 ERC-20과 비교하면 아직은 생태계가 작다. 토큰을 구축하고 관리하는 데 투입되는 리소스, 개발자, 도구가 적다는 뜻이다. 또한 대부분의 토큰이 밈코인에 집중되고 있어서 유의미한 시도가 더욱 필요하다. 더불어 BRC-20과 룬프로토콜은 이제 초기 단계인 만큼 비트코인 블록체인에 미치는 광범위한 영향이 검증되지 않았다. 아직 실험 단계인 만큼 향후 설계가 개선되고 최적화가 진행될 여지가 있으며 비트코인 생태계 또한 확장되고 있다. 이와 관련한 내용은 2부에서 더 자세히 소개하겠다.

채굴은 얼마나 많은 에너지를 소모할까

채굴은 거래를 검증하고 최신 블록을 생성하는 과정으로, 블록체인 네트워크 유지에서 가장 중요한 과정이다. 만약 아무나 마구잡이로 블록을 만들어서 네트워크에 전파하면 어떤 일이 일어날까? 거래기록이 엉망이 되어서 네트워크가 제 기능을 하지 못할 것이다. 비트코인 네트워크는 누구든 노드로 참여할 수 있지만 아무나 블록을 만들지는 못하며, 기본적으로 90% 이상의 노드에 블록이 전달되어야 새로운 블록을 생성하도록 설계되었다. 그리고 일정량의 컴퓨팅 파워를 소비해 논스(nonce) 값을 가장 빨리 찾는 노드가 블록을 생성하는 구조로 설계되었는데 이를 작업증명 합의 알고리즘이라고 한다. 채굴할 때는 ASIC이라는 특수한 장비를 사용하고, 많은 채굴기를 돌릴수록 논스 값을 찾을 가능성이 높아진다. 비트코인 네트워크는 약 10분마다 블록체인에 새로운 블록을 추가하는데, 채굴자들은 다음 블록을 생성하고, 보상을 받기 위해서 엄청난 컴퓨팅 파워를 동원해 복잡한 수학문제를 푼다. 이 과정에서 많은 에너지가 사용되는 것은 사실이다. 특히 앞서 언급한 ASIC 채굴기는 문제를 풀 때 많은 열을 내보내는데, 이때 효율성이 떨어지는 것을 방지하려면 추가로 많은 냉각 장비가 필요하다.

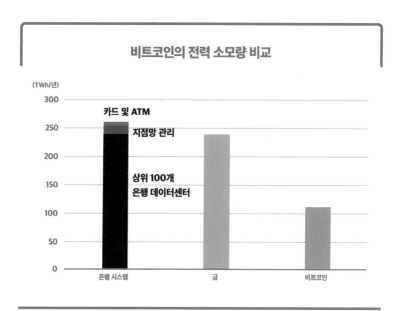

비트코인의 전력 소모량 비교

(TWh/년)

카드 및 ATM

지점망 관리

상위 100개
은행 데이터센터

은행 시스템 / 금 / 비트코인

(출처: Galaxy Digital)

그렇다면 비트코인 채굴은 얼마나 많은 전력을 소모할까? 케임브리지 대안금융연구소에서 비트코인 전기 소비 지수를 발표하는데, 조사에 따르면 비트코인이 연간 소비하는 전력량은 2020년 기준으로 81.51TWh(테라와트시) 수준이다. 현재는 조사 결과마다 조금씩 차이가 있지만 대략 95~129TWh 정도다. 이 수치는 오스트리아나 폴란드, 베네수엘라 같은 중소 국가들의 연간 전력소비량보다도 높다.

비트코인의 전력 소모량을 다른 유사한 시스템과 비교하면 어느 정도일까? 갤럭시디지털(Galaxy Digital)에서 발표한 보고서에 따르면 전 세계 100대 은행 전산 시스템의 경우, 데이터센터와 지점망 관리에만 연간 250TWh의 전력을 소모한다. ATM 기기와 신용카드망까지 포함하면 260TWh를 넘을 것으로 추정된다. 금 채굴의 연간 에너지 소비량도 240TWh에 육박하는 것으로 집계되었다. 비트코인 채굴의 전력 소모량은 이들이 사용하는 전기의 절반 수준에도 미치지 못한다. 가치를 생산하는 과정에서는 에너지를 소모할 수밖에 없다. 하지만 금과의 시가총액을 비교하면 비트코인 채굴이 에너지를 과도하게 소모하는 것은 아닌지 의문이 드는 것도 사실이다.

그런데 중요한 건 전기를 얼마나 쓰느냐보다는 전기가 어디에서 오느냐가 아닐까? 채굴 전력의 대부분이 석탄화력발전소 같은 재생 불가능한 곳에서 생성된다는 게 대중의 일반적인 인식이다. 이런 인식이 형성된 데는 중국의 영향이 컸다. 2021년 이전까지는 채굴

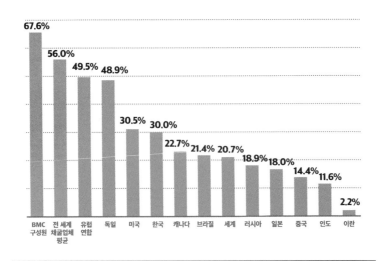

비트코인 채굴 지속 가능 에너지 사용 비중(2021년 2분기)

67.6% BMC 구성원
56.0% 전 세계 채굴업체 평균
49.5% 유럽 연합
48.9% 독일
30.5% 미국
30.0% 한국
22.7% 캐나다
21.4% 브라질
20.7% 세계
18.9% 러시아
18.0% 일본
14.4% 중국
11.6% 인도
2.2% 이란

(출처: Global Bitcoin Mining Council)

의 대부분이 중국에서 이루어졌다. 당시 비트코인이 소비하는 에너지 중 탄소중립적인 에너지는 39% 수준에 불과했다. 중국이 채굴을 원천적으로 금지하면서 채굴장은 중국 외 지역으로 대거 이동했다.

채굴장이 가장 많이 이동한 지역은 미국이다. 마이크로스트래티지의 창업자 마이클 세일러는 친환경 채굴을 위해 비트코인마이닝협의회(BMC, Bitcoin Mining Council) 창설을 주도했다. 여기에는 일론 머스크(Elon Musk)도 지지 의사를 밝혔다. BMC에서 발표한 '글로벌 비트코인 마이닝 데이터 리뷰'에 따르면 2021년 기준 BMC 구성원들의 지속 가능 에너지 사용 비중은 무려 67.6%에 달했다. 전 세계 채굴 업체의 평균도 56%에 이를 만큼 그 어떤 국가보다 재생에너지 사용 비율이 높다. 친환경을 중요시 하는 유럽연합보다 높고, 미국보다는 2배가량 높은 수치다.

채굴은 ESG 혁신의 촉매제

비트코인 채굴이 환경에 악영향을 끼친다는 오해는 그동안 기관 진입의 걸림돌로 작용하는 동시에 가격에도 영향을 미쳤다. 2021년 5월 13일, 테슬라의 CEO인 일론 머스크는 암호화폐가 여러 면에서 좋은 아이디어이지만 환경에 큰 피해를 줄 수 있다며 테슬라에서 지원하던 비트코인 결제를 중단했다. 이로 인해 당시 비트코인 가격이 하루 사이에 15% 가까이 급락했다. 비트코인의 환경 문제는 ESG를 준수해야 하는 기관투자자들에게도 곤란한 이슈다. ESG는 환경(Environment), 사회(Social), 지배구조(Gorvernance)를 의미한다.

그런데 글로벌 빅4 회계법인 KPMG가 '비트코인: ESG 혁신을 위한 촉매제'라는 보고서를 통해 이 오래된 오해를 반박하고 나섰다. 이 보고서에서는 비트코인이 다양한 방식으로 기업의 ESG 목표에 기여할 수 있다고 주장했다. 가장 논란이 많은 환경에 관해 이야기해 보자.

비트코인 채굴이 정말로 환경에 악영향을 미칠까? 비트코인 채굴은 오히려 환경에 도움이 되는 방향으로 발전하고 있다. 대표적인 예로 엑손모빌(Exxon Mobile)의 실험을 들 수 있다. 엑손모빌은 세계 최대의 에너지 기업으로, 미국의 노스다코다 바켄 지역에서 천연가스로 생산한 전력을 수천 개의 비트코인 채굴기에 공급하고 있다. 엑손모빌의 프로젝트가 특별한 이유는 원유 채굴 현장에서 낭비되는 천연가스를 유용한 자원으로 전환하고 있기 때문이다. 천연가스를 운송 및 보관하려면 전용 파이프라인을 구축해야 한다. 대규모 설비비용을 감당해야 하기 때문에 다수의 에너지 기업들은 원유 채굴 작업 중 발생하는 천연가스를 태우는 플레어링(flaring) 방식을 사용해 왔다. 플레어링을 하는 이유는 천연가스를 대기 중에 그대로 방출하면 폭발할 위험이 있기 때문이다. 그리고 천연가스에 포함된 메탄, 황화수소 등은 온실효과를 일으키거나 환경에 악영향을 크게 미칠 우려가 있다. 메탄은 이산화탄소보다 80배 이상 더 강력한 온실가스다.

엑손모빌은 플레어링을 대신해서 천연가스를 활용하는 방안으로 암호화폐 채굴 지원 사업을 시도했다. 이 방식은 에너지 효율과 비용 면에서 성과를 얻을 수 있고 환경에 악영향을 주지 않는다. 오히려 환경에 도움이 된다. 플레어링에 비해 온실가스 배출량을 63% 이상 줄일 수 있다.

이 외에도 다양한 노력이 이어지고 있다. 태양광 발전, 풍력 발전 등 재생에너지를 사용하는 발전은 최대 용량을 생산하도록 설계된다. 하지만 두 경우 모두 전기 생산량이 일정하지 않아 수요와 공급의 불일치 현상이 발생한다. KPMG 보고서에 따르면 비트코인 채굴은 재생에너지원 주변을 포함해 어디에서나 가능하고, 일정한 양의 전기를 꾸준히 사용하므로 재생에너지 프로젝트의 경제성을 개선한다. 즉, 암호화폐 채굴은 새로운 재생에너지 프로젝트의 촉매제 또는 시장 동인이 될 수 있다. 앞서 언급했듯 비트코인 채굴 장비는 가동 중에 상당한 열을 내보내는데, 일부 비트코인 채굴자들은 이 열을 주택, 상업용 건물, 온실의 난방 등 다양한 용도로 재활용하고 있다.

비트코인 채굴업계는 이렇듯 자정 작용을 통해 문제를 해결하고 있다. 이제는 환경과 에너지 사업에 기여할 다양한 실험을 모색하고 있다는 뜻이다. 이는 다양한 기업과 기관의 유입을 촉진하는 동시에 비트코인의 채택에도 기여할 수 있다. 따라서 비트코인 채굴의 친환경 전환은 비트코인의 지속적인 성장에서 핵심적인 동력이다.

물론 이런 의문이 들 수도 있다. '전기를 이렇게 많이 소모하는데 굳이 작업증명을 유지해야 하는 걸까? 지분증명으로 전환해도 되지 않을까?' 이더리움의 경우 '작업증명'에서 '지분증명' 방식으로 전환하면서 에너지 소모량을 무려 99.95% 감소시켰다. 그런데 채굴이 필요한 이유가 있다. 바로 네트워크의 안정성과 보안을 크게 향상시키기 때문이다. 누군가 비트코인 네트워크를 멈추거나 장악하려 한다면 적어도 현재 비트코인 네트워크에 동원되는 연산능력의 총합에 가까운 비용을 써야 한다. 채굴 난이도와 채굴 수익성, 채굴에 사용되는 컴퓨팅 파워의 단가를 모두 고려하면 특정한 개별 세력이 절대로 감당할 수 없는 천문학적인 수치가 나온다. 채굴은 탈중앙화에도 기여한다. 채굴자들이 전 세계에 골고루 분산되어 있기 때문에 누군가 임의로 네트워크를 장악하기가 어렵다. 모든 암호화폐 중에서 비트코인 네트워크가 가장 안정적이고, 탈중앙화 수준도 가장 높다. 채굴은 비트코인 시세의 유지에도 도움이 된다. 채굴자들은 무료 봉사자가 아니다. 자신이 투입한 비용 대비 보상이 더 많아야 채굴 작업을 지속할 수 있다. 그래서 비트코인의 시장가격은 채굴단가에 비슷하게 맞춰지는 경우가 많다. 채굴단가보다 가격이 더 내려가면 채굴자들이 물량을 매도하지 않기 때문이다.

비트코인은 S커브를 그리고 있다

이번에는 네트워크와 기술의 관점에서 비트코인의 미래를 살펴보자. 비트코인의 가치가 상승하기 위해서는 궁극적으로 네트워크의 가치가 상승해야 한다. 피델리티의 글로벌 매크로 이사인 주리

엔 티머(Jurrien Timmer)는 **비트코인이 기술의 진보를 가미한 디지털 금의 한 형태지만, 단순한 금이 아닌 기하급수적으로 가치가 상승하는 금이라고** 주장했다. 2020년 코로나19 팬데믹으로 재정 및 통화 부양책이 전면적으로 실행되면서 비트코인과 금은 같은 움직임을 보였다. 무분별한 통화 인플레이션 체제에서 구조적인 인플레이션이 발생했고, 이에 가치를 유지할 수 있는 자산으로 비트코인이 주목받게 된 것이다. 당시 비트코인은 금의 조숙한 동생 정도로 취급받았다. 하지만 가치저장 측면, 그중에서도 희소성 측면에서는 비트코인이 금을 압도한다. 비트코인은 2,100만 개로 공급량이 정확히

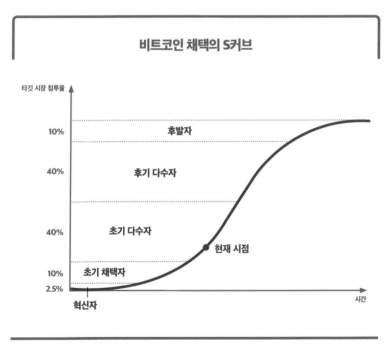

비트코인 채택의 S커브

타깃 시장 침투율

- 10% 후발자
- 40% 후기 다수자
- 40% 초기 다수자
- 10% 초기 채택자
- 2.5% 혁신자

현재 시점

시간

(출처: OSPREY)

한정되어 있지만, 금의 공급량은 매년 몇 퍼센트씩 증가한다. 그런데 더욱 중요한 것은 비트코인의 속성이 제한된 공급량으로만 끝나지 않는다는 것이다. 앞서 언급한 다면적인 자산이라는 측면을 살펴보자. 비트코인은 기하급수적으로 성장하는 네트워크 자산이다. 비트코인의 채택은 고전적인 S커브를 따른다.

S커브는 기술혁신의 속성인 기하급수적인 성장 곡선이다. 철도에서 라디오, 컴퓨터, 스마트폰에 이르기까지 새로운 기술은 S커브를 그리며 성장했다. 티머는 비트코인의 큰 가격변동성에도 불구하고 활성 비트코인 주소의 양이 꾸준히 증가하는 점에 주목했다. S커브는 성장주기에 따라 혁신자(Innovators), 초기 채택자(Early Adopters), 초기 다수자(Early Majority), 후기 다수자(Late Majority), 후발자(Laggards) 등으로 나누어진다. 이는 혁신, 성장, 가속화, 성숙, 쇠퇴의 단계를 의미하는 것이라고 볼 수 있으며, 대부분의 성장은 초기 및 후기 다수자의 단계에서 발생한다. 비트코인은 글로벌 투자자 수와 현재 시가총액으로 볼 때 초기 다수자의 단계에 갓 접어들었다.

티머는 비트코인의 성장을 빅테크 기업인 애플(Apple)에 비유했다. 애플은 지난 30년 동안 S커브를 그려온 중요한 사례다. 애플의 판매 네트워크가 1996년 이후 53배 성장한 반면, 시가총액은 1,699배 상승한 것으로 추정된다. 네트워크의 가치가 네트워크 참여자들을 이어주는 연결고리의 수에 비례한다는 메트칼프의 법칙(Metcalfe's law)이 적용된 것이다. 미국의 전기공학자이자 쓰리콤

(3Com) 창립자인 로버트 메트칼프(Robert Metcalfe)가 고안한 것으로 네트워크의 규모가 커짐에 따라 비용은 직선을 그리며 증가하지만, 가치는 기하급수적으로 증가한다는 법칙이다.

비트코인도 마찬가지다. 2011년 이후 비트코인 네트워크는 867배 성장한 반면, 가격은 무려 64만 633배 올랐다. 메트칼프의 법칙과 867제곱을 적용하면 대략 75만 1,111배가 된다. 메트칼프의 법칙을 사용한 사례는 1990년대에 인터넷이 보급되면서 증가했다. 현재는 인터넷 스타트업의 기업 가치를 측정하는 중요한 방법 중 하나로 사용되고 있다. 앞서 애플과 비트코인을 비교했는데, 메타와 텐센트(Tencent)의 적정 가치를 메트칼프의 법칙을 사용해 측정한 결과에서도 시가총액에 근접한 결과를 도출해 낸 바 있다. 네트워크의 가치는 네트워크의 활동성에 비례하며 이는 네트워크 참여자의 숫자가 견인한다. 참여자와 활동량이 많은 네트워크에서는 그만큼 가치 창출이 많거나 현재는 가치 창출이 적더라도 향후 가치를 창출할 잠재력이 높아진다.

마이클 세일러에게 배우는 투자 노하우

지금까지 비트코인의 가격 변화를 이끈 주요 사건과 앞으로 비트코인의 가격에 영향을 미칠 요소들, 비트코인의 전망이 긍정적인 이유를 살펴보았다. 이번에는 비트코인의 대가가 어떤 방법으로 비트코인에 투자하는지 살펴보자.

마이크로스트래티지의 순미실현 손익

BTC 달러 가격

순미실현 이익

순미실현 손실

(출처: CrptoQuant)

현재 비트코인 커뮤니티에서 가장 큰 영향력을 발휘하는 인물은 마이크로스트래티지의 CEO 마이클 세일러가 아닐까 싶다. 그는 비트코인에 부정적인 입장을 취하다가 2020년 말 암호화폐 시장에 첫발을 들여놓았다. 코로나19 팬데믹으로 인한 불안 속에서 비트코인이 안전자산으로서 가치를 가질 것으로 판단한 것이다. 그리고 2020년 9월 14일과 17일 각각 평균 10만 419달러와 11만 652달러에 비트코인 매입을 시작했다. 이후 2021년, 2022년, 2023년, 2024년 내내 꾸준히 비트코인을 매입해 왔다.

마이크로 스트레디지는 2024년 1월 초 기준 18만 9,150BTC를 보유했다. 이로써 비트코인 보유량이 전체 시장 공급량의 약 1%를 넘어섰다는 평가가 나오고 있다. 마이크로스트래티지는 2021년 상승장에서도 비트코인을 계속 매입해 2022년에는 큰 미실현 손실을 기록했다. 2023년 초에는 급기야 18억 달러(한화 약 2조 4,000억 원)의 미실현 손실을 기록했다. 하지만 채 1년이 지나지 않은 12월 27일에는 21억 달러(한화 약 2조 7,700억 원) 수익 상태로 전환했으며 현재는 더 많은 수익을 올리고 있다.

2022년 당시, 이사회에서 세일러의 리더십과 판단력에 의문을 제기하기도 했다. 하지만 세일러는 꿋꿋하게 투자를 이어나갔다. 시간이 지나면서 그의 비트코인 인수 전략도 점점 더 창의적으로 변했다. 코로나19 팬데믹 기간에 축적한 현금 흐름을 비트코인에 투입했고, 주식 판매, 전환사채 제공, 담보대출 제공 등을 통해 확보한 자금으로 비트코인을 계속 추가로 매수했다. 특히 마이클 세일러는 시세와 무관하게 비트코인 매수를 거듭했다. 2023년 10월은 비트코인이 약 한 달 이상 횡보를 거듭하던 시점이었는데, 세일러는 평균 구매가격 3만 6,000달러에 비트코인 약 1만 6,130개를 추가 매수했다. 이후 비트코인이 기록적인 상승세를 이어갔음에도 불구하고 세일러의 추매는 꾸준히 이어졌다. 마이클 세일러는 투자자 서한을 통해 이렇게 강조했다.

"수십억 달러에 달하는 비트코인이 주주가치를 높이는 데 엄청난 효과를 보여주었다. 비트코인을 주요 재무자산으로 채택함으로써 우리는 기존 경쟁자들과 차별화된 브랜드를 갖게 되었다. 앞으로 계속해서 이런 전략을 적극 추진할 것이다."

마이클 세일러의 전략은 다양하지만, 큰 흐름에서 3가지로 특징을 정리할 수 있다.

첫째, 장기적인 관점이다. 비트코인을 단기적인 투자 대상이 아닌 장기적으로 성장을 기대할 수 있는 자산으로 보고 있다. 비트코인이 앞으로 10년, 20년 후에는 지금보다 훨씬 더 높은 가치를 가질 것으로 믿고, 현 시점에서 차트를 보며 매수와 매도를 반복하는 투자에 회의적인 입장을 보였다.

둘째, 달러코스트에버리징(DCA, Dollar Cost Averaging) 투자법의 활용이다. 매매 시점을 맞추려는 시도보다는 DCA 방식을 통해 꾸준히 비트코인을 매수해 나갔다. DCA는 시장 변동성에 관계없이 일정 금액을 정기적으로 투자하는 방법으로, 투자 위험을 줄일 수 있는 효과적인 전략이다. 이 방법은 개인투자자에게도 유효한 전략이라고 할 수 있다.

셋째, 유상증자 및 전환사채 발행을 통한 현금 확보다. 세일러는 자금을 확보하고 이를 비트코인으로 바꾸는 작업에 집중했다. 투자에 동원할 수 있는 현금 확보에 집중하는 전략이라고 볼 수 있다.

2023년 12월 초 기준 마이크로스트래티지의 시가총액은 약 80억 달러 수준이었다. 이를 바탕으로 보유한 비트코인 대비 프리미엄을 한번 확인해 보자. 마이크로스트래티지의 순차입금은 약 20억 달러 수준이다. 기업가치(Enterprise Value)는 시가총액(Market Capitalization)과 순차입금(Net Debt)을 더한 값으로 계산된다. 따라서 80억 달러와

20억 달러를 합치면 100억 달러다. 기업가치는 비트코인이 주를 이루지만, 마이크로스트래티지는 인텔리전스 기업이다. 핵심 사업인 소프트웨어 비즈니스 사업의 가치인 약 10억 달러는 제외해야 하므로, 결국 주식시장이 평가한 마이크로스트래티지 보유 비트코인의 가치는 90억 달러 수준이었다. 그런데 당시 시장가를 기준으로 한 비트코인의 가치는 60억 달러였다. 따라서 마이크로스트래티지의 주식에 50% 프리미엄이 붙은 셈이다. 마이크로스트래티지는 고평가된 주식을 발행해 자금을 조달한 후 이를 비트코인 매입에 재사용했다. 이런 전략은 주주가치 개선에도 큰 도움이 되었다. 마이크로스트래티지의 주식은 통상적으로 40~50% 정도 프리미엄을 꾸준히 유지했다.

마이크로스트래티지의 비트코인 투자 전략이 모든 투자자에게 적합한 것은 아닐 수도 있다. 하지만 비트코인 투자에 활용할 만한 참고사항으로서 좋은 시사점을 던져준다.

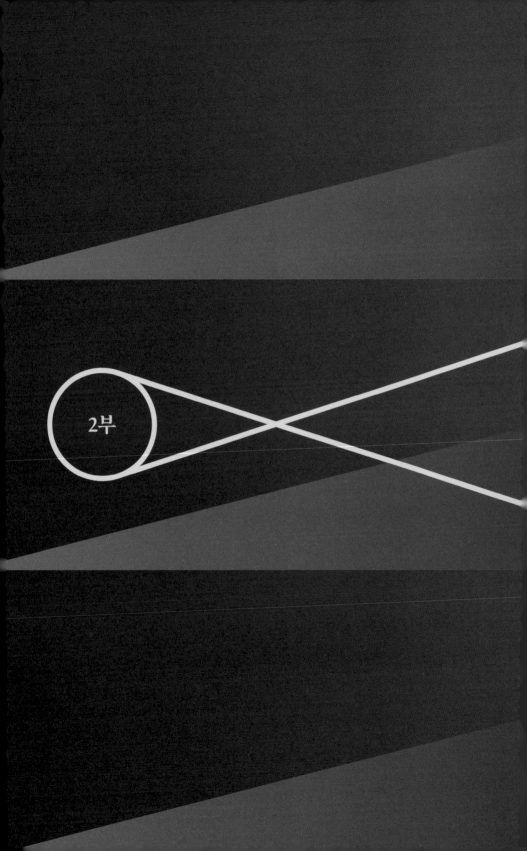

2부

SUPER
COIN

알트코인
투자지도

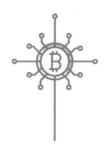

1장

슈퍼코인이 될 1% 알트코인을 찾아라

알트코인에 투자해야 하는 이유

알트코인은 얼터너티브 코인(Alternative Coin)의 줄임말로 비트코인 이외의 모든 암호화폐를 지칭한다. 비트코인의 대안이 되겠다는 포부로, 금융결제를 넘어 폭넓은 분야에 블록체인을 적용하겠다는 목표로 탄생했다. 이더리움보다 오래된 알트코인도 존재하지만, 알트코인의 본격적인 행보는 이더리움으로부터 시작되었다고 볼 수 있다.

비트코인의 대안으로 탄생했음에도 알트코인은 비트코인의 성장에 큰 영향을 미쳤다. 개인적으로 비트코인 가격이 15년 남짓한 짧은 기간에 1억 원을 돌파한 데는 알트코인이 일조한 부분이 있다고 생각한다. 물론 알트코인이 없었더라도 비트코인은 필연적으로 1억 원 이상의 가치를 갖게 되었을 것이다. 다만, 거기까지 도달하는 시간을 알트코인이 크게 단축시켰다. 가령 이더리움 ICO 당시를 돌이켜보면 비트코인으로 모금을 했고, 그로 인해 비트코인 수요가 크게 증가하면서 가격이 급등하여 비트코인에 대한 사회적 관심이 늘어난 바 있다. 알트코인의 등장은 암호화폐 생태계를 확장시켰고 더욱 많은 자본이 암호화폐 시장에 진입하는 계기가 되었다.

비트코인의 대안이 되기 위해서 알트코인들은 저마다 각자의 방향성으로 자산의 가치 혹은 사용성을 높여 나가고 있다. 하지만 여전히 투기자산이나 폰지 사기 정도로 보는 시각이 많은 것도 사실이다. 이런 시각이 합당하다고 볼 수는 없지만, 크립토윈터 구간마다 -90% 이상 수익률이 하락했던 것을 감안하면 막연히 부정하기도 어렵다.

우선 알트코인은 초위험자산이 맞다. 그런데 알트코인에 대한 부정적인 인식이 생긴 중요한 원인은 알트코인 자체보다 잘못된 투자 방식에서 찾아야 한다. 현물 ETF 승인으로 비트코인과 이더리움은 과거보다 안정적인 자산이 되었다. 극심한 변동성이 줄어들 것이라는 예측도 나왔다. 두 암호화폐의 가격이 안정된다면, 알트코인 역시 과거 사이클 대비 변동성의 폭이 줄어들 수 있다. 물론 그럼에도 알트코인의 변동성은 그 어떤 전통자산보다도 클 것이다. 따라서 알트코인에 투자할 때는 늘 각별한 주의를 기울여야 한다.

알트코인 투자에서 가장 중요한 것은 무엇일까? 먼저 다른 자산에 투자할 때와 마찬가지로 우량한 알트코인을 선택해야 한다. 그리고 반드시 '저평가' 구간에서 매입해야 한다. 저평가 구간에서 매입하는 게 무엇보다 중요한 이유는 변동성 때문이다. 알트코인 가격은 하루 동안 몇 배나 상승했다가 다음 날 원상복귀하는 경우도 더러 있다. 20~30% 정도의 조정은 일상이나 마찬가지다. 따라서 기본적으로 한 사이클을 버틸 수 있는 좋은 알트코인을 선택하고, 저평가 구간에서 매입한 뒤 대세 상승장의 과열 구간, 즉 고평가 구간에서 적절하게 수익을 실현해야 한다. 이것이 알트코인 투자의 중요한 원칙이다.

자, 그러면 우량한 알트코인은 어떻게 선택하고 저평가 구간은 어떻게 찾아낼까? 다양한 방법론이 존재하겠지만, 우선 정량적인 평가와 정성적인 평가의 2가지 과정을 거쳐야 한다.

정량적인 평가는 구체적인 데이터와 수치를 통해 프로젝트를 들여다보는 것이다. 블록체인은 네트워크이기 때문에 얼마나 많은 사용자들이 모이고, 유효한 트랜잭션이 얼마나 많이 발생하는지를 중요하게 살펴봐야 한다. 정량적인 평가는 매우 중요하지만, 초기 프로젝트에서는 유의미한 정량적 데이터를 제한적으로만 확보할 수 있다. 분석 가능한 데이터가 집계된다는 건 프로젝트가 일정 수준 이상의 궤도에 올랐다는 것을 의미하기 때문이다.

따라서 정성적인 평가를 동반해야 한디. 해당 프로젝드가 어떤 방향성과 로드맵을 지니고 있는지, 지금까지 나온 프로젝트와는 어떤 측면에서 차별점이 있는지 살펴보아야 한다. 이를 가리켜 흔히 '내러티브'라고 부르기도 한다.

알트코인 투자의 3가지 원칙

알트코인 투자에서는 유의미한 정보를 획득하기 어렵다. 알트코인에 관한 모든 정보를 빈틈없이 정리해 둔 플랫폼이나 사이트가 없는 탓이다. 암호화폐 분석 플랫폼이 다양한 정보를 제공하기 어려운 이유는 노드를 직접 운영하며 각종 데이터를 확보해야 하는데, 이 과정에서 비용이 들기 때문이다. 따라서 무료로 유용한 데이터를 얻기는 현실적으로 어렵다. 유료 사이트도 상황이 크게 다르지는 않다. 비트코인과 이더리움을 포함한 메이저 코인의 경우 유의미한 수준의 온체인 지표를 제공하고 있지만, 대부분의 알트코인에 관한 정보는 부족하다. 이더리움의 EVM(Ethereum Virtual Machine) 기반이 아닌 블록체인이라면 정보를 확보하기가 더욱 어렵다.

알트코인 투자가 어려운 또 다른 이유는 정형화된 투자방법이 없기 때문이다. 주식과 달리 가치평가를 위한 보편화된 밸류에이션 모델이 없다. 누군가 새로운 방향성을 제시하면, 시장의 여러 플레이어들이 실전에서 검증하는 방식으로 방법론을 갖추어 가는 실정이다. 상황이 이렇다 보니, 많은 개인투자자들이 기관의 포트폴리오를 무작정 참고하거나 유튜버나 블로거, 주변 지인의 추천에 따라

무비판적으로 매매한다. 따라서 알트코인의 가치를 비교적 합리적으로 평가하기 위해서는 앞선 언급처럼 정량적인 평가와 정성적인 평가가 동반되어야 하는데, 그 전에 몇 가지 기본원칙이 있다.

첫째, 비트코인과 이더리움을 반드시 충분하게 담아야 한다. 전통적인 자산에 투자하는 것과 비교했을 때 암호화폐 투자에서는 자산배분이 더욱 중요하다. 알트코인은 비트코인보다 변동성이 월등히 높기 때문에 알트코인 위주로 포트폴리오를 구성할 경우 크립토 윈터 구간에서 상당히 큰 손실을 경험할 수도 있다. 암호화폐 사이클을 한 번 이상 경험해 본 투자자들은 이 말에 크게 공감할 것이다.

개인투자자라면 비트코인과 이더리움을 전체 포트폴리오의 60% 이상 담기를 권유한다. 특히 비트코인이 많을수록 좋다. 아무리 공격적인 투자자라고 해도 이 두 코인의 비중을 50% 이상으로 유지하기 바란다. 상대적으로 가격 방어력이 훨씬 좋은 비트코인은 일종의 리스크 헤지 기능을 한다. 게다가 꾸준히 우상향할 가능성이 매우 높은 자산이다. 알트코인에서는 10배, 20배 상승하는 프로젝트가 제법 빈번하게 등장하기 때문에 알트코인을 40~50%가량만 담더라도 종목과 타이밍을 잘 잡는다면 큰 수익을 얻을 수 있다.

둘째, 모든 코인에서 수익을 얻으려고 해서는 안 된다. 투자의 중심을 반드시 잡아야 한다. 알트코인 투자에서 가장 위험한 것은 무엇일까? '포모'라는 감정이다. 포모는 'Fear Of Missing Out'의 약자로 다른 사람은 모두 누리는 좋은 기회를 나만 놓칠까봐 걱정되고 불안한 마음이다. 포모에 의해 발생하는 가장 잘못된 투자방식은 펌프앤덤프의 흐름을 반대로 타는 것이다. 펌프앤덤프는 고래 등 대규모 자본을 가진 세력이 가격을 강제로 끌어올린 후 되팔아 차익을 챙기는 수법이다. 알트코인 시장에서는 매일같이 일어나는 현상이기도 하다.

알트코인의 자본이동은 생각보다 단순하다. 고래의 자본은 저평가된 코인으로 향한다. 막대한 자금이 유입된 저평가 코인은 이후 고평가 상태가 된다. 개인투자자들은 대부분 포모를 이기지 못하고 고평가 구간에서 올라탄다. 그러면 고래들은 개인투자자, 즉 새우들에게 물량을 넘기고 빠져나간다. 이후 가격이 크게 하락하고, 고점에서 매입한 개인투자자는 손실을 고스란히 떠안게 된다.

문제는 이런 패턴이 반복되는데도 개인투자자가 같은 실수를 계속 저지른다는 점이다. 좋은 코인을 사서 기다리면 때가 되면 오르는데, 그걸 참지 못해서 저평가 코인을 버리고 고평가된 코인으로 자꾸만 갈아타는 것이다. 가격이 지속적으로 상승하는 불장(Bull-Market)에서 암호화폐 시장은 특히 더 뜨겁게 상승한다. 이 시기에는 20배, 30배씩 상승하는 코인도 나오는데, 장이 끝난 이후 상당수의 투자자가 마이너스 수익률을 경험하는 이유는 바로 이런 원칙을 지키지 않기 때문이다. 알트코인은 반드시 저평가 구간에서 사야 한다. 급등하는 코인에는 절대 올라타선 안 된다.

셋째, 알트코인은 비트코인과 달리 '존버'한다고 좋은 결과를 얻는 것이 아니다. 두 번 이상의 대세 상승장을 경험한 알트코인 프로젝트 중 전고점을 돌파한 프로젝트는 극소수에 불과하다. 기본적으로 이더리움을 제외한 모든 알트코인에는 '트레이딩' 관점으로 접근해야 한다. 꾸준한 모니터링과 점검, 포트폴리오 리밸런싱이 필요하다.

알트코인의 변동성을 감안했을 때, 개인적으로는 분기별로 포트폴리오를 일정 부분 리밸런싱하는 것이 효율적이라고 본다. 하지만 모든 투자자가 효율적으로 리밸런싱 전략을 수행하기란 어렵다. 따라서 단순하면서도 효과적인 투자를 원한다면, 2024년과 2025년 전반에 걸쳐 상승할 가능성이 높은 알트코인 위주로 선택지를 좁힐 필요가 있다. 그리고 대세 상승장이 끝나기 전에 수익을 실현하는 것이다. 물론 여기에도 유의할 점이 있다. 가장 바닥에서 사서 가장 천장에서 판다는 욕심을 버려야 한다. 매수할 때도, 매도할 때도 늘 '분할'로 접근해야 한다. 서서히 진입하고 서서히 나가는 전략으로 가야 한다. 비트코인 현물 ETF 승인 후 월가의 자본이 들어온 만큼 과거처럼 우후죽순 펌핑이 일어나기 쉽지 않은 구조로 바뀌었다는 분석도 있다. ETF에 자금이 묶이기 때문이라는 것이 그 이유인데, 그럼에도 알트코인은 앞으로도 큰 변동성을 보여줄 것이다.

옥석을 가려 '슈퍼코인'을 선별하는 것이 더욱 중요하다. 알트코인의 99%가 사라질 것이라는 관점은 여전히 유효하다. 유의미한 성장을 꾸준히 이어나가는 프로젝트는 소수일 것이다. 따라서 알트코인 투자에서 가장 중요한 핵심은 투자원칙을 잘 세우고, 지키는 것이다.

저평가된 코인을 찾는 5가지 노하우

정량적인 평가는 내러티브가 아닌 객관적인 수치와 데이터를 통해 암호화폐의 가치를 판단하는 과정이다. 미래에 대한 기대감보다는 성과와 결과에 더 무게감을 둔다. 정량적인 평가를 통해 프로젝트의 실질적인 펀더멘털을 확인할 수 있다. 따라서 장기적으로 성장할 가능성이 높은 프로젝트를 선별하는 데 정량적 평가를 활용한다.

단기적인 가격 등락은 호재, 악재 등의 이벤트에 의해 결정된다. 하지만 장기적인 상승은 프로젝트의 가치가 담보되어야만 가능하다. 펀더멘털을 확인하는 정량적인 데이터는 시가총액, 거래량, 일일 활성 주소수, 트랜잭션, 고래의 거래 건수, 네트워크 활성도 등 매우 다양하다. 해당 수치가 늘어난다는 것은 기본적으로 프로젝트가 성장하고 있다는 증거다. 이와 더불어 정량적인 평가는 프로젝트의 저평가 여부를 판단하는 데도 활용할 수 있다. 투자 관점에서 활용할 수 있는 가장 유용한 정량적 지표는 아래의 5가지 정도다.

1. 유동성
2. 블록체인에 예치된 자본 규모
3. 기관의 포트폴리오
4. 개발 현황과 개발자 참여도
5. 평가등급

가장 먼저 살펴볼 것은 '유동성'이다. 유동성은 암호화폐 시장의 가장 중요한 가격 상승 요인이라고 할 수 있다. 유동성이 높다는 것은 시장에서 거래가 활발하게 일어나고 있다는 뜻이다. 즉, 시장에서 자본이 물 흐르듯 잘 흘러가고 있다는 의미다. 그렇다면 특정 코인이 '시가총액'에 비해 유동성이 더 풍부하다는 건 어떤 의미일까? 시가총액 순위보다 유동성 순위가 더 높다는 것은 저평가되었다는 뜻이다. 유동성이 큰 데 비해 가격은 그에 미치지 못하기 때문에 상승 여력이 남아 있다는 뜻이다. 반대로 유동성이 굉장히 작은데 시가총액이 크다는 건 고평가되었다는 의미다.

유동성을 측정하는 기준은 거래소에서 얼마나 많은 거래가 일어나는지, 거래량(volume)은 얼마나 되는지, 거래 가능한 주문(order)은 얼마나 깔려 있는지 등 다양하다. 암호화폐 분석업체인 카이코(Kaiko)는 유동성과 시가총액 순위를 비교해 분기마다 발표해 왔다.

옆 그래프에서 파란색으로 표시한 점이 현재 시가총액 순위다. 그리고 주황색으로 표시한 점이 바로 유동성 순위다. 시가총액 순위와 유동성 순위를 비교해 저평가 여부를 판단할 수 있다. 파란색 점보다 주황색 점이 왼쪽에 있으면 저평가, 오른쪽에 있으면 고평가된 코인이다.

비트코인과 이더리움은 시가총액과 유동성에서 모두 1, 2위를 차지했다. 그런데 바이낸스(BNB) 코인을 살펴보면 시가총액은 3위인데 유동성은 13위에 그쳤다. 이게 무슨 의미일까? 고평가되었다는 의미다. 그럼 이 코인을 현재 매입해도 되는 걸까? 물론 유동성 순위

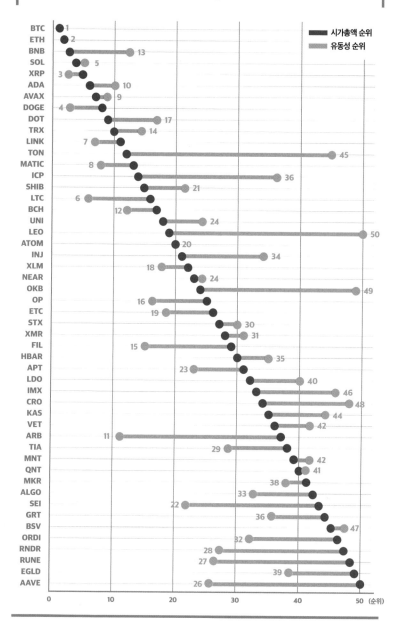

암호화폐 유동성 순위(2023년 4분기)

시가총액 순위
유동성 순위

(출처: Kaiko)

만으로 단순하게 판단할 수는 없다. 하지만 고평가된 만큼 신중하게 접근해야 한다. 아래로 조금 내려가 보면 시가총액은 12위인데, 유동성 순위는 45위인 코인이 보인다. 톤코인(TON)이다. 크게 고평가되었음을 알 수 있다. 그런데 여기서 중요하게 알아두어야 할 게 있다. 시가총액 순위와 유동성 순위의 비교는 현 시점에서 저평가냐 고평가냐를 확인하기 위함이지, 프로젝트의 본질적인 가치를 평가할 수 있는 건 아니라는 것이다. 톤은 메신저 텔레그램(Telegram)에서 사용되는 코인이다. 톤의 경우 사용성과 생태계 확장 측면에서는 전망이 충분히 좋을 수 있기 때문에 다른 정량적인 데이터와 정성적인 분석을 통해 중복적으로 점검해야 한다. 다시 한번 강조하지만, 유동성과 시가총액의 비교는 가격이 단기적으로 급등해서

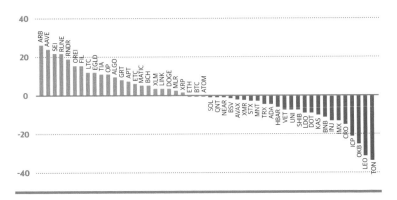

암호화폐 시가총액과 유동성 순위 간의 격차(2023년 4분기)

(출처: Kaiko)

현 시점에서 고평가된 자산을 거르기 위한 것이다.

정리해 보면, 2023년 4분기 유동성 지표상으로 가장 저평가된 코인은 아비트럼(ARB)이었다. 2023년 4분기 기준으로는 아비트럼, 에이브(AAVE), 세이(SEI), 토르체인(RUNE), 렌더(RNDR), 오디(ORDI), 파일코인(FIL), 라이트코인(LTC), 멀티버스X(EGLD), 셀레스티아(TIA), 옵티미즘(OP), 알고랜드(ALGO), 더그래프(GRT), 앱토스(APT) 등의 프로젝트가 저평가였다. 고평가된 코인을 살펴보자. 톤코인, 레오(LEO), 오케이비(OKB), 인터넷컴퓨터(ICP), 크로노스(CRO), 인젝티브 프로토콜(INJ), 이뮤터블엑스(IMX), BNB 등의 프로젝트가 고평가였다. 가령 인젝티브(INJ) 프로토콜이라든지 이뮤터블엑스 같은 프로젝트는 2023년 4분기 기준으로 고평가였지만, 이것이 이번 대세 상승장 전반에서 이들의 전망이 안 좋다는 의미는 아니다. 당시엔 고평가 구간에 있었지만 이러한 프로젝트가 유동성 순위에서 저평가 구간으로 들어올 때 매입 여부를 고민해야 한다는 의미다.

유동성만으로 모든 것을 판단해서는 안 된다. 유동성 지표를 활용해 1차로 저평가 코인을 분류하고, 그 다음으로는 프로젝트의 본질적 가치와 여러 이슈를 종합적으로 판단해야 한다.

신생 코인이 더 상승하는 4가지 이유

유동성을 활용한 정량적인 평가를 통해 투자에 참고할 만한 암호화폐 시장의 몇 가지 흐름을 추가로 살펴보자.

하나, 결제 및 송금을 목적으로 탄생한 암호화폐는 1세대 혹은 2세대 암호화폐가 주를 이룬다. 비트코인을 기반으로 탄생한 라이트코인, 비트코인캐시, 비트코인SV, 도지코인(DOGE) 그리고 송금을 목적으로 태어난 리플, 스텔라루멘(XLM) 등이다. 이러한 프로젝트들은 분기마다 유동성 대비 저평가 상태를 유지했으나 그럼에도 불구하고 가격은 제한적으로 상승했다. 암호화폐 시장에는 여러 변수가 있기 때문에 장기적으로 상승할 가능성도 충분히 있다. 하지만 큰 상승이 제한적인 몇 가지 이유가 있다. 여기서 오해하면 안 되는 것이 해당 프로젝트가 상승하지 않는다는 뜻이 아니다. 대세 상승장 구간에서는 충분히 상승하겠지만, 새로운 내러티브를 갖춘 프로젝트와 비교하면 상대적으로 상승폭에 한계가 있다는 의미다.

첫째, 축적된 매물대가 문제다. 오랫동안 다양한 매물대에서 거래되었다 보니, 특정 구간에 도달할 때마다 매도 압력이 작용한다. 이른바 '시체'라고 부르는 구간이다. 신규 프로젝트에 비해 상승폭이 적어서 본전이라도 오면 팔고 다른 코인으로 갈아타려는 고인물 투자자가 많다. 이들은 거침없는 가격 상승의 걸림돌이 된다. 실제로 리플, 비트코인캐시 등 주요 프로젝트들은 3차 대세 상승장에서 2차 대세 상승장의 최고가를 넘어서지 못했다.

둘째, 약속이 아닌 성과로 보여주어야 한다. 새롭게 탄생한 프로젝트는 화려한 로드맵만으로도 투자자들에게 기대감을 준다. 지금까지의 프로젝트와 다른 방향성, 즉 새로운 내러티브를 제시하면 투자자들의 관심을 끌 수 있다. 가격 상승에서 가장 중요한 항목은 결국 '기대감'이다. 오래된 프로젝트는 약속의 시기가 지났다. 약속을 얼마나 잘 이행했는지가 평가의 기준이다. 그런데 약속한 것보다 높은 수준의 성과를 내는 것은 어렵다. 블록체인과 암호화폐는 아직 초기 산업이기 때문이다.

셋째, 기회비용의 측면이다. 장기적으로 크게 상승할 수 있는 프로젝트도 수년의 기다림이 필요하다면 투자자들의 흥미를 끌기 어렵다. 다른 코인들은 10배, 20배 오르는데 3년 뒤를 기약해야 한다면 기회비용 측면에서 불리하다. 투자자들의 인내심은 강하지 않다. 오래된 코인은 기회비용 측면에서 신생 코인보다 경쟁력이 부족하다.

넷째, 상황이 이렇다 보니 기관들도 신생 코인을 더욱 선호한다. 작은 자본을 동원하더라도 곧바로 반응이 오기 때문이다. 펌프앤덤프가 신생 코인에서 더 빈번하게 일어나는 이유도 여기에 있다. 물론 작은 시가총액도 이유가 된다.

둘, 디파이(Defi, 탈중앙화 금융) 코인의 경우 매 분기 높은 유동성에도 불구하고 상대적으로 지지부진하게 움직였다. 에이브나 메이커다오(MKR) 등의 프로젝트는 꾸준한 성과를 내는 프로젝트이지만, 코인 가격에는 그동안 크게 반영되지 않았다. 하지만 대세 상승장이 본격화되면 디파이를 주목해야 한다. 참고로 프로토콜 수익 대비 시가총액을 살펴보았을 때는 모든 프로젝트 중에 메이커다오가 가장 저평가된 것으로 집계되고 있다. 또한 디파이 섹터 역시 새롭게 주목받는 내러티브를 살펴보는 것이 좋다. LST(Liquid Staking Token), 리스테이킹(Restaking), 퍼프덱스(PerpDEX), RWA(Real World

Asset) 등의 테마다.

셋, 고평가된 프로젝트 중에서도 상위 10위권 내 프로젝트에서는 고평가와 저평가를 구분하는 것이 의미가 없었다. 가령 솔라나(SOL)와 아발란체(AVAX)의 경우 시가총액 순위와 유동성 순위의 차이가 −1과 −2로 고평가된 것처럼 보이지만 이미 순위가 워낙 높기 때문에 적정 가치로 보는 것이 합리적이다.

넷, 개발활동만으로는 가격 상승에 한계가 있었다. 카르다노(ADA)와 폴카닷(DOT) 등의 프로젝트는 활발한 개발활동이 이루어지는 대표적인 프로젝트다. 개발활동 평가에서 늘 1, 2위를 다툰다. 그런데 가격 상승은 기술만이 아니라 마케팅, 커뮤니티 결집력을 통한 참여자 수의 증가 등 다양한 요소가 조화를 이루어야 가능하다. 결국 투자자가 원하는 방향성을 잘 맞추어 나가는 것도 프로젝트의 중요한 성장전략이다. 그럼에도 개발활동이 활발하고, 굳건한 지지자가 많은 프로젝트는 장기적으로 상승할 가능성이 있다고 볼 수 있다.

신생 코인에 투자하는 것이 나은 선택이라고 앞서 이야기했는데, 신생 코인이라고 장점만 있는 것은 아니다. 신생 코인이 상대적으로 우위에 있는 점은 내러티브다. 내러티브는 유행과도 비슷해서 빠르게 변화한다. 따라서 지속력을 꾸준히 유지할 수 있는지 살펴보아야 한다. 더불어 현재 대세 상승장의 내러티브가 다음 대세 상승장까지 이어지기는 어려운 경우가 많기 때문에 내러티브에 의해 선택한 코인은 이번 대세 상승장에서 현금화하는 전략이 유효하다.

신생 코인의 또 한 가지 큰 문제점은 유통량이다. 신생 코인은 신규로 시장에 풀릴 수 있는 물량이 무척 많기 때문에 시장에 공급 충격을 가할 수 있다. 따라서 토큰 락업 해제 일정을 꾸준히 모니터링해야 한다. 초기투자자나 창업자, 관계자 물량을 특히 주목해야 한다. 알트코인 프로젝트에서 가장 문제가 되는 것이 바로 락업 해제에 따른 대규모 매도 충격이다.

더불어 최근 상장되는 프로젝트에는 또 다른 문제점도 관찰되고 있다. 프라이빗 시장에서 토큰 가치를 과도하게 높이고 있다는 점이다. 어떤 의미일까? 일반 투자자에게 공개되기 전에 자신들끼리 사고팔며 가격을 과하게 높이고, 상장을 통해 퍼블릭 시장에 등장했을 때는 성장 동력이 꺾여 있는 경우가 많다는 것이다. ICO나 시드 투자 단계와 비교했을 때 상장 당시 가격이 얼마나 높은지도 저평가를 판단하는 기준이 될 수 있다.

TVL을 활용한 저평가 코인 발굴

다음은 블록체인에 예치된 자본 규모를 통해서 알트코인의 펀더멘털과 저평가 여부를 판단해 보자. TVL은 'Total Value Locked'의 약자로 블록체인의 디파이 서비스에 잠겨있는 자산의 총가치를 의미한다. 예금, 대출, 스테이킹, 유동성 제공 등 다양한 형태로 묶여있는 자산을 모두 포함한다. 높은 TVL은 다음과 같은 의의를 지닌다.

1. 많은 사용자와 자산이 프로토콜에 참여하고 있다.
2. 높은 유동성을 제공해 사용자들이 더 쉽게 자산을 거래하거나 스테이킹할 수 있다.
3, 높은 수준의 보안에 기여한다. 공격자가 프로토콜을 장악하기 위해서는 더 많은 자산을 제어해야 하기 때문이다.

2024년 3월 16일 기준 TVL 측면에서 압도적 1위는 이더리움이다. 2위는 테라-루나 사태를 전후로 큰 변화가 있었다. 테라-루나 사태가 일어나기 전 2위는 테라(USTC)였으나 2024년 3월에는 트론

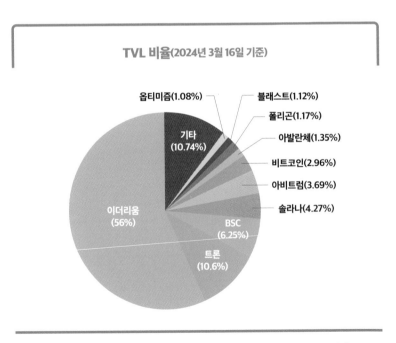

TVL 비율(2024년 3월 16일 기준)

옵티미즘(1.08%)
블래스트(1.12%)
폴리곤(1.17%)
아발란체(1.35%)
비트코인(2.96%)
아비트럼(3.69%)
솔라나(4.27%)
기타(10.74%)
BSC(6.25%)
이더리움(56%)
트론(10.6%)

(출처: DefiLlma)

(TRX)이 2위, 바이낸스스마트체인(BSC)이 3위를 기록했다. 4위는 솔라나(SOL)로 디파이 TVL이 빠르게 상승하고 있다. 앞으로도 솔라나 기반의 디파이는 더욱 부각될 가능성이 높다. 그다음은 이더리움 기반의 대표적인 옵티미스틱 롤업 프로젝트인 아비트럼(ARB)이다. 테라-루나 사태 전에는 10위권 내에 없었다. 아비트럼과 더불어 옵티미스틱 롤업 프로젝트를 대표하는 옵티미즘(OP), 이더리움의 사이드체인 폴리곤도 신규로 진입했다.

이더리움 블록체인 기반이 아닌 non-EVM(Ethereum Virtual Machine) 기준으로도 살펴보자. 솔라나가 1위이고, 비트코인이 2위,

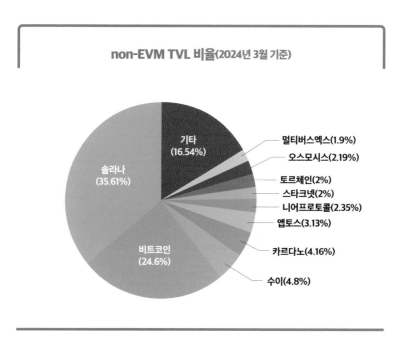

non-EVM TVL 비율(2024년 3월 기준)

기타(16.54%)
멀티버스엑스(1.9%)
오스모시스(2.19%)
토르체인(2%)
스타크넷(2%)
니어프로토콜(2.35%)
앱토스(3.13%)
카르다노(4.16%)
수이(4.8%)
비트코인(24.6%)
솔라나(35.61%)

(출처: DefiLlma)

수이(SUI)가 3위다. TVL이 높다고 해서 무조건 투자해도 되는 건 아니다. 하지만 TVL이 높다는 것은 해당 블록체인에 대한 사용자들의 '신뢰'가 높다는 것을 의미한다. 더불어 높은 TVL은 기관투자자들의 관심을 유도해 더 많은 자금을 유입시킬 수 있다.

TVL에서 절대적인 물량만 중요한 것은 아니다. TVL 대비 시가총액을 통해 해당 프로젝트의 저평가와 고평가 여부를 판단할 수 있다. 이는 주식에서 PER 혹은 PSR 등의 개념과도 비슷한 원리다.

아래의 표에서 Mcap/TVL로 표시된 항목을 살펴보자. TVL 대비 시가총액을 비교한 것이다. 2024년 3월 16일 기준 가장 저평가된 프로젝트는 0.8로 아비트럼이다. 아비트럼의 TVL 대비 시가총액은 1 미만이다. 이더리움의 8.3이나 솔라나의 21.62 등과 비교하면 대

TVL 대비 시가총액 비율을 통한 적정가치 판단(2024년 3월 16일 기준)

	Bridged TVL	Stables	24h volume	24h fees	Mcap/TVL	Total Bridged	NFT Volume
이더리움	$331.751b	$76.951b	$3.939b	$23.69m	8.34	$331.751b	$5.64m
트론	$64.566b	$53.011b	$55.95m	$1.82m	1.11	$64.566b	$2,811
BSC	$17.603b	$4.772b	$2.218b	$1.28m	16.07	$17.603b	-
솔라나	$22.051b	$2.659b	$3.603b	$3.19m	21.62	$22.051b	-
아비트럼	$14.356b	$2.559b	$1.308b	-	0.8	$17.117b	-
비트코인			$1.23m	$2.57m	482.71	-	-
아발란체	$4.771b	$1.335b	$353.12m	$160,226	17.94	$4.771b	$2,811
폴리곤	$8.909b	$1.447b	$280.96m	$161,513	9.71	$11.576b	-

(출처: DefiLlma)

단히 낮다. 전반적으로 롤업 프로젝트가 저평가되어 있다는 걸 확인할 수 있는데, 이는 그만큼 상승 여력이 남아 있다는 의미이기도 하다.

거인의 어깨에서 투자하라

저평가 코인을 찾기 위해 다음으로 알아볼 지표는 기관이다. 저명한 투자기관과 VC(Venture Capital)가 투자한 프로젝트를 눈여겨 보아야 한다. 초기 암호화폐 투자자들은 그레이스케일의 포트폴리오를 가장 주목했다. 현재 시장에서 가장 주목받는 기관은 앤드리슨호로위츠(a16z), 패러다임, 세콰이어캐피털, 판테라캐피털(Pantera Capital) 등이다. 국내에서는 해시드(Hashed)가 대표적이고, 세계적으로도 큰 영향력을 발휘하고 있다. VC의 포트폴리오는 기업 홈페이지에서 확인할 수 있다. VC 대부분이 포트폴리오를 투명하게 공개하고 있다. 그런데 홈페이지를 일일이 방문하는 건 아무래도 번거롭기 때문에 이런 정보들을 정리한 사이트도 존재한다.

사이퍼헌터(cypherhunter.com)와 루트데이터(rootdata.com) 등의 사이트에서는 VC의 포트폴리오를 한곳에서 조회할 수 있다. 체인브로커(chainbroker.io)에서는 VC의 투자규모와 수익률 등을 확인할 수 있다. 구체적인 투자금이나 투자일정, 펀딩라운드, 거기다 수익률이 얼마나 되는지, 얼마나 많은 VC들이 참여했는지까지 일목요연하게 정리되어 있다. 세부 수치를 100% 신뢰하기는 어렵지만, 투자에 일정 부분 참고하기에는 용이하다.

　물론 VC가 포트폴리오에 보유하고 있다고 해서 무턱대고 매입해서는 안 된다. 테라-루나도 VC들에게 큰 지지를 받았고, 암호화폐 시가총액이 무려 7위까지 올라갔었다. 따라서 기관의 포트폴리오를 분석할 때는 다음과 같이 4단계 절차를 거쳐야 한다.

- **1단계**: 얼마나 많은 VC들이 투자했는가?
- **2단계**: 얼마나 오래전부터 투자했는가?
- **3단계**: 얼마나 많은 비중으로 투자했는가?
- **4단계**: 어떤 VC가 참여했는가?

　첫 단계는 "얼마나 많은 VC들이 투자했는가?"다. 기본적으로 많은 VC들이 참여한 프로젝트가 유망한 프로젝트일 가능성이 높다. 메사리(Messari) 등의 리서치 회사는 몇 개 기관이 참여했는지 분기별로 집계해서 제공하기도 한다. 체인브로커 사이트에서도 얼마나 많은 VC들이 참여했는지 알 수 있다. 그런데 많이 참여했다고 해서 무조건 투자할 만한 프로젝트인 건 아니고 시기가 중요하다. VC들은 초기에 투자하고, 진입할 때 큰 자본을 투입한다. 따라서 개인투자자가 진입할 때는 이미 수십 배 혹은 100배 이상 상승한 고점이 되었을 가능성이 있다. 자칫 VC들이 수익실현을 눈앞에 두고 있을 때 들어갈 수도 있다는 의미다. 이 경우 큰 손실로 이어질 수 있다.

　두 번째로 "얼마나 오래전부터 투자했는가?"를 살펴봐야 한다. 결론적으로 VC가 오래전부터 투자한 프로젝트는 투자 관점에서 좋지 않을 수도 있다. 가치가 이미 많이 올랐을 것이기 때문이다. 만약 오래 투자했는데도 안 올랐다면 VC가 투자에 실패했을 가능성도 염두에 두어야 한다. VC가 모든 프로젝트에서 성공을 거두는 것은 아니다. 그들은 오히려 많은 프로젝트에 투자하고, 그중 소수에서 천문학적인 수익을 얻는 구조라고 보는 편이 옳다. 체인브로커 사이트에서 언제 펀딩이 이루어졌는지 확인할 수 있다. 높은 수익을 얻으려면 가급적 초기에 투자하는 것이 좋기 때문에 VC가 최근 투자한 프로젝트를 좀 더 유심히 살펴보는 게 좋다. 만약 메이저 거래소에 상장된 후 발견했다면, '상장빔'을 쏘고 크게 하락한 이후에 진입하는 것이 좋다. 참고로 상장빔은 상장 직후 '빔'을 쏘듯 치솟는 캔들 차트 모양을 빗댄 단어로, 상장 후 폭등하는 것을 가리킨다.

세 번째로 "얼마나 많은 비중으로 투자했는가?"다. 단지 VC가 보유하고 있다는 것만으로는 부족하다. 투입한 자본이 클수록 VC가 더욱 신뢰하는 프로젝트라는 뜻이다.

네 번째로 "어떤 VC가 참여했는가?"다. 모든 VC가 동일한 영향력을 지닌 것은 아니다. 가령 앤드리슨호로위츠 같은 최상위 벤처캐피털이 초기 투자자로 참여한다면 더 관심을 가지고 관찰할 필요가 있다.

많은 개발자가 참여할수록 성장가능성이 높다

블록체인, 암호화폐 산업은 4차 산업혁명의 핵심 기술로 불리는 만큼 개발자의 역할이 매우 중요하다. 혁신적인 기술개발, 생태계 구축, 보안강화, 지속가능한 성장 노력 등이 프로젝트의 장기적 성장을 좌우한다. 물론 최근 등장하는 프로젝트 중에서는 기술보다 마케팅이나 커뮤니티 구축 등에 더욱 신경 쓰는 경우도 늘고 있다. 하지만 프로젝트의 지속적인 성장과 혁신은 결국 기술과 개발에 달려 있다. 개발이 얼마나 활발하게 이루어지고 있는지, 얼마나 많은 개발자들이 적극적으로 참여하고 있는지 정량적인 데이터를 살펴볼 필요가 있다.

먼저 개발현황은 주로 깃허브(GitHub)를 통해 확인할 수 있다. 깃허브에서는 얼마나 많은 개발자가 참여하고 있고, 프로젝트의 이슈나 업무 단위, 진행속도가 어떤지 등을 알 수 있다.

개발현황을 확인할 수 있는 깃허브 커밋로그

커밋로그를 통해 프로젝트가 얼마나 자주 업데이트되었는지 확인하면 개발이 어느 정도로 활발하게 진행되고 있는지 판단할 수 있다. 개발이 적극적으로 추진될수록 프로젝트의 기술적 안정성이 높아진다. 개발자들은 버그를 수정하고 보안 취약점을 파악하여 프로젝트를 안전하게 유지한다. 문제는 대부분의 투자자는 개발자가 아니라서 깃허브의 자료를 심도 있게 이해하기 어렵다는 것이다. 그리고 메이저 프로젝트들 대부분이 너나 할 것 없이 활발하게 개발되고 있다. 그래서 깃허브는 스캠 여부를 확인하는 데 더 실질적인 도움이 된다. 절대 투자하면 안 되는 코인을 거르는 데 활용하는 것이다.

깃허브에서 얼마나 많은 개발자들이 참여하고 있는지 확인할 수 있지만, 디벨로퍼레포트(developerreport.com)라는 사이트를 이용하면 조금 더 구체적으로 확인할 수 있다.

2024년 3월 기준 가장 많은 개발자가 참여하고 있는 프로젝트는 이더리움이다. 풀타임, 즉 전업으로 활동하는 개발자만 해도 총 2,392명으로 2위인 폴카닷보다 3배가 넘는다. 파트타임으로 참여하는 개발자까지 합치면 총 7,864명으로 집계된다. 역시나 폴카닷보다 3.5배가량 많다. 파트타임 개발자 순위에서는 폴리곤이 오히려 폴카닷보다 높은 것으로 집계되었다. 개발자들이 많이 참여하고 있는 상위 10개 프로젝트는 이더리움, 폴카닷, 폴리곤, 코스모스, 아비트럼, BNB, 아발란체, 솔라나, 옵티미즘, 비트코인이다. 비트코인은 시가총액과 비교해 순위가 낮은 편이지만, 비트코인 생태계가 꾸준히 확장되고 있는 만큼 개발자들이 더 유입될 가능성이 높다. 솔

상위 10개 프로젝트 개발자 수(2024년 3월 16일 기준)

	풀타임 개발자			총 개발자		
	수(명)	1y %	2y %	수(명)	1y %	2y %
이더리움	2,392	-17%	5%	7,864	-25%	-12%
폴카닷	792	-10%	-1%	2,107	-19%	-25%
폴리곤	790	-33%	-16%	2,800	-36%	-24%
코스모스	669	-17%	24%	2,035	-21%	5%
아비트럼	592	-19%	21%	1,823	-15%	15%
BNB	498	-20%	-25%	1,650	-36%	-40%
아발란체	455	-5%	-1%	1,485	-6%	-3%
솔라나	436	-36%	-29%	1,615	-46%	-49%
옵티미즘	432	-15%	23%	1,299	-16%	21%
비트코인	356	-15%	-11%	1,071	-19%	-17%

(출처: Developer Report)

라나는 8위를 기록하고 있는데, 가격이 폭락했음에도 개발자들이 이탈하지 않고 계속 활동을 이어 나갔다. 이는 가격 회복에 중요한 역할을 했다. 개발현황과 관련해서 보안감사 레포트를 활용하는 것도 도움이 된다. 보안감사는 전문 회사들이 평가하고 작성하는 레포트다. 보안감사 레포트는 찾기가 쉽지 않은데, 프로젝트 커뮤니티나 웹사이트에 업로드를 해두는 경우가 있다.

글로벌 플랫폼을 통한 암호화폐 등급 확인

사실 암호화폐, 특히 알트코인의 가치를 개인투자자가 스스로 평가하기란 정말 어려운 일이다. 암호화폐의 가치를 판단할 때 활용할 수 있는 2가지 도구를 알아보자.

첫째, 전문기관에서 평가한 암호화폐의 등급이다. 다양한 글로벌 플랫폼에서 등급을 집계하고 있는데 코인마켓캡(coinmarketcap.com), 코인게코(coingecko.com) 등의 포털 사이트에서 모아서 제공한다.

코인마켓캡에서 솔라나를 검색해 보자. 등급(Rating)이라는 항목을 보면 5점 만점에 평균 4.2점으로 집계되고 있다. 느낌표 아이콘에 마우스를 올려놓으면 3개 기관이 측정한 점수가 나온다. 사이버스코프(Cyberscope), 서틱(Certik), 쟁글(Xangle)이다. 모두 시장에서 공신력을 인정받고 있는 기관들이고 이 중에서 쟁글은 국내 기업이다.

코인마켓캡에서 확인한 솔라나의 평가등급

서틱에서 확인한 솔라나의 평가등급

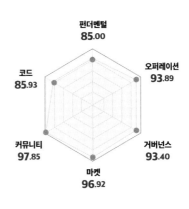

펀더멘털
85.00

오퍼레이션
93.89

코드
85.93

커뮤니티
97.85

거버넌스
93.40

마켓
96.92

(출처: Certik)

스마트머니 유입현황을 통한 암호화폐 평가(2024년 3월 기준)

구분	순거래액(달러/7일)	예수금(달러/7일)	인출(달러/7일)
USDT	276,031,731	982,201,327	706,169,596
FDUSD	64,642,226	85,660,872	21,018,646
CRV	14,023,615	26,802,506	12,778,891
AUDIO	13,695,513	13,698,001	2,488
FLOKI	8,882,732	9,314,370	431,639
APE	7,280,903	9,048,438	1,767,535
LDO	5,349,559	13,017,596	7,668,036
GALA	4,836,169	18,935,641	14,099,472
GEKKO	4,087,496	6,120,154	2,032,658
RNDR	3,393,786	12,088,260	8,694,474

(출처: Nansen)

각 기관들마다 점수가 상이한데 클릭하면 점수를 산정한 근거를 확인할 수 있다. 점수를 가장 후하게 준 서틱으로 한번 가보자.

펀더멘털, 오퍼레이션, 거버넌스, 마켓, 커뮤니티, 코드 등 6가지 기준으로 평가하고 있다. 이 중에서 커뮤니티 점수가 가장 높고 펀더멘털 점수가 가장 낮다.

둘째, 스마트머니(Smart money)의 유입현황을 통해서 확인할 수 있다. 스마트머니는 고수익의 단기 차익을 노리고 장세에 따라 빠른 속도로 움직이는 자금을 일컫는다. 월가에서 출현한 용어로 투자기관이나 큰손으로 불리는 개인투자자의 자금을 지칭한다. 난센(nansen.ai) 같은 유료 사이트에서 확인해야 한다. 스마트머니가 많이 들어온다는 것은 그만큼 가격이 단기적으로 상승할 가능성이 높은 프로젝트라고 볼 수 있다.

정성적인 평가가 중요한 이유

정성적인 평가는 프로젝트의 본질과 완성도를 더욱 깊이 이해하는 과정이다. 다음과 같이 4단계로 나누어서 살펴볼 수 있다.

1단계: 프로젝트가 해결하고자 하는 문제는 무엇인가?
2단계: 문제를 어떤 방법으로 해결하려고 하는가?
3단계: 어떤 팀이 문제를 해결하고 있는가?
4단계: 커뮤니티 구축이 잘되어 있는가?

하나씩 살펴보자. 1단계는 해결하려는 '문제'가 무엇인지 파악하는 것이다. 3가지 프로젝트를 예로 들어보자. 각 프로젝트의 문제의식을 이해하기 쉽게 간단히 요약했다.

"금융거래를 탈중앙화해서 개인 간 금융거래가 가능하도록 하겠다."

"1세대 암호화폐가 금융거래 중심이었다면, 이를 다양한 산업으로 확장하겠다."

"기존의 블록체인은 느리고 수수료도 높아서 거래에 적합하지 않으므로, 확장성 문제를 해결하겠다."

이 3가지는 과연 어떤 프로젝트일까? 순서대로 비트코인, 이더리움, 솔라나다. 각 프로젝트들이 풀고자 하는 문제는 주로 백서와 웹사이트를 통해 확인할 수 있다. 프로젝트에 관한 본질적인 이야기는 백서를 통해 파악할 수 있고, 프로젝트의 주요 이벤트 등 최신화된 정보는 웹사이트에서 확인할 수 있는 경우가 많다.

비트코인 백서의 첫 문장은 다음과 같다.

"순수한 개인 대 개인 버전의 전자화폐는 금융기관을 거치지 않고 한쪽에서 다른 쪽으로 직접 전달되는 온라인 결제를 실현한다."

금융거래를 탈중앙화해서 개인 간 금융거래가 가능하도록 하려는 것이다. 다음은 이더리움 백서의 한 부분이다.

"이더리움의 목적은 분산 애플리케이션 제작을 위한 대체 프로토콜을 만드는 것이다. 대규모 분산 애플리케이션에 유용할 것으로 생각되는 다른 종류의 제작기법을 제공하며 빠른 개발시간, 작고 드물게 사용되는 애플리케이션을 위한 보안, 다른 애플리케이션과의 효율적인 상호작용이 중요한 상황에 특히 주안점을 두고 있다."

이는 플랫폼에 관한 설명이다. 비트코인이 제3자의 신뢰기관 없이 통용 가능한 디지털 자산을 만들었다면, 이더리움은 제3자의 신뢰기관 없이 통용 가능한 애플리케이션 플랫폼을 만들고자 했다. 이른바 '월드 컴퓨터'다. 정리하면 비트코인은 금융거래에 문제의식이 집중되고 있고, 이더리움은 금융을 벗어나 여러 산업에 블록체인 기술을 적용하려 하고 있다.

2단계는 문제의 해결방법이다. 프로젝트들마다 문제를 해결하는 방식은 다양하다. 가령 플랫폼을 만들거나 프로토콜을 만들어서 해결할 수 있다. 그게 아니라면 커뮤니티를 확장하는 방식을 선택할 수도 있다. 물론 이 외에도 다양한 방안을 사용할 수 있다. 해결방법 역시 대개 백서와 홈페이지를 통해 확인할 수 있다. 다만, 이 과정에서 다양한 자료를 찾아보는 것을 권한다. 암호화폐 투자에서는 주식투자보다 더 많은 자료를 참고해야 한다. 그만큼 더 어렵다.

비트코인은 '블록에 거래내역을 담아서 암호화'하는 방식으로 문제를 해결했다. 최초로 블록체인을 활용한 화폐인 것이다. 이더리움은 비트코인보다 더욱 진화해서 블록에 거래내역과 프로그램, 즉 스마트 콘트랙트를 함께 저장해 조건부로 전송했다. 이 내용을 백서에서 확인해 보자.

"이더리움은 튜링완전(Turing Completeness) 언어를 내장한 블록체인이라는 필수적이고 근본적인 기반을 제공함으로써 이 목적을 이루고자 한다. 누구든지 이 언어를 사용하여 스마트 콘트랙트, 분산 애플리케이션을 작성하여 소유권에 대한 임의의 규칙, 트랜잭션 형식, 상태변환 함수 등을 생성할 수 있다."

튜링완전 언어, 스마트 콘트랙트, 분산 애플리케이션 등의 용어는 탈중앙화 플랫폼 구현의 방법론에 해당한다. 비트코인의 경우 무한루프의 발생 가능성을 원천적으로 차단하려고 스크립트에 반복문을 쓰지 못하게 했다. 비트코인은 튜링불완전성이다. 그러나 이더리움은 튜링완전성을 지녀 다양한 거래조건을 적용할 수 있어서 여러 비즈니스에서 활용할 수 있다.

마지막으로 솔라나의 경우 역사증명(PoH, Proof of History) 합의 알고리즘으로 빠른 속도를 구현했다. 역사증명의 개념은 3장에서 살펴보도록 하겠다.

3단계는 문제를 해결하는 팀이다. VC를 비롯한 암호화폐 투자기관은 대부분 팀을 가장 중요하게 본다. 모든 일은 사람이 우선이다. 아무리 굉장한 문제를 해결하려고 해도, 역량과 능력이 안 되는 팀원들이 모여 있으면 공염불에 불과한 경우가 많다. 팀을 평가할 때는 팀 구성원들이 어떤 이력을 가지고 있는지, 어떤 활동을 해왔는지를 중점적으로 살펴보아야 한다. 팀 리더가 무엇보다 중요하다. 리더가 시장에 어떤 영향력을 미치고 있는지도 중요한 변수다.

가령 일론 머스크의 말 한 마디에 시장이 움직이기도 한다. 도지코인의 큰 상승은 일론 머스크와 상관관계가 매우 높다. 월드코인의 급등에도 챗GPT의 아버지 샘 올트먼(Sam Altman)의 영향력이 크게 작용했다. 그런데 이러한 리더의 영향력이 지속가능성과 완벽하게 연결되지는 않는다. 리더가 영향을 미쳐 단기간에 크게 주목받을 수 있지만, 지속력은 프로젝트가 근본적인 성장을 달성해야만 생긴다.

그래서 앞서 정량적인 평가에서도 언급했지만, 팀의 개발능력을 살펴보아야 한다. 정성적인 관점에서 본다면, 얼마나 유능한 개발자가 이 프로젝트를 이끌고 있는지, 또 얼마나 동참했는지 등을 확인하는 것이 좋다. 결국 중요한 건 구현의 문제다.

더불어 개발자들이 지속적으로 새로운 기능을 추가하고 기존 기능을 개선하면 프로젝트의 가치와 유용성이 높아진다. 이는 커뮤니티의 활성화로도 연결된다. 개발자들은 사용자들과 소통하고 피드백을 수렴하며 프로젝트를 더욱 발전시킬 수 있다. 블록체인 시장은 경쟁이 매우 치열하다. 활발한 개발활동을 통해 경쟁 프로젝트 대비 우위를 확보하고 시장 점유율을 확대해 나가는 것이 성장의 관건이다. 때문에 기관투자자들 역시 투자결정을 내릴 때 개발자 현황을 중요하게 고려한다. 결국 활발한 개발활동은 프로젝트의 성장 가능성을 보여주는 핵심적인 지표라고 할 수 있다.

알트코인의 또 다른 변수, 커뮤니티 구축 능력

커뮤니티가 활발하게 소통하고 있는가? 커뮤니티는 누가 주도하고 있는가?

커뮤니티 구축 능력은 암호화폐 생태계에서 프로젝트의 기술적

완성도만큼이나 중요한 요소다. 초기 기술력이 부족하더라도 커뮤니티가 잘 구축되면 향후 능력 있는 개발자가 유입되어 프로젝트의 완성도를 높일 수 있다. 솔라나가 커뮤니티 구축과 마케팅 능력을 통해 먼저 부각된 대표적인 프로젝트다.

투자자들이 소통하고 이용할 수 있는 커뮤니티에는 크게 3가지 종류가 있다. 프로젝트의 공식 커뮤니티, 정보교환 커뮤니티, 인플루언서의 커뮤니티다. 본인의 투자목적에 맞게, 다양한 커뮤니티를 활용하면 된다.

프로젝트 공식 커뮤니티는 해당 프로젝트의 홈페이지를 방문하면 찾을 수 있다. 프로젝트들은 저마다 다양한 공식 채널을 운영하고 있다. 주로 텔레그램과 디스코드(Discord) 메신저를 메인 채널로 활용한다. 이 외에 트위터(X), 레딧(Reddit), 미디엄(Medium) 같은 채널들도 운영하고, 자체 사이트를 운영하는 경우도 많다.

커뮤니티의 분위기는 직접 들어가서 확인하는 것이 좋다. 기본적으로 참여자가 많고, 대화와 소통이 활발하다면 해당 프로젝트는 꾸준히 진행될 가능성이 있다. 특정한 자격이나 코인을 가진 이들에게 코인을 배포하는 에어드롭(Airdrop)을 포함해서 각종 이벤트에 많은 투자자들이 동참할수록 성장가능성도 높아진다.

정보교환 커뮤니티는 주로 트위터와 텔레그램에 형성되어 있다. 글로벌 투자기관의 리서치 책임자나 암호화폐 분석가의 트위터 계정을 팔로잉하면 유용한 정보를 얻을 수 있다. 현재는 카카오톡 오픈채팅방도 많이 활용된다.

마지막으로 인플루언서 커뮤니티다. 대표적으로 일론 머스크나 이더리움 창시자 비탈릭 부테린(Vitalik Buterin), 캐시 우드 같은 인물의 트위터가 여기에 해당한다. 암호화폐 창시자부터 거래소, VC 그리고 비트코인을 보유한 기업의 대표들까지 시장에 영향력을 미치는 인물은 다양하다. 영향력을 가진 주요 인물의 트위터를 꼭 팔로잉하길 권한다. 그리고 특정 인물을 팔로잉하면 관련된 인플루언서를 추가로 추천해 준다. 들어가서 보니 포스팅이 유용하다면 또 팔로잉하면 된다. 필자 역시 온체인 지표를 소개하는 다양한 채널을 팔로잉하고 있다. 대표적으로 크립토퀀트(Cryptoquant)나 글래스노드, 인투더블록 등의 채널이다.

꾸준한 팔로업으로 프로젝트의 흐름을 파악하라

정성적인 판단의 범위는 매우 넓다. 시시각각 변하는 시장 상황과 프로젝트, 이와 관련한 각종 호재와 악재를 분석하는 것도 정성적인 평가에 모두 포함된다. 프로젝트가 가고자 하는 방향을 잘 파악하고 정량적인 평가를 통해 펀더멘털을 확인했다면, 이제는 로드맵을 얼마나 잘 구현해 내는지 보아야 한다. 해당 프로젝트에 어떤 호재와 악재가 예정되어 있는지, 중요한 업그레이드는 없는지 다방면으로 살펴보아야 한다.

정성적인 평가를 잘하려면 전문기관의 리서치 보고서를 읽는 습관을 기르는 게 좋다. 그래야 시장의 큰 흐름을 제대로 이해할 수 있다. 해외 사이트 중에서는 메사리가 가장 유명하고 공신력이 있다. 메사리 창업자는 라이언 셀키스(Ryan Selkis)라는 인물인데, 시장에서 굉장히 영향력이 크다. 국내업체로는 코빗(Korbit)과 포필러스(Four Pillars) 등이 좋은 보고서를 많이 발행하고 있다.

뉴스 기사도 꾸준히 읽어야 한다. 암호화폐 시장은 굉장히 빠르게 변한다. 다른 산업에서 10년 동안 일어날 일이 1년 사이에 일어난다고 해도 과언이 아니다. 하루하루 변화하는 속도도 정말 빠르다. 시시각각 변하는 시장 상황을 빠르게 확인하려면 뉴스에 귀를 기울여야 한다. 중요한 매체 몇 군데를 소개하자면 국내에서는 가장 빠르게 속보를 전해주는 코인니스(Coinness), 열독율 1위 매체인 블록미디어(Blockmedia), 탐사언론 디지털애셋(Digital Asset) 등을 눈여겨보자. 해외 매체로는 코인텔레그래프(Cointelegraph), 코인데스크, 더블록(The Block), 데일리호들(The Daily HODL), 디크립트(Decrypt), 비인크립토(BeInCrypto) 등을 들 수 있다. 구독하거나 즐겨찾기를 해두고 아침마다 뉴스를 챙겨 읽는다면 투자의 방향성을 잡는 데 도움이 될 것이다.

알트코인 최적의 투자시점을 찾는 방법

마지막으로 투자시점에 대해 살펴보자. 알트코인 투자시점을 판단할 때 중요하게 보아야 하는 것은 비트코인 도미넌스다. 비트코인 도미넌스는 비트코인이 암호화폐 시장에서 차지하는 점유율을 나타낸다. 도미넌스가 상승하면 시장에서 비트코인 점유율이 높아지고, 반대로 하락하면 비트코인 점유율이 낮아지는 대신 알트코인 점유율이 높아진다는 뜻이다.

비트코인 도미넌스와 비트코인 가격, 알트코인 시가총액을 함께 살펴보아야 한다. **알트코인 진입의 교과서적인 타이밍은 비트코인 도미넌스가 낮아지고, 반대로 비트코인 가격은 상승하는 구간이다.** 이후 비트코인 도미넌스가 하락하는 와중에도 비트코인 가격이 견고하게 버텨주는 구간까지가 알트코인 대세장이다. 지금까지 사이클에서는 비트코인 반감기 이후에 진입하기 좋은 시점이 돌아왔다. 다시 말해, **2024년 4차 반감기가 지난 만큼 비트코인 대세장과 함께 알트코인에 투자하기 좋은 최적의 시기가 찾아올 수 있다는 말이다.**

추가로 알트코인 대장인 이더리움의 움직임도 유심히 살펴볼 필요가 있다. 이더리움이 한 번 크게 상승한다면, 비트코인에 몰려있던 유동성이 이더리움으로 가고, 이후 이더리움에 이어 알트코인으로 흘러가는 흐름이 형성될 수 있기 때문이다.

자신의 투자성향도 고려해야 한다. 리스크를 감수하는 투자자라면, 반감기 시즌 이전부터 알트코인에 적극적으로 투자해 수익률을 크게 높일 수도 있다. 단, 트레이딩의 관점이 중요하기 때문에 과열 구간에서 적절한 매도를 통한 현금화가 필요하다. 반면에 안정성을 선호하는 투자자라면 비트코인에 먼저 투자하고 반감기 이후 비트코인이 충분히 상승한 뒤 비트코인 도미넌스가 하락하며, 알트코인이 낙수효과를 거둘 수 있다고 판단이 들 때 알트코인 시장에 진입

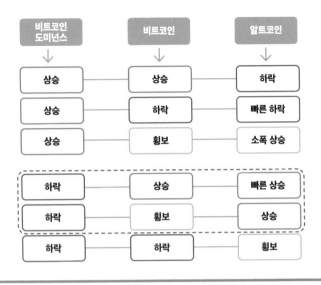

비트코인 도미넌스와 알트코인 대세장 사이클

비트코인 도미넌스	비트코인	알트코인
상승	상승	하락
상승	하락	빠른 하락
상승	횡보	소폭 상승
하락	상승	빠른 상승
하락	횡보	상승
하락	하락	횡보

해야 한다. 암호화폐 시장에는 사이클이 존재한다. 비트코인이 상승한 후 메이저 알트코인이 상승하고, 이후 기타 알트코인이 우후죽순 상승한 뒤 시장이 전반적인 하락세로 전환된다. 지금까지 사이클은 동일한 흐름을 보였다.

알트코인 가격의 단기적 변동성을 가져오는 요인으로 락업 해제를 들 수 있다. 결국 큰 폭의 가격 하락은 대규모 매도 물량에서 기인하기 때문이다. 락업 해제는 대규모 매도를 유발할 수 있다.

'락업(Lock-up)'은 일정 기간 동안 코인 또는 주식 거래를 제한하는 조치다. 초기 투자자, 개발자, 재단이 가진 물량을 상장한 뒤 곧바로 시장에 풀어 혼란을 야기하는 것을 막는 것이 목적이다. 투자자들이 장기적인 관점에서 투자하도록 유도하고, 시장에 공급되는 코인의 양을 조절하여 가격 변동성을 줄이는 개념이다. 한편 '락업 해제(Lock-up Release)'는 락업 기간이 끝나서 코인 거래가 가능해지는 것을 의미한다. 락업되었던 코인이 시장에 공급되면서 유동성이 증가하고, 이는 코인 가격에 영향을 미칠 수 있다.

락업 해제가 시장에 영향을 미치는 이유를 조금 더 근본적으로 들여다 보자. 기본적으로 공급이 제한되면, 희소성이 증가하고 자산의 가치는 상승한다. 반면 락업 해제는 유통량을 증가시켜 희소성을 하락시키고 인플레이션을 초래한다. 따라서 공급을 수요가 받쳐주지 않는 시장 구조에서는 가격 하락을 유발하게 된다.

락업 물량과 해제 일정 등은 프로젝트마다 다르다. 락업 해제가 곧바로 물량의 매도로 이어지는 건 아니다. 하지만 경우에 따라서는 대량 매도로 이어져 가격에 큰 하방압력을 주기도 한다. 일반적인 패턴을 살펴보면 락업 해제 일정이 다가올 때 일종의 작업을 친다. 카르텔 펌핑이라고 해서 가격을 오히려 강제로 상승시키는 것인데, 이후 물량의 매도로 일정 부분 조정받는 패턴이다.

락업 해제가 암호화폐 가격에 미치는 영향은 프로젝트의 가치와 시기 등에 따라 달라진다. 만약 기본적인 가치가 높고 투자자들의 수요가 충분한 프로젝트라면 락업 해제가 장기적인 가격에 큰 영향을 미치지 않는다. 시기적으로 상승장이라면 수요에 의해 충분히 가격을 방어할 수 있다. 하지만 장기적인 가치가 부족하거나, 시장이 하락장이라면 카르텔 펌핑 없이 크게 하락할 수도 있다. 따라서 투자자들은 락업 해제 일정을 사전에 반드시 확인해야 한다. 락업 해제 일정은 크립토랭크(cryptorank.io), 토큰언락(token.unocks.app) 등의 사이트에서 확인할 수 있다. 참고로 락업 해제가 예정된 물량이 많이 남아 있을수록 프로젝트의 펀더멘털에 악영향을 미친다. 결정적인 순간에 락업 해제된 물량이 시장에 풀리면서 가격에 하방 압력을 가할 수 있기 때문이다. 따라서 각 프로젝트의 토크노믹스 (Tokenomics)를 주의 깊게 확인해야 한다. 실제로 알트코인 가격의 폭락을 이끄는 중요한 요인 중 하나가 초기 투자자의 락업 해제 물량이 시장에 대규모로 풀리는 것이다.

락업 해제 일정(2024년 4월)

Name	Price	Chg (24H)	Market Cap	Circ. Supply	Unlocked	Locked		Next Unlock	Date ^
Immutable IMX	$ 2.08	+0.78%	$ 3.05B	IMX 1.46B	71.7% IMX 1.03B	28.3% IMX 546.28M		2.34% of M. Cap ($ 71.19M) IMX 34.19M	Apr 19 2024 Today
Rebase IRL	$ 0.0904	+2.27%	$ 3.91M	IRL 43.22M	3.65% IRL 16.27M	61.3% IRL 306.33M		5.62% of M. Cap ($ 219.69K) IRL 2.43M	Apr 19 2024 Today
Winerz WNZ	$ 0.000268	-3.96%	$ 113.71K	WNZ 425.00M	62.5% WNZ 625.28M	7.47% WNZ 74.71M		4.95% of M. Cap ($ 5.63K) WNZ 21.03M	Apr 19 2024 Today
Sugar King... SKO	$ 0.0379	-2.26%	$ 430.87K	SKO 11.37M	11.6% SKO 11.58M	82% SKO 81.95M		2.53% of M. Cap ($ 10.89K) SKO 287.49K	Apr 19 2024 Today
Numbers ... NUM	$ 0.0976	+5.18%	$ 59.44M	NUM 608.37M	53.4% NUM 551.88M	23.8% NUM 248.17M		1.69% of M. Cap ($ 1.00M) NUM 10.26M	Apr 19 2024 Today
sudoswap SUDO	$ 0.173	+21.4%	$ 4.35M	SUDO 25.16M	71.6% SUDO 42.97M	28.4% SUDO 17.03M		1.93% of M. Cap ($ 84.02K) SUDO 486.54K	Apr 19 2024 Today

(출처: CryptoRank)

마지막으로 저평가 구간에서 암호화폐를 얻을 수 있는 중요한 방법으로 에어드롭이 있다. 에어드롭은 무료로 암호화폐를 배포하는 이벤트를 의미한다. 마치 하늘에서 돈이 떨어지는 것처럼 무료로 암호화폐를 받을 수 있다는 점에서 에어드롭이라는 이름이 붙었다. 에어드롭은 크게 2가지 형태로 구분할 수 있다. 내 자본을 투입하는 방식과 자본 투입은 없지만 대신 시간을 들여야 하는 방식이다.

암호화폐 및 블록체인 프로젝트에서 에어드롭을 진행하는 이유는 홍보, 사용자 확보, 커뮤니티 형성 등을 위해서다. 따라서 대부분 프로젝트의 극초기에 이뤄진다. 에어드롭에 참여할 때는 반드시 해당 프로젝트가 무엇을 하는 프로젝트인지 알아보아야 하고, 시간 대비 효용성을 고민해야 한다. 극초기이기 때문에 좋은 프로젝트를 선별하기가 특히 어렵지만, 무엇보다 중요한 것은 트렌드를 잘 파악해야 한다는 것이다. 그러려면 손품을 팔아서 다양한 정보를 찾아보아야 한다. 그래야 에어드롭의 성공 확률을 높일 수 있다. 중요한 것은 해당 프로젝트에 지속가능성이 있는지 여부다. 지속가능성이 없다면 아무런 의미 없는 시간 낭비가 될 수도 있다.

무료가 아닌 경우는 각종 레이어1과 레이어2에 스테이킹이나 LP 제공 등을 통해 보안 유지와 생태계 발전에 기여하고, 그 보상으로 코인이 주어지는 것이다. 이때는 각 블록체인 생태계 중에서 어떤 생태계가 발전 가능성이 높을지 고민해야 한다. 특히 내 자본을 투입하는 만큼 해킹 등의 이슈에 대해서도 잘 생각해야 한다. 에어드롭용 지갑을 별도로 두는 것도 하나의 방법이라고 볼 수 있다.

결국 에어드롭의 본질 역시 우상향이 가능한 우량한 프로젝트와 생태계를 잘 선별하는 것이다. 에어드롭을 보면서 포모에 시달리는 경우가 많은데, 절대로 쉬운 과정이 아니라는 걸 염두에 두기 바란다.

이어지는 2~4장에서는 알트코인의 다양한 종류와 '슈퍼코인'을 선별하기 위해 주목해야 할 지점들을 소개하겠다.

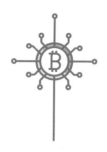

2장

결제 및 거래 암호화폐 투자전략

결제 및 거래 암호화폐는 무엇일까

알트코인에도 여러 가지 종류가 있다. 같은 카테고리에 속한 암호화폐는 비슷한 속성을 가졌기 때문에 뭉쳐서 보면 조금 더 쉽게 알트코인을 이해할 수 있다. 더불어 각 유형별 투자전략을 고민해볼 수 있다. 알트코인의 공식적인 분류 기준은 없다. 다만 '기능'에 따라 분류하는 게 가장 합리적이다. 기능에 따라 결제 및 거래 암호화폐, 플랫폼 암호화폐, 유틸리티 암호화폐 등 크게 3가지로 나눌 수 있다. 이번 장에서는 먼저 결제 및 거래 암호화폐에 관해서 알아보고 이어서 3장에서 플랫폼 암호화폐, 4장에서 유틸리티 암호화폐를 살펴보겠다.

결제 및 거래 암호화폐는 말 그대로 결제와 거래에 사용되는 암호화폐를 말한다. 목적과 성격에 따라 결제용 암호화폐, 송금용 암호화폐, 익명성 암호화폐, 스테이블코인 등 더욱 세부적으로 분류할 수도 있다.

결제용 암호화폐에서는 비트코인에서 하드포크한 암호화폐가 시가총액 상위권을 형성하고 있다. 하드포크는 이전 버전과 호환이 안 되는 완전히 새로운 별개의 블록체인으로 독립하는 것을 의미한다. 반면 소프트포크는 이전 버전과 호환이 가능한 중요한 소프트웨어 업데이트다. 비트코인에서 하드포크한 프로젝트는 비트코인의 속성을 거의 유사하게 가지고 있지만, 호환이 안 되는 독립적인 프로젝트다. 대표적으로 라이트코인, 비트코인캐시가 있고, 비트코인캐시에서 하드포크한 비트코인SV, 이캐시(XEC) 등이 있다. 대표적인 밈코인이기도 한 도지코인 역시 비트코인 계열이다. 라이트코인을 하드포크한 럭키코인을 다시 하드포크해서 태어났다.

국제송금용 암호화폐로는 대표적으로 리플과 스텔라루멘을 꼽을 수 있다. 스텔라루멘이 리플에서 하드포크했기 때문에 둘의 기술적인 속성은 유사하다. 다만 프로젝트가 추구하는 궁극적인 방향은 차이가 있다. 리플은 글로벌 대형 은행과의 파트너십을 통한 스위프트 대체가 목적이지만, 스텔라루멘은 제3세계의 금융 포용성 확대에 기여하는 것이 목적이다.

익명성 암호화폐란 무엇일까? 비트코인을 비롯한 일반적인 암호화폐는 누가 누구에게 보냈는지, 얼마나 보냈는지 투명하게 확인할 수 있다. 다만, 지갑의 소유자를 특정할 수 없을 뿐이다. 그런데 익명성 암호화폐는 발신자의 지갑 주소와 송금액 등을 블록체인상에서 확인할 수 없도록 처리했다. 거래내역을 확인할 수 없기 때문에 자금 세탁을 비롯한 각종 범죄에 쓰일 가능성이 있다. '다크코인'으로 불리게 된 이유다. 한국을 비롯한 여러 국가에서 상장이 폐지되거나 퇴출되었다.

스테이블코인은 가치가 실제 자산에 고정되어 변동성이 없는 암호화폐다. 스테이블코인 발행방식은 크게 3가지로 분류할 수 있다. 법정화폐 담보방식, 암호화폐 담보방식, 알고리즘 기반방식이다. 법정화폐 담보방식은 가장 직관적인 스테이블코인 발행방식이다. 시가총액이 가장 높은 USDT(테더)와 USDC(USD Coin)를 들 수 있다. 두 스테이블코인 모두 미국 달러와 연동해 가치를 고정한다. 이 방식은 운영기관에서 법정화폐로 교환받을 수 있고, 기술적으로도 간단해서 가장 안정적이다. 하지만 중앙화 이슈가 있는 데다 자산내역의 투명한 검증에 제한이 있다.

다음은 암호화폐 담보방식이다. 이더리움과 같은 암호화폐를 예치하고 스테이블코인을 발행받는 방식이다. 스마트 콘트랙트 내에서 예치, 발행, 소각이 진행되기 때문에 투명하고 탈중앙성이 높다. 다만, 암호화폐의 가격 변동성이 높다 보니 예치된 자산 가격이 기준 가격보다 낮아지면 청산이 진행되는 리스크가 존재한다. 메이커다오에서 발행하는 다이(DAI)가 가장 대표적이다.

마지막으로 알고리즘 기반방식이 있다. 두 개의 코인을 운영하며 소각과 발행을 반복해 수요와 공급을 조절하고, 가격을 1달러로 안정화한다. 대표적으로 UST(테라 스테이블코인)를 들 수 있다.

비트코인 커뮤니티를 달군 블록 크기 논쟁

결제 및 거래 암호화폐를 이해하려면 우선 '블록 크기' 개념을 알아야 한다. 비트코인의 블록 크기는 1MB로 아주 작다. 2017년, 비트코인 네트워크의 일부 개발자들이 블록 크기를 2MB로 2배 확대하겠다는 내용의 '세그윗2x 하드포크'를 계획했다. 그런데 커뮤니티 내부 의견이 엇갈리면서 하드포크가 잠정 연기되었고, 세그윗2x 하드포크 지지 세력들이 별도의 블록체인 네트워크를 만들기로 결정하면서 탄생한 코인이 바로 비트코인캐시다. 비트코인캐시는 2017년 8월 1일, 비트코인의 블록 높이 478,558에서 하드포크했다. 블록 크기를 제외하면 비트코인과 구조적으로 거의 유사하다. 결제 및 거래를 위한 용도이고 공급량 역시 2,100만 개로 같다. 작업증명 합의 알고리즘을 사용하고, 4년마다 반감기가 돌아오며 시기도 비트코인과 비슷하다.

비트코인캐시는 왜 블록 크기를 중요하게 본 것일까? 그 이유는 네트워크가 처리하는 트랜잭션 수에 직접적인 영향을 미치기 때문이다. 비트코인의 느린 거래 시간과 비싼 거래 수수료 문제를 블록 크기로 일정 부분 해결할 수 있다고 본 것이다. 비트코인캐시는 비트코인의 확장성 문제가 비트코인의 장기적인 성장에 저해가 될 것이라고 판단했다. 비트코인캐시는 비트코인보다 빠르고 수수료도 저렴하다.

그러면 여기서 이런 질문을 해볼 수 있다. 블록 크기를 늘리면 장점이 많은데, 비트코인은 왜 블록 크기를 1MB로 고수하는 걸까? '블록체인 트릴레마'라는 개념이 있다. 블록체인은 탈중앙화, 보안성, 확장성 이 3가지를 동시에 해결하기 어렵다는 것이다. 비트코인은 탈중앙화와 보안성에 집중했다. 거래의 안정성을 가장 중요하게 본 것이다. 반면 비트코인캐시는 속도, 즉 확장성에 더 주력했다. 더 많은 사람들이, 더 빠르게 결제할 수 있는 것이 중요하다고 본 것이다. 서로 지향점이 다르다.

그런데 블록 크기가 확장성과 관련이 있는 건 알겠는데, 탈중앙화와는 무슨 상관이 있다는 걸까? 조금 단순화해서 살펴보자. 블록체인 네트워크에 연결된 컴퓨터를 노드라고 한다. 노드에는 여러 종류가 있다. 지금까지 블록체인 기록을 모두 가지고 있는 노드를 풀노드라고 부르고, 풀노드 중에서 채굴하는 컴퓨터를 마이너(Minor), 즉 채굴자라고 부른다. 블록의 크기가 커지면 풀노드에 필요한 용량도 그에 비례해서 커진다. 그러면 저렴한 인프라로 채굴하는 것이 어려워진다. 즉, 블록을 처리하는 데 필요한 전력과 장비가 비싸진다. 그러면 대기업을 비롯한 아주 큰 세력만 채굴할 수 있게 되므로 중앙 집중화를 초래할 가능성이 높아진다. 이는 합의 방법을 위협할 수 있고, 비트코인 공동체에도 악영향을 미칠 수 있다. 결론적으로 비트코인 네트워크는 블록 크기를 늘리는 것이 탈중앙화 가치에 위배된다고 보았다. 비트코인캐시는 포크하면서 블록 크기를 8MB로 늘렸고, 현재는 32MB다. 비트코인은 블록 크기를 늘리기보다는 다른 방향성을 찾았다. 새로운 확장 솔루션을 통해 문제를 해결하고자 한 것이다. 바로 라이트닝네트워크나 거래 시 모든 이들의 서명 대신 다수의 서명을 하나로 합쳐 검증하도록 하는 '슈노르 서명(Schnorr Signature)' 같은 솔루션이다.

비트코인캐시는 비트코인에서 하드포크한 만큼 비트코인과 비슷한 호재를 지니고 있다. 첫 번째는 증권성 이슈에서 상대적으로 자유롭다. 만약 비트코인이 증권이 아니라면 비트코인캐시 역시 증권으로 몰아갈 명분이 적다. 두 번째는 채택의 측면에 있다. 2018년, 로빈후드(Robinhood)는 비트코인, 이더리움에 이어서 비트코인캐시와 라이트코인을 지원하기로 했다. 2022년, 온라인 송금업체 페이팔(PayPal)은 비트코인, 이더리움, 비트코인캐시, 라이트코인에 대한 송신 및 수신을 지원하기로 했다. 더불어 2023년에는 월가가 주도하는 가상자산 거래소 EDXM도 비트코인, 이더리움, 라이트코인과 더불어 비트코인캐시의 거래를 지원하기로 했다. 다만 2024년 3월 기준으로 비트코인캐시의 지원을 중단한 상태다. 비트코인과 비슷한 시기에 반감기가 도래하는 것도 장점이다. 비트코인이 가치저장 수단으로서의 정체성을 강화했다면, 비트코인캐시는 디지털 통화로서의 입지를 확고히 하려고 실용성을 추구하는 것으로 보인다.

비트코인에서 하드포크된 프로젝트

하드포크는 프로젝트의 구체적인 방향성과 관련이 있다. 비트코인캐시의 하드포크는 채굴장비 ASIC의 제작사인 비트메인의 우지한이 주도했다. 비트코인과 비트코인캐시의 포크 과정에는 중국 세력의 입김이 크게 작용한 것으로 전해진다. 대표적인 비트코인 하드포크 프로젝트 중 비트코인SV도 있다. 이 프로젝트는 정확히 2018년 11월 비트코인캐시에서 하드포크했다. 비트코인SV라는 이름은 기존 비트코인에 '사토시 비전(Satoshi Vision)'의 약자를 붙인 것으로, 글로벌 결제 시스템을 만들어 비트코인 창시자 사토시 나카모토의 정신을 계승하겠다는 의지를 드러냈다.

비트코인에서 하드포크한 이후 비트코인캐시 개발자들 사이에서는 '업그레이드 방향성'을 두고 기술적 이견이 발생했다. 당시 비트코인캐시 커뮤니티는 크게 '비트코인캐시ABC'와 '비트코인캐시SV'로 나뉘어 있었다. 두 진영은 네트워크 업그레이드 방향성에서 스마트 콘트랙트 솔루션 포함 여부, 블록 크기 확대 여부 등 몇 가지 기술적인 문제를 두고 갈등했다. 해당 업그레이드에는 전통적인 거래소를 통하지 않아도 암호화폐 간 교환이 가능한 '아토믹 스왑(Atomic Swap)'을 지원하는 스마트 콘트랙트 기능도 포함되어 있었다.

비트코인캐시ABC는 아토믹 스왑을 포함한 새로운 기능을 도입하자고 주장했다. 반면에 비트코인캐시SV 진영은 기존 비트코인 프로토콜을 변경하지 않은 채 블록 크기만 32MB에서 128MB까지 키우고, 기존 비트코인 구조로 되돌아가자는 주장을 내비쳤다. 쉽게 정리하면 '블록체인으로 새로운 기능을 개척하자'와 '비트코인의 기존 정신을 계승하자' 사이의 갈등이었다.

결국 두 진영은 치열한 해시 경쟁을 벌였고, 2018년 비트코인캐시SV 진영은 하드포크를 통해 비트코인SV라는 코인을 탄생시켰다. 비트코인SV 개발은 본인이 사토시 나카모토라고 주장하는 영국의 블록체인 기술 개발기업 엔체인(nChain)의 CEO 크레이그 스티븐 라이트(Craig Steven Wright)의 주도로 이루어졌다. 비트코인SV는 안정적인 프로토콜과 대규모 온체인 확장성에 초점을 맞춤으로써, 글로벌 비즈니스들이 비트코인 블록체인을 기반으로 더 쉽게 사용할 수 있는 환경을 조성하도록 돕는 것에 포커스를 맞추고 있다. 비트코인캐시와는 프로젝트의 방향성에서 차이가 있다. 참고로 2024년 3월 15일 영국 런던고등법원은 크레이그 라이트가 비트코인 창시자인 사토시 나카모토가 아니라고 판결했다.

비트코인에서 하드포크된 또 다른 프로젝트로는 비트코인골드(BTG)가 있다. 그리고 비트코인캐시에서 2020년 11월 비트코인캐시ABC가 하드포크되었고, 현재는 이캐시로 리브랜딩했다.

그런데 비트코인 하드포크 프로젝트 중 가장 인지도가 높고 오래된 것은 라이트코인이다. 라이트코인은 2011년 10월 7일, 구글(Google)의 소프트웨어 엔지니어였던 찰리 리(Charlie Lee)가 비트코인의 코드베이스에서 몇 가지 수정을 거쳐 배포했다. 라이트코인은 여러 가지 측면에서 비트코인과 매우 유사한 암호화폐다. 다만 비트코인의 느린 거래속도와 비싼 수수료 문제를 해결하기 위해서 등장한 대표적인 프로젝트인 만큼 차이점도 명확하다. 비트코인은 10분마다 블록이 생성되는데, 라이트코인은 거래속도가 4배 정도 빠르기 때문에 2.5분마다 새 블록이 생겨난다. 라이트코인은 수량이 적어서 가격이 상승하는 것을 방지하기 위해 채굴량을 비트코인의 4배로 늘렸다. 총발행량은 8,400만 개다. 비트코인이 디지털 골드라면, 라이트코인은 디지털 실버(silver)로 불린다. 그래서 라이트코인을 '은색 비트코인'이라고도 한다.

2017년 12월 라이트코인 설립자 찰리 리는 자신이 소유한 모든 라이트코인을 매각했다고 밝혀 논란이 되었다. 이 시기는 암호화폐 시장의 2차 대세 상승장 시기로 라이트코인의 가격이 75배가량 올랐을 시점이었다. 찰리 리의 매각과 관련해 많은 라이트코인 투자자들의 의견이 엇갈렸다. 창립자가 라이트코인을 포기한 것이라는 주장과 라이트코인이 창립자의 간섭 없이 진정한 탈중앙화된 코인으로 거듭날 수 있을 것이라는 견해로 나뉘었다. 찰리 리는 이런 논란에 대해 자신이 라이트코인을 계속 보유하는 것이 관련 산업에 종사하는 것과 '이해충돌'을 일으킬 수 있어 이를 피하기 위한 목적이었다고 해명했다. 라이트코인은 밈블윔블(MWEB) 업그레이드 이후 국내 거래소에서는 상장 폐지되었다. 해당 업그레이드에는 라이트코인 네트워크의 확장성 향상이 포함되어 있지만, 그 핵심 항목에 거래정보가 노출되지 않는 강화된 '익명 전송' 선택 기능이 포함되어 있기 때문이었다.

스위프트 대체를 꿈꾸는 리플의 미래

국내 투자자들 사이에서 가장 많이 거래되는 암호화폐 1위는 비트코인이다. 2위는 의외로 이더리움이 아닌 리플이다. 한국에서 리플의 인기가 얼마나 높은지 알 수 있는 대목이다. 2023년 SEC와의 소송에서 약식 판결이 나오고 나서 리플 가격이 급등했는데, 국내 거래소인 업비트(Upbit) 거래량이 모든 거래소 중에서 가장 많았다. 리플은 한국인이 가장 선호하면서도 또 미워하는 애증의 코인이다. 그래서 별명이 '리플에 또 속았다!'라는 의미의 '리또속'이다.

흔히 리플로 불리는 암호화폐의 공식 명칭은 XRP다. 리플은 XRP를 발행하는 회사의 이름이면서 프로토콜의 이름이다. 공식적인 회사명은 리플랩스이고 줄여서 리플이라고 부르는데, 이를 암호화폐 이름으로 혼용해서 사용하기도 한다. 국내 거래소 업비트, 빗썸(Bithumb), 코빗(Korbit)에 가보면 암호화폐 이름을 리플로 표기하고 있다.

리플은 2004년 컴퓨터 과학자인 라이언 푸거(Ryan Fugger)가 개발한 리플페이(RipplePay)에서 시작되었다. 프로젝트 자체는 비트코인보다 오래되었다. 리플페이는 전 세계 은행 간 실시간 자금송금을 위한 서비스로 개발되었는데 당시에는 블록체인 기반의 암호화폐와는 관계가 없었다. 2012년, 푸거가 물러나고 크리스 라슨(Chris Larsen)과 제드 맥케일럽(Jed McCaleb)이 리플페이를 인수해 오픈코인(Opencoin)이라는 회사를 설립하면서 블록체인과 암호화폐 개념을 도입했다. 따라서 현재 리플의 체계를 갖춘 것은 2012년 이후로 볼 수 있다. 2013년, 사명을 오픈코인에서 리플랩스로 변경한 이후로 암호화폐 분야에서 10년 이상 꾸준히 사업을 이어오고 있다.

그런데 회사가 기반을 잡은 지 얼마 지나지 않아 공동창업자이 자 뛰어난 개발자였던 제드 맥케일럽이 이사회와 마찰을 빚으면서 리플을 떠나는 사건이 있었다. 사실상 쫓겨난 것인데, 제드는 리플을 하드포크해서 스텔라루멘을 만들었다. 현재 리플랩스의 CEO는 한국 투자자들 사이에서 '빵형'으로 불리는 브래드 갈링하우스(Brad Garlinghouse)다.

리플은 국제 송금시스템의 문제점을 지적하며, 낙후된 스위프 트를 블록체인 기반으로 바꾸겠다는 로드맵을 지니고 있다. 금융 은 모든 산업 중에서 가장 변화가 더딘 산업이다. 국제 송금시스템 도 단점이 많지만 지금까지 별다른 변화를 시도하지 않았다. 1977 년 미국과 유럽 시중은행들은 국가 간 자금거래를 위해서 국제은 행간통신협회(스위프트)를 만들었다. 현재 전 세계 약 200개국에서 1만 1,000개 이상의 금융기관이 스위프트 망을 통해 돈을 지불하거 나 무역대금을 결제하고 있다. 스위프트는 기축통화인 달러를 이용 한 국제 금융거래에서 반드시 필요한 서비스다.

스위프트를 활용한 송금에는 어떤 문제가 있을까? 다양하지만 크 게는 2가지로 정리할 수 있다. 송금시간이 너무 오래 걸리고 수수료 가 비싸다는 것이다. 스위프트 송금은 기본적으로 4단계에서 6단계 이상의 과정을 거친다. 송금이 완료되기까지는 이틀에서 사흘 정도 시간이 소요된다. 송금하는 은행과 수신하는 은행 간의 자금 보유량에 문제가 발생하면 여러 중개 은행을 거쳐야 하는 경우도 발생한다. 그 과정에서 송금이 취소되는 경우도 꽤 빈번하다. 수수료도 올라간다. 기본적으로는 2% 내외지만, 금액이 크고 환전 비율이 높고 중개 은행을 많이 거칠 경우 8%에서 23%까지 불어날 수도 있다.

리플은 그들이 개발한 솔루션을 통해 이런 문제점을 해결하고자 한다. 스위프트는 단방향이라서 코드를 통해 한 단계씩 확인해 나가는 프로세스 때문에 송금에 오랜 시간이 걸렸다. 리플 솔루션은 양방향으로 정보를 주고받는 방식을 적용했다. 서비스는 크게 'xCurrent, xRapid, xVia' 3가지다. 2019년에 리플랩스는 이 3가지 서비스를 그들이 개발한 분산원장 기반의 결제 네트워크 리플넷에 통합했다.

3가지 서비스 중에서 특히 주목해야 하는 것은 xCurrent와 xRapid다. 금융기관들이 두 서비스를 도입한 상황을 보면 리플이 궁극적으로 가고자 하는 방향성과 현재 상황 사이에는 아직 괴리감이 있음을 알 수 있다.

가장 많은 파트너를 확보한 것은 xCurrent다. 이 서비스는 XRP를 사용하지 않는다. 그리고 사실상 중앙화 방식으로 운영된다. 송신은행과 수신은행 모두 xCurrent 솔루션을 탑재하고 서로 메시지를 주고받으면서 송수신 여부를 확인한다. 그리고 인터렛저프로토콜(ILP, Interledger Protocol)을 사용해 송금을 진행한다. 은행들이 xCurrent를 선호하는 이유는 현재의 송금 기반을 크게 흔들지 않으면

xCurrent와 xRapid의 개념

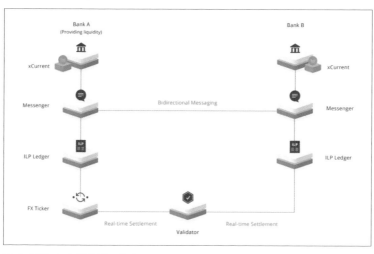

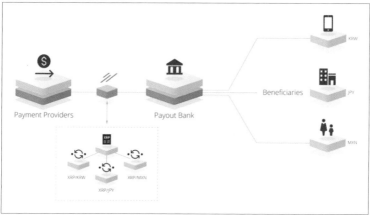

(출처: ripple.com)

서 속도를 높이고 비용도 절감할 수 있기 때문이다.

두 번째는 xRapid다. 이 방식은 ODL 솔루션을 활용한다. ODL 은 'On-Demand Liquidity'의 약자로, 리플넷을 통해 자금을 송 금할 때 필요한 유동성을 공급한다는 뜻이다. 쉽게 말해서 XRP 를 통해 송금할 수 있는 솔루션이다. xRapid 방식을 활용하면 2초에서 4초 이내로 빠르게 송금할 수 있다.

리플 투자에서 고려해야 하는 첫 번째 요소는 대부분의 은행들이 xRapid보다 xCurrent를 더 많이 도입했다는 것이다. 암호화폐 가 치가 시시각각 변하다 보니 은행들 입장에서도 XRP를 보유하기가 부담스러운 게 사실이다. 리플랩스는 기본적으로 솔루션을 운영하 는 회사다. 하지만 XRP의 가치를 끌어올려야 계속 성장할 수 있으 므로 xRapid가 활발하게 보급되어야 한다. 리플랩스는 매분기마다 ODL 솔루션을 활용한 매출 등을 공개하고 있으며, xRapid의 사용 률도 꾸준히 늘어나고 있는 추세다.

두 번째로 고려할 요소는 리플이 다른 송금용 암호화폐와 경쟁 해야 한다는 사실이다. 송금에 용이한 암호화폐가 리플밖에 없는 것은 아니다. 하드포크된 스텔라루멘과 트론도 많이 활용된다. 그 런데 더욱 강력한 경쟁자가 있다. 바로 달러 기반의 스테이블코인 이다. 현재 송금에 가장 많이 활용되는 암호화폐 1위는 USDT이고 2위는 USDC다. JP모건이 주도하는 JPM코인 역시 강력한 경쟁자라 는 평가를 받고 있다.

세 번째로 고려할 요소는 규제 이슈가 마무리되지 않았다는 것이다. 2020년 12월 22일부터 시작된 SEC와의 소송에서 법원은 사실상 리플의 손을 들어주었다. XRP 자체는 증권이 아니라고 판결한 것이다. 다만 헤지펀드나 기관투자자들에게 리플랩스라는 회사의 정보를 제공하면서 대량으로 판매한 부분은 증권법 위반이라고 판결했다. 소송은 아직 완전히 끝나지 않았다. 거기다 미국은 리플이 스위프트를 대체하려고 한다는 점에서 달러패권에 균열을 일으킬까 봐 우려하고 있을 가능성이 높다. 단순한 음모론만은 아니다. SEC가 리플을 가장 먼저 소송의 타깃으로 삼은 이유도 여기에 있다고 본다.

그럼에도 리플은 장점이 많다. 우선 전 세계 금융 시스템을 개선하고 혁신하기 위해 다양한 파트너들과 협약을 체결하고 있다. 또한 국제 송금 네트워크를 구축하고, 중앙은행디지털화폐를 개발하고 배포하는 데 앞장서고 있다. 현재 리플은 200여 개 이상의 파트너를 확보했는데, 그중에는 뱅크오브아메리카(Bank of America)나 스탠다드차타드(Standard Chartered) 같은 글로벌 은행들도 포함되어 있다. 특히 전 세계 50개국 이상과 CBDC, 즉 중앙은행디지털화폐 협의를 맺고 있다. 그리고 CBDC를 개발하고 배포하는 데 필요한 기술과 통합 솔루션을 제공하고 있는데, 이는 XRP가 CBDC 사이에서 브릿지 통화가 될 수 있는 기반이 된다. 더불어 리플은 2024년 하반기 스테이블코인 시장에 뛰어들 예정이라고 발표했다. 브래드 갈링하우스는 스테이블코인이 리플 생태계를 확장하고 보완하는 데 도움이 될 것이라고 주장하면서, 결제수단으로서 리플을 포기하지 않았다고 강조했다. 또한 RWA 시장까지 사업영역을 확대하겠다는 계획을 발표했다. 여기서 끝이 아니다. 리플 EVM 사이드체인을 통해 이더리움과의 연결 고리를 강화하고 있다. 리플 EVM 사이드체인에서 개발자는 약간의 변경만으로도 XRPL에 EVM 애플리케이션을 배포할 수 있다. 이는 생태계 확장을 가속하는 데 도움이 된다. 앞으로 소송을 마무리하고 미국 시장에서 얼마나 큰 영향력을 발휘할지가 중요한 변수로 작용할 것이다.

참고로 리플은 총발행량이 1,000억 개로 정해져 있고, 채굴 과정 없이 이미 다 발행되었다. 간혹 리플이 발행량을 임의로 조절한다고 잘못 알고 있는 투자자들도 있는데 그렇지 않다. 리플 재단은 XRP를 에스크로 계좌에 예치하고, 예치한 XRP를 매달 일정량씩 시장에 방출한다. 그리고 시장에서 사용되지 않은 XRP를 다시 회수하는데, 이는 XRP의 유통량을 조절하고 가격 안정성을 유지하기 위해 고안한 리플만의 독특한 방식이다. 리플 재단은 에스크로에 예치한 XRP의 양을 투명하게 공개하는 동시에, 개발자와 금융기관에 제공함으로써 리플 생태계의 성장을 촉진하고 있다. 리플은 거래량이 늘어날수록 소각되는 구조로 1회 송금 시마다 0.00001XRP가 소각된다.

어둠의 코인, 프라이버시 코인의 미래

한국에서 프라이버시코인이 관심을 끈 데는 세계 최대 디지털 자산 투자그룹인 디지털커런시그룹(DCG, Digital Currency Group)의 창립자이자 CEO인 베리 실버트(Barry Silbert)의 영향이 크다. 베리 실버트의 프라이버시코인 사랑은 유명하다. 2018년, 그는 대표적인 프라이버시코인인 지캐시(ZEC)가 2025년에 6만 달러에 도달할 수 있다고 포스팅했다. 그러나 현재 가격은 당시 가격 대비 20분의 1토막이 났으며 규제에 의해 많은 리스크를 안게 되었다.

프라이버시코인이 탄생한 이유는 무엇일까? 여러 이유가 있지만 그중 하나로 실크로드 사건을 들 수 있다. 실크로드는 2011년부터 2013년까지 운영된 다크웹 마켓이다. 마약, 무기 등 각종 불법적인 거래를 하는 데 사용되었다. 실크로드에서는 비트코인을 사용해서 거래가 이루어졌다. 실크로드를 개설하고 운영하던 로스 울브리히트(Ross Ulbricht)가 체포된 후 비트코인의 프라이버시 문제가 대두되었다. 물론 익명성을 빌미로 암호화폐를 범죄에 사용하는 것은 바람직하지 않다. 그런데 궁극적으로 문제가 된 것은 정부의 '감시'와 관련한 문제였다.

프라이버시코인은 비트코인보다 높은 수준의 보안과 익명성을 추구하려는 목적에서 탄생했다. 자금의 출처와 목적지를 불분명하게 해서 추적을 불가능하게 하는 것이 골자였다. 프라이버시코인은 사용자의 지갑 주소, 거래금액, 잔액 등 지갑 소유자를 식별하는 데 필요한 주요 정보를 숨길 수 있다.

그렇게 2014년 1월, 엑스코인이라는 프로젝트가 등장했고 한 달 뒤인 2월, 이름을 다크코인으로 변경했다. 그리고 2015년 3월, 다시 대시(Dash)로 이름을 바꿨다. 가장 유명한 익명성 코인 중 하나인 대시의 이전 이름이 다크코인이다. 지금은 다크코인이 보통명사처럼 사용된다. 대시는 '코인 믹싱(Coin Mixing)'이라는 기술을 통해 거래를 묶음으로써 익명성을 높이는 방식을 택했다.

예를 들어서 설명해 보겠다. A에서 B로, X에서 Y로 넘어간 두 개의 거래가 있다. 그런데 이 두 개의 별도 거래 대신 장부가 하나의 거래 {A, X}에서 {B, Y}로 이어지는 거래만을 반영한다. 개별적인 거래 링크를 따로 읽어내기 매우 어렵게 만드는 원리다.

프라이버시코인은 다양한 기술을 사용하는데 크게 코인조인, 스텔스 주소, 영지식증명, 링서명의 4가지를 들 수 있다.

첫 번째로 코인조인(CoinJoin)은 코인 믹싱의 한 종류로 대시를 설

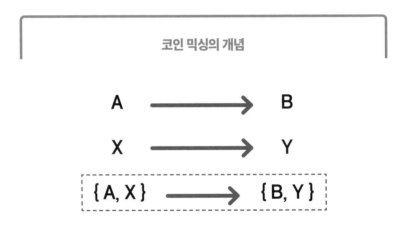

코인 믹싱의 개념

A ⟶ B

X ⟶ Y

{A, X} ⟶ {B, Y}

(출처: Coindesk)

명할 때 언급했다. 여러 건의 거래를 모아 하나의 묶음으로 섞은 다음 재분배해서 거래의 익명성을 강화하는 기술이다.

두 번째는 스텔스 주소(Stealth addresses)다. 스텔스 주소는 임의로 생성된 일회용 주소를 사용하는 것으로, 수신인의 개인정보를 보호하기 위해 모든 거래마다 새 주소가 생성된다.

세 번째는 영지식 스나크로 불리는 영지식증명(Zero-knowledge Proof) 기술이다. 영지식 스나크는 발신인, 수신인, 금액 등의 세부 정보를 공유하지 않고도 트랜잭션이 유효함을 증명할 수 있는 기술이다. 쉽게 말해서 정보를 상호 공유하지 않지만, 내가 그것을 알고 있음을 증명하는 암호화 기술이다.

마지막 네 번째는 링서명(Ring Signatures)이다. 어느 그룹 구성원이 개인키를 사용해서 특정 거래에 서명하더라도, 해당 그룹의 누가 실제 서명자인지 식별할 수 없게 하는 기술이다.

대시, 모네로(XMR), 지캐시를 흔히 프라이버시코인 3대장으로 꼽는다. 이 중에서 모네로와 지캐시가 기술적으로 가장 발전했다는 평가를 받고 있다. 그런데 이 둘 사이에는 프라이버시에 대한 관점이 다르다는 결정적인 차이가 있다. 모네로와 달리 지캐시는 미국과 유럽의 돈세탁 방지 정책을 따른다. 고객 실사, 의심스러운 거래 보고, 암호화폐 거래소의 암호화폐 이전에 필요한 발신자 및 수익자 정보 제공 같은 규정을 준수한다.

'아니, 프라이버시코인이 이래도 되는 건가?'라고 생각할 수 있다. 익명성과 완전히 배치되는 것처럼 보이니 말이다. 그런데 지캐시의 목표는 이용자에게 현금과 유사한 개인정보 수준을 보장하는 것이다. 법 집행을 회피하려는 의도는 애초부터 없었다. 지캐시에는 차폐거래가 선택사항으로 포함되어 있다. 차폐되지 않은 지캐시 거래는 완전히 투명해서 비트코인, 이더리움 거래와 동일하다.

익명성 측면에서만 본다면 모네로가 더 강력하다고 볼 수 있다. 실제로 모네로는 마약 거래 등 사이버 범죄자들 사이에서 가장 많이 활용된다. 국내에서도 'N번방 사건'에 모네로가 사용되었다. 그런데 익명성이 높은 만큼 당국의 주의를 끌 가능성도 상당히 높으므로 그만큼 투자 리스크가 크다.

각국 정부의 입장에서 프라이버시코인은 달갑지 않다. 돈세탁이나 범죄 등 불법적인 용도로 활용될 수 있기 때문이다. 자금 흐름을 추적할 수 없는 만큼 세수 창출에도 악영향을 줄 수 있다. 국제자금세탁방지기구(FATF)의 규제안에 따라 국내 암호화폐 거래소는 프라이버시코인을 모두 상장폐지했다. 한국뿐만이 아니라 호주, 일본 등 다수의 국가에서도 상장폐지되었다. 서구권 국가들도 마찬가지다. 미국도 프라이버시코인을 제재 대상으로 올리고 있고, 미카 법안이 발의된 이후 유럽에서도 프라이버시코인 배척 분위기가 조성되고 있다. 2024년 2월 19일에는 세계 최대 암호화폐 거래소 바이낸스가 모네로를 상장폐지하면서 가격이 급락했다.

프라이버시코인의 향후 전망은 어떨까? 코인베이스 CEO인 브라이언 암스트롱(Brian Armstrong)은 블록체인 산업의 성장을 위한 핵심 분야 4가지를 꼽은 적이 있다. 확장성, 탈중앙화 신원증명, 개발자

툴 그리고 프라이버시였다. 프라이버시코인은 앞으로 꾸준히 시장의 주목을 받을 가능성이 있으며 구체적인 내용은 다음과 같다.

첫째, 비트코인처럼 지정학적 자산이 될 가능성이 있다. 미국과 유럽연합이 러시아에 대한 제재 수단에 암호화폐까지 포함시키자 2022년 프라이버시코인의 수요가 상승한 바 있다. 앞으로 지정학적 질서가 더욱 복잡해질 수도 있다. 지캐시의 경우 비트코인과 동일하게 2,100만 개로 공급량이 정해져 있고, 채굴 증명을 도입했으며, 4년 주기의 반감기도 존재한다. 그런데 비트코인보다 전송 수수료는 저렴하다.

둘째, 프라이버시는 향후 블록체인 산업의 매우 중요한 과제가 될 가능성이 높다. 비탈릭 부테린은 이더리움과 프라이버시의 관계에 대한 견해를 밝힌 바 있다. 그는 프라이버시 보호는 이더리움이 직면한 중대하고 궁극적인 과제 중 하나라고 언급했으며, 이더리움 외에 지캐시에 가장 관심이 많다고 밝힌 바 있다. JP모건이 발행한 JPM코인에도 지캐시와 동일한 영지식증명 기술이 들어간다.

급격하게 성장 중인 스테이블코인의 미래

스테이블코인은 특정 통화나 상품의 가격을 추종하는 암호화폐다. 현재 전 세계적으로 발행되는 대부분의 스테이블코인은 미국 달러를 추종한다. 전통 금융과 암호화폐 간 연결이 더욱 가속화되면서 스테이블코인의 역할이 앞으로 더 커질 것이란 전망이 나온다. 현재 암호화폐 시가총액 상위 10위권에도 USDT와 USDC 2개의 스테이블코인이 포함되어 있다.

스테이블코인은 암호화폐 분야에서 가장 급격하게 성장하고 있는 분야다. 2022년까지 온체인 스테이블코인 결제규모는 11조 1,000억 달러에 달하며 페이팔의 1조 4,000억 달러를 훌쩍 넘어섰고, 비자의 11조 6,000억 달러와 맞먹는 규모로 성장했다. 이는 결제분야에서, 특히 효율적인 온체인 결제 시스템을 제공한다는 측면에서 스테이블코인의 엄청난 잠재력을 보여주는 지점이다. 메사리 보고서에서는 스테이블코인을 가리켜 최초의 진정한 킬러 앱이라고 표현했다. 실제로 그간 블록체인 및 암호화폐 산업에서 스테이블코인만큼 강력한 사용성을 보여준 성과는 없었다고 보아도 무방하다.

더불어 스테이블코인의 사용은 결제 및 은행 시스템이 낙후된 개발도상국에서 효율적이고 저렴한 결제 솔루션에 대한 필요성을 충족하는 데 특히 중요한 역할을 한다. 스테이블코인은 글로벌 금융 생태계, 금융 포용과 경제성장을 촉진하는 데 있어 점점 더 중요한 역할을 하고 있다. 미국 정부도 2023년에 내놓은 스테이블코인 결제 투명성 법안에 이어, 스테이블코인 산업에 대한 명확한 가이드라인을 2024년 제시할 것으로 예측된다. 이를 계기로 더 많은 기업이 스테이블코인 시장에 참여할 것으로 기대된다.

현재 가장 높은 점유율을 확보하고 있는 것은 테더의 USDT다. 암호화폐 시가총액 순위에서 비트코인, 이더리움에 이어서 3위를 차지하고 있다. USDT의 유동성이 늘어나면 암호화폐 시장 전반에 여러 영향을 미칠 수 있다. 2022년, 준비금 관련 의문점 및 사용처와 관련한 여러 논란으로 USDC에 점유율을 추월당할 수도 있다는 전망이 지배적이었다. 미국의 강력한 규제에 직면할 수 있다는 우려 때문이었는데, 전망과 달리 2023년 USDC와의 점유율 격차를 더벌렸다. USDC의 경우 미국 내 사용성이 부각된다면, USDT의 경우 글로벌 하게 활용이 이루어지고 있다. 테더는 지난 2023년 2분기 스테이블코인 발행 준비금으로 33억 달러(한화 약 4조 3,000억 원)를 초과 보유하고 있다고 밝혔다. 2분기 영업이익은 10억 달러에 달하며, 이는 세계 최대 자산운용사 블랙록과 맞먹는 수준이다.

여러 우려가 여전히 남아 있지만, USDT의 경우 그럼에도 미국 당국의 규제에 적절하게 협조하며 장기적으로는 은밀히 협력할 것이라는 분석이 나오고 있다. 2023년 초 실리콘밸리은행, 시그니처은행, 실버게이트은행 같은 암호화폐 친화적인 지역은행에서 뱅크런이 발생하면서 테더의 실적은 더욱 독주하는 모습을 보였다. 반면 USDC는 오히려 달러 페깅이 깨지면서 신뢰가 하락하는 모습을 보였으나 글로벌 시장에서 다양한 협업을 통해 점유율을 점차 높여가고 있다. 2024년에 들어서면서부터는 USDT보다 가파른 성장세를 보이고 있다는 분석도 나온다. 동남아에서 가장 널리 사용되는 앱인 그랩(Grab)도 USDC 발행사인 서클과의 협업을 발표한 바 있다.

페이팔과 비자 등 여러 글로벌 결제기업도 스테이블코인 시장에 진출하고 있다. 페이팔은 팍소스(Paxos)와 제휴를 맺고 페이팔스테이블코인(PYUSD)을 출시했다. PYUSD는 벤모(Venmo) 앱을 통해 매입 및 교환할 수 있으며, 벤모가 암호화폐의 결제를 지원하는 만큼 향후 다양한 상호 운용을 기대할 수 있다. 사용자가 4억 3,000만 명이 넘는 페이팔은 글로벌 간편결제 시장에서 애플페이, 알리페이 등에 이은 4위 사업자다. 페이팔의 스테이블코인 출시는 전통적인 금융 편의성과 디지털 통화 혁신을 연결하여 암호화폐의 광범위한 채택에 큰 영향을 미칠 수 있다.

각국이 중앙은행디지털화폐(CBDC)와 더불어 스테이블코인의 규제와 발전에 집중할 것이라는 시각도 있다. 미국 달러와 유로를 기반으로 발행된 USDT와 USDC, PYUSD가 국가 규제를 준수하고 있는 만큼 안정적으로 성장할 거라는 기대감도 높은 편이다. 스테이블코인은 신흥시장에도 상당한 이점을 제공한다.

도지코인과 일론 머스크

대표적인 밈코인인 도지코인은 가장 오래된 밈코인들 중 하나이자, 가장 성공한 밈코인이다. 도지코인은 2013년 12월 마이크로소프트 엔지니어 출신인 잭슨 팔머(Jackson Palmer)와 IBM 출신의 빌리 마커스(Bily Markus)가 당시 인터넷에서 인기를 끌던 밈(meme)인 일본 시바견 카보스의 이미지를 가지고 장난삼아 만들었다.

도지코인은 일론 머스크를 빼고서는 설명할 수 없다. 일론 머스크의 지속적인 엑스 포스팅으로 가격이 급등했으며, 유별난 도지코인 사랑으로 그에게는 '도지파더(Doge Father)'라는 별명이 붙기도 했다. 일론 머스크는 트위터를 인수한 후 명칭을 엑스로 변경하고, 세계 최대의 금융기관이 되기 위한 항해를 시작했다. 엑스는 새로운 결제 시스템을 도입하고 암호화폐 결제를 추진할 가능성이 높다. 이때 도지코인이 채택될 수도 있다는 기대감이 가격을 견인하고 있다.

일론 머스크는 엑스를 '에브리씽 앱(Everything App)'으로 만들려고 한다. 자신이 그리는 에브리씽 앱의 모델을 직접 밝히기도 했는데, 바로 중국의 위챗(WeChat)이다. 위챗은 앱 안에 미니앱을 넣는 방식으로 사실상 모든 서비스를 제공한다. 메시지와 SNS는 물론이고 결제, 송금, 대출, 보험 등 다양한 금융 서비스와 쇼핑, 게임, 비디오 스트리밍, 차량 호출 등의 기능도 제공한다. 이러한 슈퍼앱(Super App)의 가장 큰 장점은 자신들의 플랫폼 안에서 일상의 모든 서비스를 이용하도록 사용자를 가둬 놓는 효과가 있다는 것이다. 이 과정에서 슈퍼앱 안에서 엄청난 양의 결제가 일어나게 된다. 하지만 일론 머스크의 에브리씽 앱은 위챗과 결정적인 차이가 있다. 앱을 구현하기 위한 기술과 결제의 중심에 블록체인이 있다는 것이다. 따라서 암호화폐가 사용될 가능성이 높다고 볼 수 있다. 엑스는 미시간주, 미주리주, 뉴햄프셔주, 로드아일랜드주 등에서 통화결제 라이선스를 취득해서 디지털 자산의 보관, 이전, 교환 등을 합법적으로 할 수 있게 되었다. 과연 엑스는 어떤 암호화폐를 채택할까?

도지코인 보유자들은 도지코인이 될 것으로 믿고 있다. 일론 머스크는 한 팟캐스트에서 왜 도지코인을 좋아하느냐는 질문을 받자

"재미있어서, 강아지가 있어서"라고 답했다. 이런 행동들 때문에 많은 사람들이 일론 머스크의 도지코인 띄우기를 장난 정도로 치부한다. 하지만 그것은 오해다. 일론 머스크는 도지코인을 '모두의 화폐'라고 칭하고 있다. 이는 도지코인의 대중성과 탈중앙화 가치를 의미한다. 일론 머스크가 재미있다고 표현한 부분은 도지코인이 암호화폐를 비웃으려고 등장했는데, 아이러니하게도 시가총액 최상위권 프로젝트가 되었기 때문이다.

모두의 화폐라는 건 무슨 의미일까? 도지코인의 개발자인 빌리 마커스와 잭슨 팔머는 이미 프로젝트를 떠난 지 오래다. 도지코인의 운영은 특정 기업이나 조직이 아니라, 전 세계 도지코인 사용자들로 구성된 커뮤니티에 의해 이루어지므로 완벽히 탈중앙화되어 있다.

그런데 일론 머스크가 도지코인을 좋아하는 실질적인 이유는 따로 있는 듯하다. 일론 머스크는 '풀샌드팟캐스트(Full Send Podcast)'에 출연해 도지코인을 좋아하는 2가지 이유를 언급한 적이 있다. 첫 번째는 빠른 결제속도다. 일론 머스크는 "비트코인으로 대금을 결제할 경우 거래완료까지 10분이 소요되지만, 도지코인의 경우 60초 만에 가능하다"라고 주장했다. 두 번째 이유는 연간 총발행량이다. 비트코인은 총발행량이 2,100만 개로 한정되고 반감기를 통해 공급속도를 줄여나간다. 반면에 도지코인은 매년 50억 개씩 규칙적으로 늘어난다. 일론 머스크는 거래용 화폐로 사용하기에 도지코인이 더욱 적합하다는 입장을 보였다.

물론 일론 머스크는 비트코인을 지지하고 테슬라는 비트코인을 보유하고 있다. 스페이스엑스(Space X) 역시 비트코인을 보유하고 있다는 추측이 나온다. 일론 머스크는 비트코인의 탈중앙화 가치에 대해 직접적으로 지지를 표명한 적이 있고, 비트코인의 기술적인 완성도에 대해서도 긍정적으로 평가했다.

"비트코인은 인류 역사상 가장 훌륭한 발명 중 하나이고, 중앙화된 통제 없이도 안전하고 효율적인 결제수단이 될 수 있다!"

일론 머스크는 마이크로스트래티지의 마이클 세일러와 함께 비트코인마이닝협의회 창설을 주도하기도 했다. 만약 일론 머스크가 비트코인과 도지코인 둘 중 하나를 선택해야 한다면 비트코인이 조금 더 유리할지도 모른다. 비트코인 네트워크가 훨씬 안정적이고 검증도 마쳤기 때문이다. 시세변동도 도지코인보다 훨씬 작다. 결제 수단이라는 측면에서 볼 때 비트코인이 너무 느려서 도지코인이 도입될 것이라고 오해할 수도 있다. 그런데 라이트닝네트워크를 사용하면 실생활에서 큰 무리 없이 빠른 결제가 가능하다. 라이트닝 네트워크의 거래속도는 초당 수천 건에 달하고, 수수료는 비자나 마스터카드보다 저렴하다.

그런데 굳이 둘 중 하나를 선택해야 할 이유가 있을까? 일론 머스크는 비트코인으로는 전기차를 살 수 있게 결제를 허용할 수 있다고 했고 도지코인으로는 제품을 구매할 수 있다고 했다. 더불어 테슬라의 결제에 도지코인을 적용할 날이 올 거라고 직접 주장한 바 있다.

결론적으로 둘 다 채택이 가능하다고 생각한다. 엑스가 금융기관으로 발돋움하고 그 중심에 블록체인 및 암호화폐가 위치하게 되면, 비트코인과 도지코인은 각자 다양한 목적과 용도로 활용될 것이다. 엑스는 4억 명 이상의 사용자를 보유하고 있다. 에브리씽 앱을 통해 플랫폼 접근성이 확대되면 사용자 중 상당수가 암호화폐의 잠재적 투자자가 되고, 이는 암호화폐 시장의 성장으로 연결될 것이다.

결제 및 거래 암호화폐 투자를 위한 4가지 지표

비트코인 하드포크 암호화폐 혹은 여러 결제 및 거래 암호화폐가 비트코인 이상의 입지를 지닐 수 있을까? 비트코인캐시가 하드포크 되었을 당시 외신을 비롯해 해외 전문가들은 블록 크기 문제가 개선 되지 않는 한 비트코인의 미래는 어둡다고 평가했다. 세계적인 매체 〈포춘〉은 비트코인캐시가 몇 달 내에 비트코인을 대체할 수도 있다고 전망했다. 실제로 당시 비트코인캐시는 엄청난 상승세를 보였다. 시가총액 3위에 이름을 올리며 이더리움을 바짝 추격했다. 당시 시가총액을 살펴보면 비트코인이 약 1,000억 달러, 이더리움이 307억 달러, 비트코인캐시가 225억 달러였다. 하지만 지금은 당시보다 훨씬 더 격차가 벌어졌다는 사실을 눈여겨봐야 한다.

그러면 결제 및 거래 암호화폐에 투자할 때는 어떤 전략을 가지고 가야 할까? 이 분야의 알트코인에 투자하기 위해서는 해당 프로젝트가 과연 비트코인과 같은 입지와 정체성을 확보할 수 있는지 고민해야 한다. 그리고 다음 2가지를 판단해야 한다.

**첫 번째, 가치저장 수단으로서의 정체성을 확보할 수 있는가?
두 번째, 화폐로서 폭넓게 사용될 가능성이 있는가?**

첫 번째로 가치저장 수단의 관점에서 라이트코인과 비트코인캐시를 예로 들어보자. 기본적으로 이 두 암호화폐는 비트코인과 기술구조와 용도가 동일하게 설계되었다고 앞서 설명했다. 기본적으로 가치저장 수단으로서의 정체성을 지닌다. 라이트코인은 8,400만 개, 비트코인캐시는 비트코인과 동일한 2,100만 개로 발행량이 정해져 있고 둘 다 반감기가 있다. 하지만 두 코인이 비트코인보다 가치저장 수단으로서 더 넓은 입지를 지닐 수 있을까? 비트코인이 존재하는데 이 두 코인을 보유할 만한 동기가 있을까? 이 지점에서 '그렇다'고 답할 수 있다면 투자를 고려할 수 있다.

두 번째, 화폐로서 폭넓게 사용될 수 있을지 생각해야 한다. 1부에서 소개했듯 어떤 물건이 탄생해서 화폐가 되는 과정은 최초 소장품에서 이후 가치저장 수단, 교환매개 수단 그리고 회계 단위로 발전한다. 우리가 일반적으로 떠올리는 화폐는 바로 교환매개 수단의 단계다. 이는 사용성의 확대를 의미한다. 이번에도 라이트코인과 비트코인캐시를 예로 들어보자. 두 프로젝트는 결제 측면에서 비트코인에 비해서 장점이 있다.

비트코인은 블록의 크기가 1MB인데 반해, 라이트코인은 4MB로 비트코인보다 용량이 4배 크고 비트코인캐시는 무려 32MB다. 그만큼 속도가 더 빠르고 트랜잭션을 더 많이 처리할 수 있다. 하지만 블록 크기가 상대적으로 크다고 해서 화폐로서의 도입이 더 활발해지는 건 아니다. 비트코인도 라이트닝네트워크를 통해서 더 빠르게 처리할 수 있다. 화폐로서 활용되기 위해서는 다양한 사용처를 확보할 수 있는 구체적인 로드맵이 필요하다. 가령 도지코인의 상승을 기대하는 투자자들은 일론 머스크가 이끄는 엑스나 스페이스엑스, 테슬라 등에서 도지코인이 사용될 것이라는 기대감을 가지고 있다.

결제용 암호화폐를 판단하기 위한 구체적인 지표로는 4가지를 들 수 있다. 첫 번째, 네트워크 특성상 가장 중요한 트랜잭션이다. 얼마나 많은 국제적 거래와 송금이 실제로 발생하는지 살펴보아야 한다. 두 번째, 얼마나 많은 기관이 포트폴리오에 담고 있는가를 보아야 한다. 앞서 라이트코인과 비트코인캐시는 시장에서 큰 영향력을 행사하는 그레이스케일 자산운용사가 오래전부터 담고 있다. 세 번째, 얼마나 많은 플랫폼이나 거래소에서 거래가 가능한가다. 네 번째, 각종 이슈를 명확히 파악해야 한다. 정책적인 부분이나 규제 등에서 자유로운지 꾸준히 지켜보아야 하는 것이다.

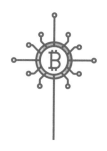

3장

플랫폼 암호화폐 투자전략

플랫폼 암호화폐는 무엇일까

　플랫폼 암호화폐를 간단하게 정의하면 에코 시스템, 즉 생태계를 만드는 암호화폐다. 블록체인 네트워크는 여러 레이어로 구성된다. 가장 대표적으로 레이어1과 레이어2가 있다. 레이어1은 블록체인의 기본적인 기반을 제공하는 기술 계층이다. 거래처리, 보안유지, 합의 알고리즘 등 가장 핵심적인 기능을 제공한다. 레이어2는 레이어1 위에 추가로 구축되는 기술 계층으로 레이어1의 확장성 및 성능 문제를 해결하기 위해 사용된다. 대표적으로 주요 네트워크와 분리된 부가적인 체인인 사이드체인(Sidechain)과 롤업(Rollup) 등이 있다. 롤업은 확장성과 트랜잭션 처리량을 향상시키려는 목적을 가지고 있는데 자세한 내용은 뒤에 설명하도록 하겠다.

대표적인 레이어1 프로젝트들은 **메인넷**을 구동한다. 메인넷은 블록체인 프로젝트를 실제로 출시해서 사용자들이 참여하고 거래를 진행하는 네트워크를 의미한다. 자체 노드를 가진 독립적인 플랫폼으로 보면 된다. 메인넷이 중요한 이유는 그 위에서 자산, 즉 돈이 흐르기 때문이다. 자산을 생성하고, 서로 가치를 교환하는 기능이 메인넷의 핵심이다.

코인과 토큰을 구별하는 것도 메인넷의 여부에 달려 있다. 독립된 블록체인 네트워크인 메인넷을 소유하면 코인으로 불리고, 메인넷을 소유하지 않으면 토큰으로 불린다. 따라서 이더리움은 코인이고, 이더리움 생태계에서 구동하는 디앱(DApp, Decentralized Application, 탈중앙화 블록체인 플랫폼을 기반으로 작동하는 앱)에서 발행하는 암호화폐는 토큰이다. 그리고 이더리움 메인넷에서 발행하는 토큰의 표준이 바로 ERC-20(Ethereum Request for Comment-20)이다.

메인넷을 보유한 프로젝트는 쉽게 비유하자면 내 집을 가지고 있는 것이다. 반면 메인넷이 없으면 남의 집에 세 들어 사는 셈이다. 그러면 이런 생각을 할 수 있다. '기왕이면 내 집이 있는 게 좋은 것 아닌가?' 예를 들어보자. 만약에 같은 자본을 가지고 인적이 뜸한 지역에서 자가로 살고 싶을까? 서울에서 월세나 전세로 살고 싶을까? 상황에 따라서 다르겠지만, 적어도 경제적인 활동을 왕성히 해야 한다면 많은 이들이 후자를 택할 것이다. 메인넷은 찾는 사용자가 많아야 의미가 있다. 유동성이 확보되어야 제대로 된 기능을 수행할 수 있기 때문이다. 그래서 이더리움이나 솔라나 같은 소위 잘나가는 메인넷에 많이 세 들어 사는 것이다.

개인적으로 10년 후 100배 오를 암호화폐는 플랫폼 암호화폐에서 탄생할 가능성이 높다고 보는 편이다. 여기서 10년과 100배는 모두 중요한 키워드다. 숫자 자체보다는 의미에 집중해야 한다. 10년의 의미는 장기적으로 존속할 가능성이 높다는 뜻이다. 서비스의 수명은 짧지만 플랫폼의 수명은 길다. 수많은 스마트폰 애플리케이션이 나타나고 사라지기를 반복했어도 iOS나 안드로이드 같은 운영체계는 여전히 굳건하다. 앱스토어와 구글플레이의 수익도 여전히 상승세를 유지하면서 기업을 먹여 살리고 있다. 플랫폼 암호화폐도 비슷한 맥락이다.

그만큼 훌륭한 생태계를 구축하는 건 어려운 일이다. 지금도 수많은 레이어1 플랫폼이 나타나지만, 사용자들이 찾는 플랫폼은 한정적이다. 여전히 이더리움이 압도적인 영향력을 유지하고 있다.

그렇다면 100배의 의미는 무엇일까? 바로 인프라가 꾸준히 확장되면서 가격도 크게 상승할 수 있다는 뜻이다. 인프라가 잘 갖춰진 생태계는 오랫동안 존속하면서 꾸준한 성장을 이어갈 가능성이 높다.

플랫폼 암호화폐를 평가하는 2가지 기준

그렇다면 플랫폼 암호화폐는 어떻게 평가해야 할까? 평가의 2가지 큰 기준은 **성장가능성과 안정성**이다.

먼저 성장가능성부터 살펴보자. 성장가능성은 네트워크 생태계가 얼마나 커질 것인가를 살펴보는 것이다. 네트워크의 성장성은 1부에서 소개한 메트칼프의 법칙을 주로 활용한다. 참여자 수를 n이라고 하면, 네트워크의 가치는 'n(n-1)/2'로 증가한다. 가령 참여자가 1명이면 가치는 0이지만, 참여자가 2명이면 1, 4명이면 6, 8명이면 28, 10명이면 45, 20명이면 무려 190, 이런 식으로 기하급수적으로 증가한다. 블록체인에서 n의 자리에는 무엇이 들어가야 할까? 일반적으로 온체인 지갑 주소 수가 사용된다. 지갑이 꾸준히 늘어나는 체인이 성장가능성이 높다고 보는 것이다. 물론 한 명의 사용자가 지갑을 여러 개 보유할 수도 있고, 중앙화된 거래소나 오프체인 사용자들도 많아서 온체인 지갑 주소 추이가 사용자 활동량을 측정하는 완벽한 방법이 되기는 어렵다. 또한 메트칼프의 법칙은 네트워크 참가자들의 비중에 차이를 두지 않는다. 개인투자자와 고래를 동일한 가치로 환산하는 데 이 둘은 네트워크 가치에 주는 영향력이 다르다. 이는 그만큼 정량적인 평가만을 절대적으로 맹신해서는 안 된다는 의미이기도 하다.

성장가능성을 확인할 때는 디앱(댑)의 숫자도 중요하다. 디앱의 수가 많다는 것은 프로젝트와 서비스의 수가 많다는 뜻이므로 향후 사용자와 유동성이 늘어나고, 플랫폼의 가치가 상승할 가능성이 있다.

플랫폼을 비교해 보면 이더리움과 바이낸스스마트체인의 디앱 숫자가 가장 많은 것으로 나온다. 특히 바이낸스스마트체인에 디앱이 가장 많은 것으로 집

암호화폐별 디앱 수

구분	수(개)
바이낸스스마트체인	5,246
이더리움	4,518
폴리곤	2,024
트론	1,378
이오스	583
아발란체	557

(출처: DappRadar)

계되는데, 숫자 이상으로 중요한 것이 유의미한 성과를 내는 킬러 댑이다. 토큰터미널(tokenterminal.com) 등의 사이트를 통해 프로토콜 수수료 수익 등을 확인하면 현재 이더리움이 가장 높다.

네트워크의 확장성도 성장가능성을 알아보는 데 중요한 항목이다. 확장성은 퍼포먼스가 얼마나 좋은가 혹은 얼마나 빠른가의 문제로 주로 TPS를 비교한다. TPS는 1초에 처리할 수 있는 트랜잭션의 수를 말한다.

이더리움은 1초에 15~20건 정도를 처리할 수 있다. 반면에 솔라나는 이론적으로 6만 5,000건을 처리할 수 있어서 이더리움보다 4,000배가량 빠르다. 글로벌 결제 인프라인 비자의 처리 속도는 2만 4,000TPS 정도다. 그런데 이더리움은 확장성을 차별화된 전략으로 해결하고 있다. 보안성과 탈중앙화를 훼손하면서까지 체인 자체의 속도를 올리기보다는, 롤업 기반의 레이어2를 활용하는 것으로 이 문제를 해결하고 있다.

레이어1 TPS 비교

65,000

65,000

15,000

12,000

10,000

4,500

2,000

1,400

1,000

400

250

100

15

이더리움 BSC 카르다노 폴카닷 알고랜드 코스모스 트론 아발란체 팬텀 테라 멀티버스X 폴리곤 솔라나

(출처: Solana)

플랫폼 암호화폐를 평가하는 두 번째 항목은 안정성이다. "지속 가능성이 얼마나 높은가?"의 문제라고도 볼 수 있다. 이 항목에서는 자본의 규모가 중요한 역할을 한다. 자본을 확인하는 지표에는 시가총액과 TVL이 있다.

먼저 시가총액이다. 시가총액은 해당 네트워크에서 발행된 토큰의 전체 가치가 얼마나 높은지를 의미한다. 알트코인 중 이더리움의 시가총액이 가장 높다.

TVL은 네트워크 내 디파이에 예치된 자산의 총량이라고 앞서 언급했다. TVL 역시 이더리움이 가장 높다. 시가총액과 TVL이 높을수록 해당 생태계의 가치가 한 번에 무너질 가능성이 낮다. 따라서 상대적으로 안정적이다.

다음은 "탈중앙성이 얼마나 높은가?"다. 이는 채굴자 혹은 밸리데이터의 숫자로 확인한다. 밸리데이터(Validator)는 검증자다. 비트코인 같은 작업증명 기반의 블록체인에서 채굴자가 하는 역할과 유사한 역할을 한다. 블록을 생성하고, 블록 검증에 참여하는 핵심 운영 주체다. 비트코인 네트워크에서 채굴자들은 강력한 컴퓨팅 파워를 동원해 보안을 강화한다. 지분증명 기반에서는 얼마나 많은 자본이 투입되는지 여부가 중요한데, 밸리데이터가 많을수록 탈중앙성과 보안성도 높아진다. 모든 체인 중 이더리움이 가장 밸리데이터가 많다.

이더리움의 끝없는 진화

플랫폼 암호화폐의 대표주자이자 알트코인의 대장인 이더리움에 대해 자세히 살펴보자. 이더리움은 "블록체인 기술을 이용해서 왜 화폐만 거래해야 하는가?"라는 근원적 의문에서 시작되었다. 이른바 월드 컴퓨터가 되고자 하는 목표를 가진 이더리움은 이 목표를 달성하기 위해 스마트 콘트랙트를 도입했다.

스마트 콘트랙트는 계약을 하는 당사자 간 거래내용을 코드로 기록해서 블록체인에 올리면, 조건이 충족됐을 때 계약을 자동으로 이

스마트 콘트랙트의 개념

블록체인 기반
스마트 콘트랙트

암호화폐 지급

서비스
or
제품 제공

(출처: Solana)

행해 주는 시스템이다. 이 시스템 덕분에 블록체인을 다양한 분야
에 활용할 수 있는 길이 열렸다.

앞서 설명했듯 이더리움은 플랫폼이다. 구글 안드로이드, 애플
iOS를 떠올리면 이해가 쉽다. 플랫폼 위에서 다양한 서비스가 애플
리케이션 형태로 제공된다. 디센트럴라이즈드앱(Decentraized App),
줄여서 디앱 혹은 댑이라고 부르는 것이다. 우리말로는 탈중앙화앱
이다.

이더리움 플랫폼에서는 돈이 흐른다. 응용 프로그램을 구동하려
면 돈을 지불해야 하는데, 법정화폐가 아니라 코인이 사용된다. 바
로 이더리움이 사용되는 것이다. 네트워크와 구별하기 위해 이더리
움 암호화폐를 '이더'라고 줄여서 부르기도 한다. 이더는 이더리움

블록체인 네트워크가 돌아가게 하는 에너지이면서, 이더리움 플랫폼의 입장권이자 이용권이다. 투자자에게는 자산의 역할을 한다.

이더리움은 성장가능성, 안정성 측면에서 가장 뛰어난 프로젝트다. 그런데 디파이, NFT 같은 여러 서비스의 유행으로 사용자가 급속도로 늘자 문제가 발생했다. 네트워크의 속도가 느려지고, 수수료가 비싸지는 확장성의 한계에 직면하게 된 것이다. 그 틈을 노려 솔라나, 아발란체, 카르다노 같은 강력한 경쟁 플랫폼이 급부상했다.

이에 이더리움은 확장성 문제를 해결하기 위해 6단계로 업그레이드하는 '이더리움 2.0 로드맵'을 구현해 나가고 있다. 이더리움 재단은 업그레이드가 로드맵대로 달성된다면 10만 TPS를 달성할 수 있다고 주장한다.

이더리움의 6단계 업그레이드:
더머지(The Merge) → 더서지(The Surge) →
더스쿼지(The Scourge) → 더버지(The Verge) →
더퍼지(The Purge) → 더스플러지(The Splurge)

각 단계의 핵심을 알아보자. 더머지 업그레이드는 2022년 9월 15일에 성공적으로 끝났다. 합의 알고리즘을 작업증명에서 지분증명으로 전환하는 굉장히 중요한 업그레이드였는데, 이 과정을 성공적으로 수행하기 위해 이더리움은 2020년 12월 비콘 체인을 도입했다. 비콘 체인은 기존 이더리움 체인과 달리 지분증명 방식을 미리 적용했다. 약 2년간 테스트하면서 32이더 이상을 스테이킹하면 블록 생성과정에 참여할 수 있도록 했다. 더머지 업그레이드는 이더리움 확장성을 개선하는 다양한 업그레이드의 초석이 되었다. 2023년 4월에는 샤펠라(Shapella) 업그레이드를 통해 이더리움 비콘 체인에 예치한 이더의 인출이 가능해졌다.

더머지 업그레이드를 통해 토큰 이코노미에 변화가 생겼고, 이더리움의 자산가치가 상승하게 되었다. 토큰 이코노미는 토큰과 이코노미의 합성어로 토큰을 이용한 경제시스템을 의미한다. 즉, 참여자들에게서 특정한 행동을 이끌어내기 위해 토큰을 보상으로 제공하는 시스템이다. 블록체인은 중앙기관이 없기 때문에 참여자들의 적극적인 기여를 유도하고 보상하는 규칙과 구조가 정교하게 짜여 있어야 네트워크가 지속적으로 발전할 수 있다. 이더리움 토큰 이코노미에는 3가지 주체가 존재한다. 사용자, 이더리움 메인넷 그리고 밸리데이터다.

밸리데이터는 앞서 언급했듯 과거 채굴자와 유사한 역할을 하는 주체로 블록체인이 안전하고 안정성 있게 돌아가도록 공헌한다. 사용자는 토큰 전송, 스테이킹, 토큰 교환, NFT 구매 등 다양한 블록체인 서비스를 이용한다. 이때마다 네트워크 수수료를 지급하는데, 이 네트워크 수수료가 바로 가스피(Gasfee)다. 이더리움 메인넷은 새로운 이더를 생성하고 수수료 중 일부를 소각한다. 그리고 밸리데이터에게 블록이 생길 때마다 블록당 2이더를 보상으로 제공하고, 사용자의 트랜잭션 수수료 중 일부도 보상으로 제공한다. 이를 통해 향

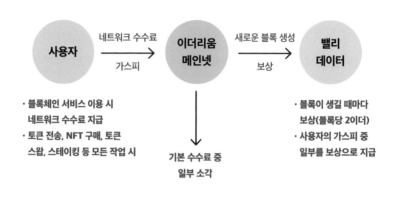

이더리움 토큰 이코노미의 3가지 주체

사용자

네트워크 수수료
→
가스피

이더리움
메인넷

새로운 블록 생성
→
보상

밸리
데이터

· 블록체인 서비스 이용 시
  네트워크 수수료 지급
· 토큰 전송, NFT 구매, 토큰
  스왑, 스테이킹 등 모든 작업 시

기본 수수료 중
일부 소각

· 블록이 생길 때마다
  보상(블록당 2이더)
· 사용자의 가스피 중
  일부를 보상으로 지급

(출처: Coindesk)

후 이더리움의 가치가 왜 높아지게 되는지 유추해 볼 수 있다.

첫째, 이더리움은 디플레이션적 자산이 될 수 있다. 이더리움 메인넷을 기반으로 많은 서비스(디앱)가 생기고, 그 서비스를 이용하는 사람들이 많아지면 소각되는 이더의 양이 많아지고 수수료를 위해 이더를 구매하려는 수요는 증가한다. 결론적으로 공급은 줄고 수요는 늘어난다. 거기에 더해서 스테이킹된 이더리움이 묶이면서 공급 긴축이 발생한다. 이더리움은 비트코인처럼 자산으로서의 지위를 얻게 된다.

이더리움 커뮤니티는 이더리움을 '울트라 사운드 머니(Ultra sound

money)', 즉 초강력 건전 화폐라고 부른다. 그런데 덴쿤 업그레이드 이후 이더리움은 인플레이션 상태로 전환되었다. 이더리움의 인플레이션율과 공급 역학은 향후 네트워크 업그레이드와 채택 추세에 따라서 영향을 받을 것으로 보인다. 거래 수수료와 소각률이 낮게 유지되면 단기적으로는 인플레이션 압력이 지속적으로 발생할 수 있다. 하지만 장기적인 방향성과 추세는 남은 업그레이드의 성공과 이더리움 생태계의 성장에 따라 충분히 달라질 수 있다.

둘째, 지분증명으로 전환하면서 전기 에너지 소비의 99%가 줄어들었다. ESG 이슈를 상당 부분 해결해 기관과 기업이 이더리움을 채택하는 데 유리해졌다.

셋째, 비트코인에 이어 2024년 5월 이더리움 현물 ETF가 승인되었다. 이에 이더리움 역시 주류 자산으로 발돋움하게 되었다. 이더리움 현물 ETF 승인이 특별한 이유는 모두의 예상을 뒤집고 이루어졌다는 점이다. 이는 대세 상승장의 흐름 가속화의 동력이 마련된 것이라고 볼 수 있다. 추가로 알트코인 현물 ETF 승인의 초석을 마련했고, 이는 알트코인 생태계의 확장으로 연결될 수 있다.

그동안 이더리움은 SEC로부터 증권성 시비를 겪고 있었는데 현물 ETF 승인으로 증권성 이슈로부터 자유로워질 수 있는 기반이 마련됐다. 특히 미 하원의 공화당과 민주당은 초당적으로 '21세기 금융 혁신 및 기술법(FIT21)' 법안을 통과시켰는데, 해당 법안에는 투자 계약의 존재만으로 토큰이 증권이 될 수 없다는 점을 명시하고 있다. 모든 암호화폐의 70%는 증권이 아닌 상품으로 분류돼야 한다는 내용이 담긴 것이다. 이에 따라 상품선물거래위원회(CFTC)를 디지털 자산의 주요 규제기관으로 지정, 비증권 현물 시장의 감시기관으로 설정했다. 최종적으로 통과될 경우 암호화폐 시장의 규제 방향성이 명확해질 수 있다.

비트코인 현물 ETF 출시 당시 SEC와 자산운용사는 환매 방식을 놓고 입장 차이를 보였다. 결국 SEC의 요구대로 '현금상환' 방식으로 신청서를 수정한 후 ETF를 출시할 수 있었다. 이더리움 현물 ETF의 경우 스테이킹이 주요 쟁점으로 떠올랐다. 피델리티를 비롯한 주요 운용사들은 이더리움 현물 ETF를 통해 유입되는 이더리움을 스테이킹해 ETF 투자자들의 추가 수익 확보 방안을 마련했었다.

하지만 SEC는 스테이킹의 증권성 여부를 지속적으로 제기하는 등 투자자 보호 관점에서 신청서를 수정할 것을 요구했다. 이에 모든 발행사들은 일제히 스테이킹 조항을 삭제했다. 덕분에 현물 ETF 승인을 달성할 수 있었다.

한편, 정치적인 이슈로 이더리움 현물 ETF가 승인되었다는 분석도 잇따랐다. 바이든 행정부는 그동안 반크립토적인 움직임을 보여왔는데, 트럼프 전 대통령의 적극적인 친크립토 행보에 다급히 이더리움 현물 ETF를 승인했다는 것이다.

더불어 우려 사항도 남아 있다. 지분증명 시스템에서는 지분을 많이 가질수록 더 많은 권한을 얻게 되고, 지급받는 이더 물량 또한 많아져서 이더리움 생태계에서 빈익빈 부익부 현상을 가져올 수 있다는 비판이 제기되고 있다.

롤업 프로젝트와 이더리움 업그레이드 로드맵

더머지 업그레이드의 다음 과정은 더서지다. 2024년 3월 13일 덴쿤(Dencun) 업그레이드가 성공적으로 적용되면서 더서지의 시대로 접어들었다. 덴쿤 업그레이드의 목표는 블록체인 속도를 높이고 가스피를 낮추는 등 확장성을 개선하는 것으로 핵심적인 과업은 'EIP-4844'로 불리는 프로토 댕크샤딩(Proto-danksharding)이었다.

댕크샤딩의 샤딩은 블록체인 네트워크를 여러 개의 작은 조각으로 쪼개서 트랜잭션을 병렬로 처리하게 해주는 기술이다. 이더리움이 처리할 수 있는 거래 데이터의 양을 늘려준다. 덴쿤 업그레이드에서 또 다른 중요한 지점은 데이터 블롭(Blobs) 개념의 도입이다. 블롭은 이더리움 비콘 체인에만 저장되는 새로운 형태의 데이터 타입으로, 주로 롤업 데이터를 위한 저장공간으로 사용된다. 블롭은 일반적인 트랜잭션보다 가스피가 저렴하기 때문에, 롤업 비용을 획기적으로 절감할 수 있을 것이라는 예측이 나온다. 따라서 프로토 댕크샤딩은 롤업 중심의 확장성을 확보해서 데이터 처리 속도를 늘리려는 것이다.

앞서 레이어2를 간단히 언급했다. 레이어2는 레이어1을 기반으로 작동하는 네트워크다. 실제 트랜잭션은 레이어2에서 생성하고 처리한 뒤 결과 값만 레이어1에 기록한다. 따라서 레이어1에서 모든 트랜잭션을 처리하는 것보다 더 많은 양의 데이터를 훨씬 빠르게 처리할 수 있다. 레이어2에는 여러 방법이 존재하는데, 그중에서도 가장 대표적인 솔루션이 바로 롤업이다. 롤업은 많은 양의 트랜잭션을 한 블록 내에 압축해 거래속도를 높이고 거래비용을 줄이는 방식이다. 정리하면, 트랜잭션은 롤업에서 수행하고 이 트랜잭션을 1,000개, 1만 개씩 모아서 결과만 이더리움 블록체인에 저장한다는 것이다.

JP모건은 프로토 댕크샤딩이 성공적으로 진행되면 아비트럼, 옵티미즘(OP) 같은 롤업 방식의 레이어2 솔루션들이 최대 100~1,000배까지 수수료 절감 혜택을 볼 수 있게 될 것으로 전망했다. 이더리움의 성장세에 레이어2, 그중에서도 롤업 프로젝트가 함께할 가능성이 높아진 것이다. 롤업 방식에는 대표적으로 2가지 방식이 있다. '사기 증명 방식'을 사용하는 옵티미스틱 롤업과 '유효성 증명 방식'을 사용하는 ZK롤업이다.

옵티미스틱 롤업은 제출된 상태를 일단 반영한 이후 필요시 사기 증명을 통해 정당하지 않은 상태변화를 잡아내는 방식이다. ZK롤업은 상태를 반영하기 전에 미리 유효성을 검증해서 올바르지 않은 상태를 걸러내는 방식으로 이해하면 된다. 옵티미스틱 롤업은 일단 반영하고 검증하기 때문에 트랜잭션이 최종성을 얻기까지 최대 7일가량 소요된다. 반면 ZK롤업은 거의 즉각적인 최종성을 제공하고 보안과 기술도 더 우수하다. 그럼에도 현재는 옵티미스틱 롤업 방식을 주로 사용하는데 그 이유는 비용도 저렴하고, 가볍고, 단순하기 때문이다. 대표적인 롤업 프로젝트인 아비트럼과 옵티미즘이 옵티미스틱 롤업이다. 하지만 향후에는 ZK롤업이 더욱 주류가 될 것이라는 전망이 나온다. ZK싱크, 스타크넷 등의 프로젝트가 있다.

롤업 분야의 TVL은 아비트럼이 가장 높다. 2위는 기존에는 같은 옵티미스틱 롤업 기반의 옵티미즘이었으나 최근 코인베이스에서 출시한 베이스(Base)와 블래스트(Blast)의 가파른 증가세에 의해 4위로 하락했다. 2위는 블래스트, 3위는 베이스다. 참고로 블래스트는 NFT 거래소 블러(BLUR)의 창립자인 팩맨(Pacman)이 주도하는 프로젝트다. TVL 순위는 앞으로도 큰 변동을 보일 것으로 예상된다.

온체인 분석 플랫폼 듄애널리틱스(Dune Analytics)가 공개한 데이

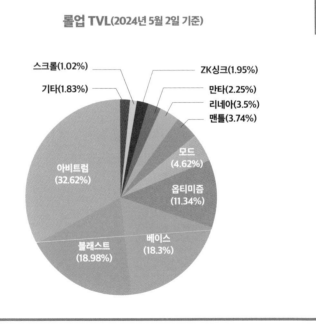

롤업 TVL(2024년 5월 2일 기준)

스크롤(1.02%)
기타(1.83%)
ZK싱크(1.95%)
만타(2.25%)
리네아(3.5%)
맨틀(3.74%)
모드 (4.62%)
옵티미즘 (11.34%)
베이스 (18.3%)
블래스트 (18.98%)
아비트럼 (32.62%)

(출처: DiDefiLlama)

터에 따르면 이더리움 덴쿤 업그레이드 직후 베이스의 일일 거래량은 약 5배 급증했고, 하루 평균 200만 건을 넘겼다. 신규 사용자 수도 32배 급증하면서, 기존 아비트럼과 옵티미즘 중심의 롤업 구도가 달라질 조짐을 보이고 있다.

롤업을 활용한 이더리움의 로드맵은 '블록체인 트릴레마'를 해결하는 데도 가장 적합한 방식으로 평가받는다. 블록체인 트릴레마는 탈중앙화, 보안성, 확장성이라는 세 마리 토끼를 한 번에 잡는 것에 제한이 있다는 딜레마를 뜻한다. 탈중앙화와 보안성을 추구하면 확

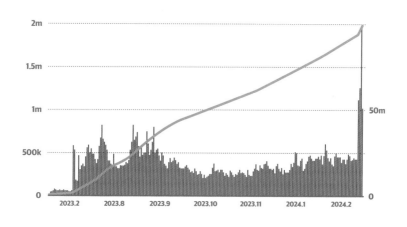

베이스의 일일 트랜잭션 추이(2024년 3월 기준)

● 일일 트랜잭션 | ● 누적 트랜잭션

이더리움 업그레이드 로드맵

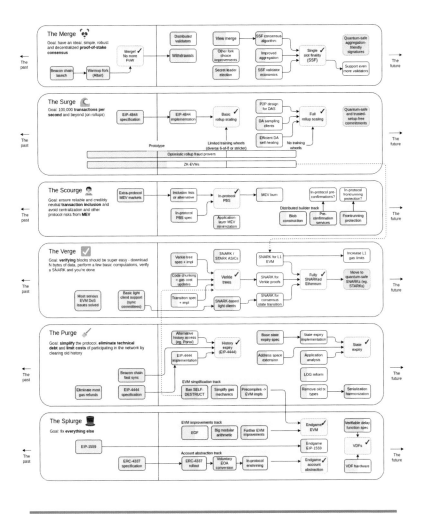

장성이 떨어지는데 이더리움이 이 경우다. 반면에 확장성을 추구하면 탈중앙화와 보안성이 떨어진다. 대표적으로 솔라나를 들 수 있다. 롤업을 활용한 이더리움의 전략은 자체 블록체인의 탈중앙화와 보안성을 해치지 않으면서 확장성을 추구하는 것이다. 참고로 레이어2는 대부분 이더리움 계열이다. 솔라나는 이미 속도가 빨라서 현시점에서는 레이어2가 필요하지 않다. 현재로서는 여기까지 진행되었으며 나머지 업그레이드 과정도 간단하게 살펴보자.

더스쿼지는 믿을 수 있고 중립적인 트랜잭션을 처리할 수 있도록 만드는 과정이다. 더버지는 더 많은 참여자가 검증에 참여할 수 있도록 블록 검증과정을 훨씬 더 쉽게 만드는 업그레이드로, 현재의 머클트리(Merkle Tree) 기반을 버클트리(Verkle Tree)로 바꾸는 과정이다. 더퍼지는 기술 부채의 해결로 프로토콜을 단순화하는 과정이다. 좀 더 쉽게 설명하자면 불필요한 과거 데이터를 제거하는 것이다. 마지막 단계인 더스플러지는 기타 업데이트로 누구나 손쉽게 이더리움을 사용할 수 있도록 사용방식을 단순화하고, 가스 수수료 소각과 계정 추상화 등의 개념을 포함하는 업그레이드다.

솔라나의 부활과 생태계 확장

이더리움과 더불어 플랫폼 암호화폐의 대표주자로 꼽히는 프로젝트는 솔라나다. 솔라나는 FTX 파산 사태 이후 95% 가까운 하락을 경험했지만, 다시 화려하게 반등에 성공했다. 이더리움과 솔라나

두 프로젝트는 방향성에서는 차이가 있지만, 모두 넓은 생태계를 확장하며 유의미한 성장을 이어나가고 있다.

솔라나는 '이더리움 킬러'라는 별칭을 가지고 있다. 업계에서는 솔라나가 이더리움을 능가하지 못할 것이라는 전망이 좀 더 지배적인데, 최근에는 펀더멘털적인 측면에서 이더리움보다 우수한 성과를 내는 것도 사실이다.

2024년 3월 초를 기준으로 솔라나 기반 탈중앙화 거래소의 일일 거래량이 이더리움 체인의 일일 거래량을 넘어섰다. 3월 16일 기준 솔라나의 일간 거래량 금액은 35억 2,000만 달러였는데, 이더리움은 11억 달러 남짓이었다. 일일 활성화 이용자(DAU)의 경우에도 솔라나는 약 100만으로 집계되었는데, 이더리움은 절반인 약 50만에 그쳤다. 마지막으로 일일 트랜잭션에서도 솔라나가 이더리움보다 무려 20배 이상 많았다. 물론 솔라나의 급격한 활성화에는 밈코인의 영향이 크게 작용했다. 하지만 솔라나 생태계의 확장이 심상치 않은 것은 분명한 사실이다. 이제는 이더리움과는 다른 방향성으로 자신만의 색깔을 찾아나가고 있다.

솔라나는 퀄컴(Qualcomm) 출신의 아나톨리 야코벤코(Anatoly Yakovenko)가 개발해서 2020년 3월 출시한 프로젝트다. 이더리움과 비교했을 때 최고의 장점은 확장성과 낮은 수수료다. 솔라나는 이론적으로 초당 6만 5,000건의 거래를 처리할 수 있다. 솔라나는 기본적으로는 지분증명을 기반으로 하지만 여기에 시간이라는 변수를 추가했다. 이를 '역사증명'이라고 한다. 시간을 기록하려면 네트워크가 시간에 대해 동의해야 하는데, 역사증명은 발생한 두 이벤트 사이에 타임스탬프를 찍고 트랜잭션에 추가해서, 각 트랜잭션의 순서를 추적할 수 있다. 검증 차례를 알 수 있도록 하는 것이다. 그러면 다른 검증자의 합의를 기다릴 필요가 없어 네트워크 효율이나 속도가 크게 향상된다. 블록 생성도 빠르지만, 특히 검증시간은 더욱 빠르다. 이는 거래가 적시에 이루어지지 않는 이더리움의 주문순서와 확연히 다르다. 더불어 '스테이트리스(Stateless)'로 불리는 구조를 통해 메모리 소비를 줄인다. 이런 장점들 덕분에 솔라나의 확장성은 매우 뛰어나다.

대신 이더리움보다 탈중앙화가 떨어진다. 비트코인의 작업증명 방식에 비해 이더리움의 지분증명 방식이 더 중앙화되어 있다는 평가를 받는다. 지분증명은 많은 자본을 투입할수록 더 많은 보상을 가져가는 시스템이다. 부자가 더 부자가 되는 시스템이라는 뜻이다. 그런데 솔라나는 이더리움보다 더 중앙화되어 있다. 솔라나는 상위 30명의 검증인이 전체 지분의 35% 이상을 보유하고 있기 때문이다.

솔라나에 대한 우려의 목소리 중 하나가 안정성이다. 솔라나 블록체인 시스템은 빈번하게 중단되었다. 솔라나의 첫 번째 시스템 중단은 2020년 12월 발생했고, 약 5시간 동안 이어졌다. 이후 2021년 9월에는 무려 17시간 가까이 이어졌다. 자본이 움직이는 메인넷에서 이 정도로 오래 가동이 중단되는 것은 사실 심각한 문제다. 2023년에는 한 번 발생했고, 2024년 2월에도 5시간 가까이 중단되었다.

초기의 시스템 중단은 분산서비스 거부, 즉 디도스(DDoS, Distributed Denial of Service) 공격이 원인이었다. 솔라나는 수수료가 저렴하기 때문에 해커의 공격을 더 빈번하게 받을 수 있다. 다행히 악의적인 공격과 시스템 가동 중단에도 불구하고 자금손실은 없었다. 그런데 2022년 이후에는 해커의 공격이 아닌 자체 시스템 문제로 인해 네트워크가 멈추었다.

솔라나 커뮤니티에서는 솔라나 네트워크를 위한 새로운 독립 클라이언트 소프트웨어인 파이어댄서(Firedancer)를 통해 문제를 해결할 수 있을 것으로 기대하고 있다. 2024년 하반기에 예정된 파이어댄서는 현존하는 클라이언트 코드베이스를 완전히 다시 작성하는 업그레이드다. 대표적인 유동성 공급 마켓 메이커인 점프 트레이딩의 주도로 이루어지고 있으며 거래처리, 전파, 합의 형성 등 주요 기

이더리움과 솔라나 시스템 비교

	이더리움	솔라나
블록타임	15초	1초
합의 메커니즘	지분증명	역사증명/위임 지분증명
프로그래밍 언어	솔리디티	러스트, C, C++
장점	· 검증된 네트워크 · 대규모 개발자 커뮤니티 · 거대한 디파이 및 NFT 생태계	· 빠른 트랜잭션 · 낮은 수수료 · 높은 확장성 · 환경에 미치는 영향 적음
단점	· 높은 거래 비용 · 거래속도가 느림 · 새로운 프로그래밍 언어	· 적은 수의 프로젝트 · 중앙 집중식 · 투명성 부족

능 컴포넌트를 하나씩 C언어로 재구축하고 있다.

파이어댄서는 소프트웨어의 병목을 대폭 줄이고 하드웨어(CPU의 코어 수)나 네트워크 환경에 따라 성능을 향상시킬 수 있도록 설계되었다. 초기 데모 테스트에서 파이어댄서는 무려 초당 100만 트랜잭션 이상의 처리능력을 보였다. 전 골드만삭스 임원인 라울 팔(Raoul Pal)은 "파이어댄서가 솔라나의 트랜잭션 속도를 향상시킬 뿐만 아니라 블록체인 전체의 보안도 강화할 것이며 게임 체인저가 될 수 있다"라고 전망했다.

솔라나는 SPL(Solana Program Library)이라는 단일 프로그램으로 토큰을 지원해 왔다. 이는 ERC-20, ERC-721로 대체가능토큰과 대체불가능토큰 표준을 구분해서 지원하는 이더리움과는 반대되는 형태다. 솔라나가 사용해 온 이러한 방식은 개발자들이 인프라를 공유할 수 있어 개발속도의 측면에서 장점이 있다. 하지만 코드를 커스터마이징하기가 어려워, 토큰의 기능을 확장하기 어렵다는 단점이 존재한다. 이에 솔라나는 토큰확장(Token Extensions) 프로그램 출시를 발표했다. 이 프로그램을 통해 개발자들이 자체적으로 토큰 기능을 설계 및 구현할 수 있도록 지원하는 것이 목적이다. 토큰확장은 수익창출을 위한 전송수수료 부과, 메타데이터 관리, 영지식증명을 활용한 기밀 전송, 규제환경에 맞춰 유연하게 커스터마이징 가능한 개발환경 등의 기능을 제공한다. 이를 통해 결제, 스테이블코인, 실물자산(RWA) 등 다양한 산업에서 개발자의 편의성이 증가할 전망이다.

비자, 월드페이(Worldpay), 스트라이프(Stripe), 구글, 쇼피파이(Shopify) 등은 모두 솔라나의 성과가 가진 강점에 주목했다. 솔라나는 2023년에 가장 많이 오른 암호화폐 중 하나로 전 세계 투자자의 관심을 끌고 있다. 재단이 새로 소개한 토큰 익스텐션은 기업의 블록체인 채택 가능성도 확대한다. 솔라나는 적극적으로 생태계를 확장하고 있는데, 4장에서 더 세부적으로 알아보겠다.

기업들이 아발란체와 체인링크를 선호하는 이유

이번에는 실물자산 토큰화 분야의 대표주자로 꼽히는 아발란체와 체인링크를 알아보자. 두 프로젝트는 시가총액 기준 최상위권 프로젝트로 향후 성장성뿐 아니라 안정성도 확보하고 있다.

아발란체는 코넬대 컴퓨터공학과 교수 에민 귄 시어(Emin Gun Sirer)의 주도로 2018년 시작된 레이어1 프로젝트다. 2020년 9월 정식 출시되었다. 에민 귄 시어는 P2P 네트워크 분야에서 꾸준히 경험을 쌓아 온 인물로, 비트코인이 생기기 6년 전인 2003년에 카르마(Karma)라는 작업증명 방식 디지털 화폐를 만들기도 했다. 그는 프로젝트 초기부터 금융에 관심을 두었던 것으로 보이는데, 탈중앙화를 강조하는 퍼블릭 블록체인의 특성상 속도나 편의성 측면에서 실용성이 떨어지는 부분에 주목했다.

아발란체의 가장 큰 특징은 하나의 네트워크 위에서 3개의 각기 다른 블록체인이 호환되어 돌아간다는 것이다. 거래소 체인, 콘트랙트 체인, 플랫폼 체인이다.

- **거래소 체인(X-Chain, Exchange Chain)**: 아발란체 디지털 자산이 생성되고 일반 트랜잭션이 기록되는 블록체인. 지분증명을 사용하며 초당 4,500건의 트랜잭션을 처리한다.
- **콘트랙트 체인(C-Chain, Contract Chain)**: 스마트 콘트랙트 및 댑의 실행이 이뤄지는 블록체인. EVM 호환이 되기 때문에 이더리움 등에서 이미 성공한 댑들이 아발란체로 쉽게 유입될 수 있다.
- **플랫폼 체인(P-Chain)**: 네트워크 검증자를 조정하고, 서브넷을 만들고 관리할 수 있는 블록체인.

일반적으로 널리 알려진 아발란체는 콘트랙트 체인이다. 플랫폼 체인과 거래소 체인은 다른 목적을 위해 특수하게 설계된 체인이라는 점에서 아발란체만의 고유한 차별화 지점이라고 볼 수 있다. 특히 서브넷을 주목해야 한다. 지분증명 기반인 플랫폼 체인에서 서브넷을 생성할 수 있다. 서브넷은 아발란체 블록체인을 사용하지만 운영은 독자적으로 할 수 있는 별도의 소규모 네트워크다. 서브넷은 커스텀 블록체인으로 각 프로젝트가 원하는 블록체인을 쉽게 출시할 수 있는 개념이다. 블록체인 사업을 펼치고 싶은 경우, 직접 메인넷을 구축하는 것보다 아발란체의 서브넷을 이용하면 메인넷 개발에 드는 시간과 비용을 절약할 수 있다. 또한 자신들이 원하는 사업 방향에 맞춰 서브넷을 커스텀할 수 있고, 서브넷을 구성하는 메인 네트워크와도 연결할 수 있는 장점이 있다. 아발란체가 B2B 분야에서 점유율을 확보하고 있는 이유가 바로 여기에 있다. 블록체인을 사용하고 싶어 하는 기업들까지도 고객으로 삼을 수 있다는 것은 분명한 차별점이다. 실제로 JP모건, 시티은행, SK플래닛 등의 글로벌 기업이 아발란체 서브넷을 이용하고 있다.

더불어 아발란체는 솔리디티 언어를 지원하고 현존하는 이더리움가상머신(EVM) 메인넷 중 가장 빠른 메인넷이다. 속도가 빠를 뿐만 아니라 서브넷을 통해 뛰어난 확장성을 보이고 있다. 아발란체는 EVM 체인 중 거래가 완결되는 속도인 파이널리티(Finality)가 가장 빠르다. 파이널리티는 이용자에게 최종적으로 전달되는 거래속도를 의미하는데, 아발란체의 파이널리티는 1초 미만이다. 참고로 이더리움의 파이널리티는 15분이다. 아발란체가 금융서비스에 유리한 측면을 지녔음을 알 수 있는 대목이다.

이번에는 체인링크(LINK)를 한번 알아보자. 체인링크는 세르게이 나자로프(Sergey Nazarov)와 스티브 엘리스(Steve Ellis)가 제작한 탈중앙화 오라클 네트워트다. 2017년 ICO를 통해 출시되었다.

체인링크는 대표적인 탈중앙화 오라클 프로젝트로 해당 분야 점유율 측면에서 압도적이다. 블록체인을 사용해 사업을 하려면 비즈니스에 필요한 마켓 데이터, 각종 계약 데이터 등 외부 웹 데이터를 블록체인 안으로 끌어와야 하는데, 중간에서 이와 같은 역할을 수행하는 것이 오라클이다. 오라클을 통해 블록체인 기술 기반 스마트 계약과 실제 세계 애플리케이션 간의 간극을 메운다.

체인링크가 주목받는 또 다른 이유는 독자적으로 개발한 '크로스체인 상호운용성 프로토콜(CCIP)'에 있다. CCIP를 통해 서로 다른 블록체인을 연결해 가치를 교환하는 블록체인의 인터넷을 가능하게 하는 목표를 지니고 있다. CCIP는 파편화된 블록체인들 간의 통신을 위한 표준 프로토콜로 인터넷의 TCP/IP에 비교된다.

CCIP는 오라클이 단순히 데이터를 전달하는 수준을 넘어, 사용자가 서로 다른 블록체인 간에 토큰이나 메시지 등을 전송할 수 있도록 하는 차별화된 기능을 제공한다. 현재 사용자가 서로 다른 블록체인 간에 암호화폐를 전송하려면 브릿지 등 복잡한 장치가 필요하며 그 과정도 만만치 않다. CCIP는 이 같은 과정을 비교적 손쉽게 처리한다. 섬처럼 따로 존재하는 여러 블록체인 네트워크를 잇는 징검다리 역할을 하는 셈이다.

체인링크의 인프라는 디파이 시장규모와 맞먹는 8조 5,000억 달러, 한화로 약 1경 1,271조 원 규모의 거래를 성사시키기도 했다. CCIP를 통해 디파이와 전통 은행 및 금융을 연결하는 것을 목표로 하고 있다. 체인링크는 디파이 분야에서도 가장 주목 받는 프로젝트로 성장할 가능성이 있으며, 스위프트와 파트너십을 맺어 특화된 블록체인 인프라를 구축하고 있다.

참고로 솔라나 기반에서도 오라클 프로젝트가 주목받고 있다. 피스네트워크(PYTH)가 대표적으로 솔라나의 체인링크으로 불린다.

월드코인은 새로운 패러다임을 제시할까

챗GPT는 AI 대중화의 일등 공신이다. 정보화 사회를 AI 사회로 전환시켰다는 평가를 받고 있다. 2024년 오픈AI(OpenAI)의 CEO 샘 올트먼의 행보로 인해 크게 주목받고 있는 월드코인은 AI 사회가 도래한 이후 발생할 여러 문제들을 해결하기 위해 고안되었다. AI 시대에 가장 문제가 되는 것은 무엇일까? 샘 올트먼은 크게 2가지로 보았다.

첫 번째, 자신이 기계 혹은 로봇이 아니라 인간이라는 것을 증명하는 것이다. 딥페이크(Deepfake)라는 기술이 있다. 인공지능을 이

월드코인 오브

(출처: Worldcoin)

용해서 사람의 얼굴이나 목소리를 합성하는 기술이다. 이런 기술이 점점 정교하게 발달하면 이제 인공지능이 사람 흉내를 똑같이 낼 수 있게 된다. 이에 샘 올트먼은 전 세계인들에게 확실한 디지털 신원 인증 방법이 필요하다고 생각했다.

월드코인은 어떻게 신원을 인증할까? 바로 사람 눈의 홍채를 이용한다. 사람의 홍채에는 저마다 독특한 패턴이 있다. 지문의 특징이 40여 개인 것에 비해, 홍채의 특징은 약 260개나 된다고 한다. 거기다 평생 변형도 거의 일어나지 않아 지문보다 신원인증에 유용하다. 월드코인은 홍채를 인식한 후에 암호화해서 해시값으로 바꾼다. 그리고 이 해시값을 블록체인에 저장하고 홍채 정보는 폐기한다.

월드코인은 암호화폐인 월드코인(WLD), 월드코인을 보관하고 사용자를 인증하는 지갑 월드앱, 홍채 인식을 통해 사용자를 확인하는 오브(Orb)의 3가지로 구성된다. 이 구체 모양의 오브에 눈을 가져다 대면 홍채를 인식하는 원리다.

오브는 세계 곳곳에 설치되어 있다. 한국에도 있다. 처음에는 월드코인 서현점에 있다가 성수 팝업스토어를 거쳐 강남, 을지로 등으로 이동했다. 오브의 정확한 위치는 앱에서 쉽게 확인할 수 있다. 한편, 오브를 이용한 홍채인식과 관련해 개인정보 침해 논란이 일어나고 있으며 스페인, 홍콩 등 홍채 등록이 중단된 국가도 있다. 한국도 오브를 통한 홍채 등록을 일시적으로 중단했다가 재개했다.

샘 올트먼이 본 AI 시대의 두 번째 문제점은 많은 사람들이 AI에게 일자리를 빼앗기고, 소수의 사람들에게 부가 쏠린다는 것이다.

올트먼은 이러한 문제를 해결하기 위해 모든 시민에게 월드코인으로 기본소득을 지급하자고 제안했다. 오브를 통해 홍채를 등록하면 기본소득을 제공받는 방식이다. 굉장히 급진적인 정책이기에 성공 여부에 대해 많은 의구심이 나오고 있다.

핵심은 샘 올트먼이 '암호화폐'를 통해 기본소득을 지급하려 한다는 것이다. 전 세계에서 다 같이 쓸 수 있고, 국경을 자유롭게 넘나들 수 있는 화폐는 결국 블록체인을 기반으로 하는 암호화폐다. 현재 가장 주목받는 AI 분야의 리더가 블록체인과 암호화폐 산업이 미래에 더욱 핵심적인 산업이 될 수밖에 없다는 걸 인정한 셈이다.

월드코인은 AI 테마의 인기와 더불어 사실상 샘 올트먼 효과에 의해서 상승했다고 보아야 한다. 앞서도 말했듯이 샘 올트먼은 오픈AI의 CEO인데 오픈AI를 설립하기 전부터 이미 투자의 대가로 유명한 인물이었다. 그는 와이콤비네이터(YCombinator)라는 미국의 스타트업 액셀러레이터의 CEO였는데 에어비앤비(Airbnb), 스트라이프, 드롭박스(Dropbox), 레딧, 핀터레스트(Pinterest) 같은 기업의 초기 펀딩에 참여해 막대한 수익을 벌어들였고, 이 기업들의 성장에도 기여한 것으로 알려져 있다. 2015년, 〈포브스〉가 선정한 30세 미만의 최고 투자자로 선정되었다. 굉장한 혜안과 선구안을 지닌 사람이다. 챗GPT의 성과도 놀랍다. 출시 두 달 만에 월간 활성 사용자 수 1억 명을 돌파했는데 당시 역사상 최고 신기록이었다. 틱톡(TikTok)이 9개월, 인스타그램(Instagram)이 30개월 걸렸는데 그보다 훨씬 빠른 속도였다. 물론 기록은 이후 스레드(Threads)에 의해서 바뀌긴 했다. 스레드는 일주일도 안 되어서 1억 명을 넘겼다.

샘 올트먼의 행보에 비판의 목소리가 큰 것도 사실이다. 이더리움의 창시자인 비탈릭 부테린은 월드코인의 신원증명 방식이 프라이버시, 접근성, 중앙화, 보안 등 여러 부분에서 리스크를 갖는다고 주장했다. 홍채를 스캔하면 의도한 것보다 더 많은 정보가 유출될 수 있다. 그리고 오브가 올바르게 구성되었는지, 백도어는 없는지 개인이 확인할 방법이 없다. 사실 월드코인 재단이 시스템에 백도어를 삽입해 가짜 인간의 신원을 임의로 만들 수도 있다. 홍채 인식 기구인 오브에 접근하는 것도 쉽지 않다. 그리고 특수한 하드웨어 시스템을 사용하는 경우 중앙집중화 문제가 매우 크다는 단점이 있다. 월드코인은 특히 아프리카 등지에서 홍채 데이터를 주로 수집해 왔는데, 그 과정에서 데이터 착취 논란도 나오고 있다.

물론 새로운 시도는 늘 비판에 직면하기 마련이다. 비트코인을 생각해 봐도 그렇다. 샘 올트먼이 제시한 월드코인은 새롭고 신선한 시도가 분명하다. 새로운 시대를 열 수 있을지 아직은 지켜보아야 하는 부분이 많지만, 만약 각종 논란을 극복할 수 있다면 향후 더욱 주목받는 프로젝트로 발돋움할 가능성이 있다. 스트레스 테스트를 통과하고, 회복 탄력성을 증명하는 것은 암호화폐 프로젝트에서 중요한 항목이다.

새로운 내러티브로 무장한 프로젝트들

이제 또 다른 주요 플랫폼 암호화폐 프로젝트들을 가볍게 살펴보자.

먼저 최초의 모듈러 블록체인인 셀레스티아다. 셀레스티아는 블록체인 네트워크의 4가지 주요 기능인 실행, 처리, 합의, 데이터 가용성(DA)을 각각의 계층으로 분리한 모듈러(Modular) 블록체인의 대표주자다. '모듈러'라는 개념을 최초로 제시했다. 모듈러 블록체인을 통해 단일 블록체인이 모든 것을 수행하는 모놀리틱(Monolithic) 블록체인의 확장성 문제를 해결하고자 만들어졌다.

셀레스티아 네트워크는 롤업과 같은 실행 레이어들의 데이터를 저장하기 위한 합의 및 데이터 가용성 레이어 역할도 수행한다. 개발자들은 셀레스티아가 제공하는 롤킷(Rollkit)을 통해 최소한의 비용으로 누구나 자신만의 롤업을 배포할 수 있다. 셀레스티아는 개발 측면에서 '게임 체인저'로 불리며, 암호화폐 커뮤니티에서도 크게 주목받고 있는 프로젝트다. 대표적인 에어드롭 수혜주로도 꼽힌다.

두 번째는 최초의 병렬 EVM, 세이네트워크(SEI)다. 최초의 병렬 EVM이라는 내러티브를 제시하며 등장한 세이네트워크는 '거래'에 특화된 레이어1 블록체인 프로젝트로 거래 사용자경험 개선을 중요한 포인트로 하고 있다. 세이네트워크는 '탈중앙화된 나스닥'을 표방한다. 주문 체결방식 자체를 블록체인에 구축해 오더북 주문부터 옵션 및 선물에 이르기까지 다양한 유형의 금융상품이 거래 가능한 환경을 제공하겠다는 목표를 가지고 있다. 특히 확장성을 확보하기 위해 초당 블록체인 거래처리 속도를 뜻하는 TPS가 아닌 블록 완결에 걸리는 시간, 즉 거래완결시간(TTF, Time to Finality)을 단축하는 데 초점을 맞췄다. 블록 완결은 거래처리에서 중요하기 때문에 이를 앞당기는 것을 선택했다는 뜻이다. 아발란체와 지향점이 비슷하다. 실제로 세이네트워크의 TTF는 최대 0.39초로 지금까지 빠른 거래처리를 장점으로 내세웠던 다른 레이어1 블록체인 프로젝트 솔라나, 앱토스 등보다 성능이 더 뛰어난 것으로 알려져 있다.

세 번째는 메타의 블록체인 프로젝트인 디엠에서 파생된 앱토스와 수이다. 두 프로젝트는 디엠에서 파생되었다는 측면에서 주목받았다. 둘은 디엠 프로젝트 당시 사용했던 오픈소스 언어 무브(Move)를 사용한다. 전통 블록체인과 달리 앱토스와 수이는 병렬 실행을 채택해 수요와 활용도가 증가함에 따라 네트워크 처리량을 무한대로 확장할 수 있다. 국내 리서치기관인 쟁글에 따르면 두 프로젝트는 합의 알고리즘이나 설계구조 등에서 접근방식과 비전이 다르다. 앱토스가 정석적인 레이어1에 가깝다면, 수이는 자유로운 개발 환경을 갖춘 객체(Object) 중심의 블록체인으로 셀프 브랜딩을 하고 있다.

앱토스는 핫스터프(HotStuff) 알고리즘의 진화형인 블록에스티엠(Block-STM)을 통해 동적으로 종속성을 감지하고 작업을 실행함으로써 병렬 비잔틴 장애 허용 합의 알고리즘을 실현한다. 수이는 병렬화를 위해 실행 계층에서 DAG 기반 멤풀(Mempool)과 터스크(Tusk) 합의 알고리즘을 채택한다. 수이는 무작위 순서를 사용해 상태를 확인해야 할 때만 합의를 실행한다. 개인 간 송금(P2P)과 같은 단순한 거래는 합의 과정을 생략하고, NFT 발행과 같은 복잡한 거래에 대해서는 별개 합의 알고리즘을 사용하는 것이다. 이는 모든 블록체인을 검증하기 전에 거래가 완료될 때까지 기다리는 앱토스와 대조적이다. 수이는 유통 물량과 관련한 논란을 연이어 일으키고 있다. 유통 물량이 언제 풀릴지 불투명한 경우 단기적인 가격 변동성을 유발할 수 있다.

두 프로젝트는 우수한 개발 인력, 풍부한 자원, 뛰어난 기술력을 바탕으로 높은 수준의 보안성, 확장성 그리고 편리성을 갖춘 만큼 시장에서 경쟁력을 지닐 가능성이 있다. 거기에 30억 명의 사용자를 보유한 메타라는 카드까지 있다. 하지만 확장성이라는 측면을 제외하면 아직 다른 레이어1 프로젝트와의 차이가 두드러지지 않는다는 의견도 존재한다. 더불어 크립토 특유의 커뮤니티 기반을 구축하지 못하고 있다는 점도 성장성을 제한하는 요인이라는 의견도 있다.

네 번째는 블록체인의 상호운용성을 진화시킨 옴니체인이다. 하나의 체인이 자체 생태계로만 국한되지 않고 다양한 체인들과 자유롭게 상호작용할 수 있는 능력을 블록체인에서는 상호운용성이라고 부른다. 블록체인은 기본적으로 각각의 독립적인 네트워크다. 많은 프로젝트들이 유동성을 연결하고 상호운용 가능한 생태계를 구성하기 위해 노력해 왔다. 그 결과 다양한 방식의 크로스체인 브릿지가 생겨났고, 다른 체인 간 스마트 콘트랙트를 호출할 수 있는 메시징 기능까지 구현되었다.

하지만 그 과정에서 여러 네트워크에서 서비스를 유지 및 관리해야 하는 복잡성에 직면했다. 이에 따라 특정 체인쌍에 대해 별도의 브릿지를 만들지 않고 범용적으로 작동할 수 있는 옴니체인 개념이 떠오르고 있다. 대표적으로 엑셀러(AXL), 제타체인(ZETA), 레이어제로(ZRO) 등이 있다.

마지막으로 최근 시장에서 주목 받고 있는 레이어1으로 모나드(Monad)와 베라체인(Berachain)을 언급하고자 한다. 모나드는 세이네트워크보다 메인넷 출시가 늦어졌지만, 그보다 먼저 병렬 EVM을 최초로 추진했다. 이더리움의 EVM 호환성을 유지하면서 병렬 처리가 가능한 특징을 가지고 있으며 솔라나, 앱토스, 수이와 같은 다른 고성능 레이어1 블록체인과 경쟁할 예정이다. 그런데 기술적으로 더 우위에 있다는 평가를 받고 있고, 패러다임을 비롯한 여러 VC로부터 투자를 받았다. 베라체인은 블루칩 대체불가능토큰 '봉 베어스(Bong Bears)'에서 시작된 프로젝트다. 2021년 8월 탄생한 봉 베어스는 성공적인 민팅(발행) 이후 다수의 하위 프로젝트를 출시하며 커뮤니티의 크기를 빠르게 키워나갔다. 베라체인이라는 이름도 베어에서 비롯된 것이다. 자신들의 커뮤니티를 'Bear'의 철자 순서를 바꾼 'Bera'로 부르기 시작했고 이는 커뮤니티 내 하나의 밈으로 자리잡았다. 베라체인은 유동성 증명(PoL, Proof of Liquidity)을 통해서 기존의 지분증명의 단점을 극복하는 것을 목표로 하고 있다. 강력한 커뮤니티를 기반으로 하고 있고, 모나드와 마찬가지로 VC로부터 연이은 투자 유치에 성공했다.

알트코인의 흐름을 좌우하는 건 '내러티브'다. 내러티브는 이야기라는 뜻이다. 문학 작품이나 영화의 줄거리, 주제, 작품 의도 등을 의미하는 용어지만, 비즈니스 분야에서는 고객에게 제공하는 가치나 비즈니스 모델, 믿음 체계, 트렌드 등 다양한 의미를 내포하고 있다. 쉽게 말해서 고객을 사로잡을 수 있는 여러 매력 포인트라고도 볼 수 있다. 그런데 이러한 내러티브에 의한 상승은 지속적이지 않을 수 있다. 내러티브는 일종의 약속에 가깝고, 투자자들의 기대감을 불러일으키지만 그 유효기간이 정해져 있다. 실제로 내러티브의 영향을 많이 받는 것은 오래된 프로젝트보다 새롭게 태어난 신형 프로젝트가 주를 이룬다. 대세 상승장 동안 큰 상승을 이루는 프로젝트 역시 내러티브가 풍부한 신규 프로젝트가 더 많다. 다만 장기적, 지속적 성장을 위해서는 펀더멘털을 반드시 갖추어야 한다. 기술이 탄탄하고, 실사용성이 명확하고, 무엇보다 유의미한 성과를 꾸준히 도출해야 한다. 유통물량과 토큰이코노미도 중요하게 보아야 하는 요소다. 따라서 알트코인 투자를 위해서는 내러티브와 펀더멘털 두 가지를 동시에 고려해야 한다. 참고로 펀더멘털은 앞서 설명한 정성적인 평가와 정량적인 평가를 통해 판단할 수 있다.

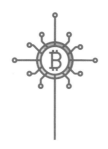

4장

유틸리티 암호화폐와
대세 상승장을 이끌 주요 섹터

유틸리티 암호화폐란 무엇일까

알트코인의 3가지 종류 중 마지막으로 유틸리티 암호화폐를 알아보자. 유틸리티 암호화폐는 플랫폼을 기반으로 탄생하고 서비스되는 탈중앙화앱, 그리고 발행되는 토큰으로 이해하면 된다.

유틸리티 암호화폐에는 크게 3가지 평가기준이 있다. 바로 실용성, 수익구조, 보상체계다.

첫 번째는 실용성이다. 유틸리티 암호화폐는 서비스 개념이기 때문에 저마다 용도와 목적, 기능이 명확하다. 2021년 대세 상승장 당시 큰 인기를 누렸던 디센트럴랜드(MANA)를 예로 들어보자. 디센트럴랜드에서 발행하는 마나 토큰은 메타버스 내 디지털 토지를 구매하는 데 사용된다. 따라서 명확한 사용처, 즉 실용성이 있다. 물론 여기에는 향후 메타버스 부동산의 성장에 대한 기대감이 반영되어 있다.

두 번째는 수익구조다. 이번에도 디센트럴랜드를 예로 들어보자. 이 프로젝트는 NFT를 통해 사용자가 자신의 창작물과 자산을 만들고, 수익을 창출할 수 있는 비즈니스 모델을 만들었다. 메타버스가 떠오르면서 메타버스 내 부동산에 대한 관심이 더욱 커졌고, 이에 서비스 사용자와 토큰 수요가 급증했다. 이는 암호화폐 가격의 상승으로 이어졌다. 토큰의 명확한 수익구조가 존재한다.

세 번째는 보상체계다. 유틸리티 암호화폐는 인센티브 성격을 지니고 있다. 쎄타토큰(THETA)과 쎄타퓨엘(TFUEL) 프로젝트를 예로 들어보자. 쎄타토큰은 콘텐츠 제공자에게 지급하는 토큰이다. 이 토큰을 통해 품질이 높은 콘텐츠를 계속해서 생산하도록 유도한다. 쎄타퓨엘은 여분의 대역폭을 공유하는 사용자에게 제공하는 토큰이다. 사용자가 동영상을 즐기면서 수익을 얻을 수 있도록 한 것이다. 보상이 합리적으로 이루어지면 사용자의 수가 늘어나고, 서비스 품질 향상으로 이어져 궁극적으로는 암호화폐 가격이 상승한다.

플랫폼 암호화폐는 블록체인 생태계를 구축한다는 비슷한 목표를 가지고 있다. 저마다 핵심적인 포인트와 차별화 전략, 즉 누군가는 속도, 누군가는 보안, 누군가는 탈중앙화를 중심에 놓지만, 최종

목적지는 같다. 그런데 유틸리티 암호화폐는 저마다 제공하려는 서비스가 완전히 달라서 분석하기가 매우 어렵다. 그리고 트렌드와 유행에 민감하다. 2018년부터 디파이가 주목받았고, 2021년부터는 NFT가 크게 부각되었다. 이후 게임 관련 P2E(Play To Earn), 특정 활동에 대한 보상과 연계한 X2E(X To Earn)로 확장되었다. 2024년 역시 AI, 디핀, RWA 등 다양한 테마가 등장해서 새로운 트렌드를 이끌 가능성이 높다. 섹터별 분석을 통해 조금 더 세부적으로 알아보자.

빅테크의 아성을 무너뜨리는 디핀

디핀(DePIN)은 'Decentralized Physical Infrastructure Networks'의 약자로, 한국어로 번역하면 탈중앙화된 물리적 인프라 네트워크라고 할 수 있다. 디핀은 토큰을 인센티브로 사용해 개인의 리소스를 공유하도록 지원하는 네트워크다. 개인이 공유할 수 있는 리소스는 스토리지, 통신 트래픽, 클라우드 컴퓨팅, 에너지 등으로 다양하다. 쉽게 정리하면, 디핀은 블록체인 네트워크에 물리적 하드웨어와 소프트웨어 자원을 제공하는 사용자에게 토큰 보상을 제공하는 프로젝트다. 디핀의 토크노믹스와 운영방식은 다음과 같은 4가지 단계의 반복으로 이루어진다.

1. 사용자는 토큰 보상을 받기 위해 인프라를 제공한다.

2. 토큰 보상을 받기 위한 사용자들의 동참으로 서비스의 양이 증가한다.
3. 인프라의 공급량이 증가하면서 이를 사용하고자 하는 사용자와 기업이 더욱 많이 유입된다.
4. 토큰 보상이 더욱 많아진다.

이 과정을 모두 거치면 다시 첫 번째 단계로 돌아가, 사용자는 더 많은 보상을 받기 위해 더욱 많은 인프라를 제공하게 된다. 현재 디핀의 인프라 제공은 매우 중앙화되어 있다. 디핀의 환경을 이해하기 위해 클라우드 서비스를 예로 들어 살펴보자.

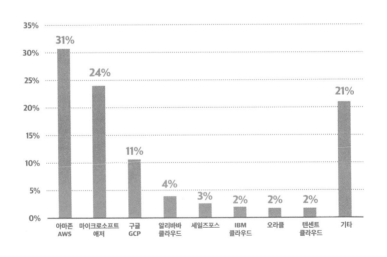

클라우드 서비스 점유율(2023년 4분기)

(출처: Statista)

아마존(Amazon)의 AWS, 마이크로소프트(Microsoft)의 애저(Azure), 구글의 GCP 등의 서비스가 점유율을 삼등분 하고 있다. 이는 시장을 빅테크가 완전히 지배하고 있음을 의미한다. 이 외에 '빅3'보다 상대적으로 적은 지분을 두고 알리바바(Alibaba), 세일즈포스(Salesforce), IBM, 오라클(Oracle), 텐센트 등의 글로벌 기업이 경쟁하고 있다.

디핀은 중앙집중화되어 있는 기업이 인프라를 제공하는 형태를 바꾸려는 시도로 볼 수 있다. 현재와 같은 형태에서는 만약 특정 지역에 있는 기업의 데이터센터에 문제가 생길 시 서비스가 즉각적으로 타격을 입을 수 있다. 운영하기 위한 비용도 비싼 상황이다.

한편, 디핀이 부각되는 분야는 분산형 클라우드 스토리지, 컴퓨팅 자원, 무선센서 네트워크 등이다. 디핀은 엔비디아(Nvidia)를 중심으로 급성장하고 있는 AI 테마와도 밀접한 관계가 있다. 엔비디아가 제공하는 고성능 그래픽 처리장치 GPU 가격이 비싸다는 점에 착안해서 GPU 공유를 시도하는 프로젝트들이 등장하고 있다.

GPU 공유를 시도하는 대표적인 예로는 아카시네트워크(AKT)와 아이오닷넷(IO)을 들 수 있다. 이미지 작업에 필수적이라고 할 수 있는 렌더링(이미지 합성)이 필요한 창작자와 유휴 GPU를 연결하는 렌더네트워크(RNDR)도 크게 주목받고 있다. 이 세 프로젝트는 AI 섹터에서도 중요한 프로젝트로 꼽힌다.

탈중앙화 스토리지 네트워크와 관련해 메사리에서 집계한 자료를 한번 살펴보자. 아마존S3 클라우드 스토리지와 비교한 것인데,

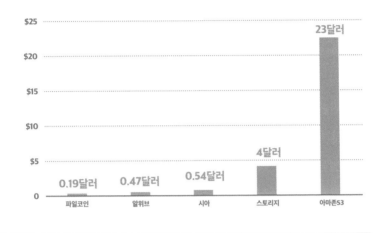

비용 면에서 큰 차이가 난다는 것을 확인할 수 있다. 아마존S3를 이용할 때 23달러의 비용이 발생하는 반면 파일코인을 이용할 경우 0.19달러로 22달러 이상 절약할 수 있다고 메사리 보고서는 주장한다. 알위브(AR), 시아(SC), 스토리지(STORJ)가 각각 0.47달러, 0.54달러, 4달러로 뒤를 잇고 있다. 실제로 탈중앙화 스토리지 네트워크 시장은 꾸준히 성장해 나가고 있다. 특히 파일코인 스토리지 마켓의 활성거래량은 2023년 한 해 동안 414% 증가했다고 한다.

지분증명 기반의 서비스에서 검증인 역할을 하는 밸리데이터들은 본인이 거주하는 공간이나 회사의 로컬 공간에서 서버를 운영하는 것이 아니라 AWS 등의 서비스를 이용하고 있는 실정이다. 편리한 관리, 유지보수 등의 목적 때문이다. 일종의 아이러니다. 탈중앙화를 핵심 가치로 하는 블록체인 및 암호화폐 산업에서 밸리데이터를 운영하지만, 실제로는 중앙화된 서버에서 운영하고 있기 때문이다. 디핀 섹터가 궤도에 오르면 이러한 문제들이 해결될 수 있을 것이다. 아직은 극초기이고 기술력이나 편의성 등 보완해야 할 사항들이 많은 것은 사실이지만 향후 꾸준한 성장이 예상된다.

헬륨(HNT)이나 라이브피어(LPT) 등의 프로젝트도 시장에서 회자되고 있다. 헬륨은 분산형 무선 네트워크를 통해 누구나 암호화폐를 얻을 수 있는 방식으로 무선 연결을 제공한다. 헬륨은 여러 국가에서 IoT 커버리지를 확대하고 있다. 핫스팟이 전 세계적으로 확장됨에 따라 헬륨 네트워크는 급속도로 성장했다. 분산형 무선 인프라 제공자로서의 입지를 공고히 하고 있으며 5G 분야로도 확장했다. 1년 동안 8,000개 이상의 5G CBRS(Citizen Broadband Radio Service)를 배치한 것으로 나오고 있다. 솔라나는 동기화 속도에서도 가장 우위를 점하고 있다. 따라서 디핀은 솔라나 생태계를 중심으로 확장할 가능성이 높다. 알위브, 헬륨, 렌더 등도 솔라나를 기반으로 하고 있다. 라이브피어는 라이브 비디오 기능의 디앱 개발자들에게 확장성과 비용효율성이 뛰어난 비디오 인프라 솔루션을 제공한다. 디핀은 코인베이스, 메사리 등 여러 기관의 전망 보고서에서 비중있게 다뤄지고 있으며, 관련 프로젝트들이 코인베이스 거래소에도 상장되어 있고 향후 상장 예정인 프로젝트도 있다.

디핀과 더불어 디소(DESO) 테마도 시장의 관심을 받고 있다. 디소는 'Decentralized Social'의 약자로 기존의 소셜 미디어 플랫폼 문제를 해결하기 위해 설계된 암호화폐다. 사용자들이 자신의 콘텐츠를 통해 직접 수익을 창출할 수 있는 새로운 소셜 미디어 시장을 만드는 것을 목적으로 한다. 기존 소셜 미디어 플랫폼의 중앙화된 구조를 탈피해 사용자들이 직접 플랫폼을 구성하고 관리할 수 있도록 돕는다. 이를 통해 사용자들은 자신의 데이터를 소유하고 플랫폼의 결정에 참여하게 된다. 무엇보다 함부로 검열할 수 없고, 소유권이 보장된다. 디소 프로젝트는 현재 앤드리슨호로위츠를 포함한 여러 글로벌 VC들로부터 투자를 유치하고 있다.

시장의 패러다임을 바꾸는 AI

AI는 2024년 가장 유망한 트렌드 중 하나다. AI는 비단 암호화폐뿐 아니라 모든 산업을 통틀어서 가장 중요한 섹터로 손꼽히고 있다. AI는 인터넷, 모바일의 진화 다음으로 중요한 기술변화로 인식되고 있다. 그리고 AI와 블록체인 기술은 상호보완이 가능하기 때문에 서로를 기반으로 시간이 지남에 따라 복합적으로 발전할 가능성이 높다.

그렇다면 AI는 왜 블록체인을 필요로 할까?

하나, 우선 블록체인이 AI 데이터의 신뢰 문제를 해결할 수 있기 때문이다. 블록체인은 콘텐츠의 진위를 체인에 고정하고 실제 데이터를 수집하고 공유할 수 있는 인센티브를 구축하는 데 필수적인 프레임워크를 제공한다. 그리고 데이터 저장, 데이터 세트 생성, 컴퓨팅 파워를 포함한 AI 인프라의 탈중앙화를 촉진해 AI의 중앙집중화 위험을 줄여준다.

둘, 대규모언어모델(LLM) 시장의 중앙집중화 위험이 제기되고 있기 때문이다. 자본 집약적인 AI의 특성상 대규모 데이터 시설을 소유한 소수의 빅테크에 권력이 집중될 수 있다. 만약 소수의 승자가 시장을 차지하면 막대한 수수료를 부과할 가능성이 높다. 전 세계적인 GPU의 부족 문제도 중요하다. AI의 모델 학습에 대한 수요 증가, 모델 복잡성 및 각종 요구사항으로 인해 전 세계적으로 그래픽 처리장치 부족 현상이 발생하고 있다. 이에 따라 엔비디아 GPU의 가격도 인상되고 있다. 블록체인은 AI 인프라의 탈중앙화를 촉진하고 대기업의 독점에 대한 대안을 제시할 수 있다.

탈중앙화 AI는 토큰을 통해 플랫폼 인센티브를 사용자와 공유할 수 있다. 이를 통해 개발자는 모델을 훈련하는 데 드는 비용을 절감하고, 컴퓨팅 공급자는 유휴 컴퓨팅 리소스로 수익을 창출할 수 있다. 이는 전 세계적인 GPU 부족 현상을 고려할 때 특히 유용하다. AI 탈중앙화 인프라의 예로는 탈중앙화 스토리지, 컴퓨팅 네트워크, 머신 러닝, 데이터 세트 생성 등이 있다. 바로 앞에서 소개한 렌더 프로젝트를 비롯한 디핀 섹터가 중요한 예다. 아카시네트워크는 사용자가 컴퓨팅 리소스를 안전하고 효율적으로 구매하고 판매할 수 있는 오픈소스 슈퍼클라우드로서 중요한 예라고 볼 수 있다.

그렇다면 반대로 블록체인은 왜 AI를 필요로 할까?

AI는 탈중앙화 네트워크와 애플리케이션을 혁신하고 웹3 기술의 대규모 채택을 촉진할 잠재력을 가지고 있다.

하나, 지능형 스마트 콘트랙트 및 지능형 프로토콜이 필요하기 때문이다. AI 기반 스마트 콘트랙트는 실시간 온체인 데이터를 기반으로 의사결정을 내릴 수 있으며, 더 정확하고 효율적인 의사결정이 가능하다. 합의 메커니즘에 대한 AI 기반 접근법이 꾸준히 연구되고 있으며 합의 메커니즘은 블록체인의 보안과 확장성을 결정한다.

둘, 웹3 보안이 필요하다. AI 기반 웹3 보안 솔루션은 사이버 공격을 탐지하고 블록체인 프로젝트의 보안성을 향상시킨다. 보안 문제는 암호화폐 채택의 결정적인 항목으로, 암호화폐가 널리 채택되기 위해서는 가장 중요한 사항이다. 대출자의 위험성을 평가하기 위해 AI 알고리즘을 활용하거나, 사기 행위에 대한 실시간 모니터링, 트레이딩 전략 및 트레이딩 봇 등에서도 AI를 활용한다.

이 외에도 예측 분석, AI 기반 포트폴리오 관리 및 자동화된 자산 리밸런싱, AI 지원 결제 인프라, 영지식머신러닝(ZKML) 기반 솔루션 등도 중요하다. 향후 블록체인과 AI의 협업으로 이루어나갈 방향성은 무궁무진하다. 글로벌 기업들은 압도적으로 블록체인과 AI를 상호 보완적인 기술로 보고 있다.

하지만 아직까지는 실험 단계다. 뚜렷한 성과를 내고 있다기보다는 미래에 대한 기대감이 충분히 선반영된 상태라고 볼 수 있다. 따라서 단기적으로는 어떤 AI 프로젝트에 투자하더라도 가격 상승을 기대할 수 있겠지만, 장기적인 관점에서는 옥석을 가려야 한다.

그러면 대표적인 AI 프로젝트에는 어떤 것이 있는지 정리해 보자. 코인게코나 코인마켓캡의 AI 카테고리를 살펴보면 아래 사진에서처럼 여러 프로젝트를 확인할 수 있다.

AI 프로젝트를 몇 가지 분류로 나누어서 살펴보자. AI 프로젝트는 크게 AI 인프라스트럭처 및 리소스(Infrastructure and Resources)와 AI 애플리케이션(Application) 2가지로 구분할 수 있다. 전자는 인공지능이 잘 훈련할 수 있도록 도움을 주는 역할을 한다. 즉 머신러닝에 데이터와 각종 유휴 리소스 등을 제공할 수 있는 프로젝트다. 후자는 서비스의 개념으로 볼 수 있다. 둘 중에서 더욱 주목해야 하는 건 단연 전자다.

AI 관련 코인

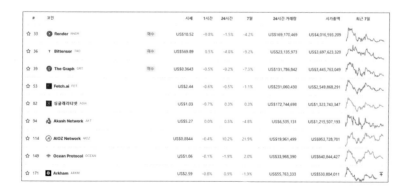

(출처: CoinGecko)

인프라스트럭처 및 리소스를 세부적으로 다시 분류하면 컴퓨팅 자원의 제공(Compute)과 데이터 소유권 및 모델 훈련(Model and Data), 미들웨어 및 툴(Middleware and Tools)로 구분할 수 있다. 참고로 미들웨어는 서로 다른 애플리케이션이 서로 통신하는 데 사용되는 소프트웨어다.

컴퓨팅 자원의 제공 측면에서는 GPU 공유를 주요하게 보아야 한다. 앞서 상세하게 설명했기 때문에 몇 가지 프로젝트만 언급하겠다. 아카시 네트워크, 렌더 네트워크, 아이오닷넷 등이 대표적이고, 이 외에도 해당 분야에는 시장에서 회자되는 여러 프로젝트가 포진하고 있다. 아이오즈 네트워크(AIOZ), 골렘(GLM), 젠신(Gensyn), 노사나(Nosana) 등의 프로젝트가 해당된다. 데이터 소유권 및 모델 훈련 분야에는 대표적으로 비텐서, 싱귤래리티넷(AGIX), 오션프로토콜(OCEAN), 마이쉘(Myshell) 등의 프로젝트가 주목받고 있다. 미들웨어 및 툴 분야에서는 페치AI(FET)와 리추얼(Ritual) 등의 프로젝트를 눈여겨볼 필요가 있다. 참고로 AI 관련 프로젝트들이 서로 협업하거나 병합하려는 움직임도 보이고 있다. 페치AI, 싱귤래리티넷, 오션프로토콜의 토큰이 아티피셜 슈퍼인텔리전스(ASI, Artificial Superintelligence)라는 하나의 토큰으로 통합했다.

두 번째 대분류인 AI 애플리케이션 분야에서도 다양한 서비스가 태어나고 있다. 챗봇, 디파이, AI에이전트, 애널리스틱스 분야를 예로 들 수 있다. 국내에서 널리 알려진 델리시움이 대표적으로 AI 에이전트 프로젝트에 해당한다. AI 에이전트는 일종의 AI 비서를 만

268

드는 프로젝트라고 볼 수 있다. 애널리스틱스(데이터 수집 및 분석) 분야에서는 대표적으로 아캄(ARKM)을 들 수 있다.

엄밀하게는 AI 섹터로만 분류하기 어렵지만, 관련한 테마를 획득하고 있는 프로젝트도 있다. 대표적으로 월드코인, 니어프로토콜(NEAR Protocol), 더그래프(GRT) 등의 프로젝트를 들 수 있다. 엔비디아의 'GTC 2024' 행사에서 여러 암호화폐 프로젝트의 리더가 초대되었는데 그중에는 렌더와 니어프로토콜의 창립자도 있었다. 해당호재로 인해서 다른 AI 프로젝트보다 상대적으로 가격이 더 상승했다. 앞으로 AI 섹터의 미래가 유망한 만큼 장기적으로 지켜보아야한다.

새로운 변화를 시작하는 온체인 게임 그리고 NFT

지난 대세 상승장 당시 'P2E'로 불리는 새로운 게임 모델이 시장의 큰 관심을 받았다. P2E, 즉 'Play To Earn'은 게임 내 자산을 실제가치가 있는 자산으로 변환할 수 있는 게임경제를 의미한다. 블록체인 기술을 활용하는 P2E 게임은 토큰과 NFT를 통해 게임 내 자산을 실제 가치를 지닌 자산으로 변환할 수 있는 시스템을 제공한다. P2E 게임은 NFT를 통해 게임 내 자산의 소유권을 게임사가 아닌 사용자에게 부여하기 때문에 사용자 간의 자유로운 거래를 가능하게한다. 더불어 블록체인의 핵심적인 가치인 '무신뢰성'을 기반으로하기 때문에 거래 당사자 간의 상호신뢰가 필요 없는 안전하고 투명한 거래 환경을 제공한다.

P2E 게임의 열풍을 몰고 온 대표적인 사례는 엑시인피니티(AXS)다. 엑시인피니티는 게임을 통해 획득한 토큰과 NFT를 판매하고 손쉽게 현금화할 수 있는 생태계를 가장 성공적으로 구축했다. 특히 코로나19 이슈와 더불어서 필리핀 등 동남아 지역에서 많은 인기를 얻었다. 그런데 P2E 게임은 게임 산업에 새로운 카테고리를 만드는 데 성공했지만, 대중의 관심은 오래가지 못했다. 일반적인 모바일 게임의 수명은 2년에서 3년 남짓이라고 한다. 엑시인피니티의 경우는 7개월 남짓에 불과했다. 엑시인피니티의 지속력이 이토록 짧았던 원인은 무엇일까?

첫째, 토큰 이코노미가 지속가능하지 못했기 때문이다. P2E 게임을 하다 보면, 게임 내 자산을 외부로 유출하는 과정에서 토큰의 인플레이션 문제를 마주하게 된다. 대부분의 P2E 게임은 사용자 수가 증가함에 따라 보상도 증가하는 단순한 구조를 채택한다. 보상으로 받은 토큰은 캐릭터의 업그레이드나 신규 캐릭터 생성, 아이템 획득 등에 사용된다. 이러한 토큰의 사용성은 수요를 야기하지만 같은 패턴이 지속적으로 반복될수록 더 많은 토큰 보상을 불러오게 된다. 결과적으로 사용자의 수와 게임 플레이 시간이 증가할수록 토큰의 인플레이션율은 기하급수적으로 증가한다.

둘째, 게임의 본질인 재미가 없었기 때문이다. 게임이 주는 재미는 떨어지고 경제적 보상이 주가 되면 지속성을 유지할 수 없다. 게임 업계에서 P2E 게임에 대한 부정적인 인식이 자리 잡은 이유가 바로 여기에 있다. 암호화폐 시장에서 가장 유망한 벤처캐피털인 a16z는 2024년 내놓은 블록체인 시장 전망에서, 웹3 게임 테마를 P2E에서 '플레이 앤 언(Play and Earn)'으로 옮기자고 제안했다.

이는 블록체인 기반의 게임들이 지금까지는 돈을 벌어들이기 위한 수단에 불과했다면, 이제는 진정한 게임의 역할을 할 것으로 기대한다는 의미다. 현재 온체인 게임 개발자들은 '수익 창출'보다는 '재미'에 초점을 맞춰 부정적 인식을 줄이기 위해 노력하고 있다. 최근 출시된 픽셀(Pixel)과 패러렐(Parallel) 같은 게임들은 P2E 게임이 재미가 없다는 기존의 인식을 일정 부분 바꾸는 데 성공했다는 평가도 받고 있다.

그렇다면 게임 섹터에 투자하기 위해서는 어떤 것에 주목해야 할까? 장기적인 관점으로 온체인 게임 시장을 바라본다면 플랫폼을 주목해야 한다. 대표적으로 이뮤터블엑스(IMX)와 빔(BEAM) 등의 프로젝트를 들 수 있다. 엑시인피니티와 픽셀을 출시한 스카이마비스 (Sky Mavis)가 운영하는 로닌(RON) 프로젝트도 주목할 필요가 있다.

특정 게임의 경우 대세 상승장에서 유의미한 성과를 보여줄 수 있지만, 장기적인 투자 관점에서는 인프라에 더 비중 있게 투자해야 한다. 특정 서비스는 단기간에 크게 주목받을 수 있지만 생명 주기는 짧다. 반면에 플랫폼의 경우 성장 곡선은 완만해도, 새로운 게임과 서비스가 꾸준히 탄생하기 때문에 지속적인 성장이 가능하다. a16z, DWF랩스 등 많은 기관들이 온체인 게임을 주목하고 있다.

국내 기업의 온체인 게임화도 지켜보아야 한다. 게임 업계 1위

넥슨(Nexon)이 2023년 말, '넥슨블록'을 통해 블록체인 분야 신사업 투자를 재시작했다. 넥슨블록의 투자에 힘입어 인기 게임 '메이플스토리'의 지식재산(IP)과 블록체인 기술을 융합한 NFT 생태계 조성 움직임이 더욱 활발해질 전망이다. 메이플스토리 유니버스는 넥슨의 메이플스토리 게임 내 캐릭터나 아이템을 소재로 삼은 NFT를 발행하고, 이용자가 이를 자유롭게 유통하는 환경을 제공하는 생태계다. 물론 메이플스토리 IP를 소유한 넥슨에 NFT 발행과 거래를 위한 주요 권리가 종속된 폐쇄적 생태계가 될 가능성이 있다. 넥슨은 다른 NFT 프로젝트와의 연동을 지원하고 글로벌 블록체인 커뮤니티의 일원이 되겠다는 목표를 세우고 있다.

참고로 국내의 경우 P2E 게임의 유통이 불가능한데 게임산업법이 게임 내 NFT가 개인 소유자산이 되는 것을 법률상 금지된 '경품'으로 판단하여 규제하고 있기 때문이다. 국내 게임 업계는 정부의 규제를 피해 해외 P2E 게임 시장으로 눈길을 돌리고 있다. 한국과 중국을 제외한 대부분의 국가들은 P2E 게임을 규제하지 않아 시장 진출 가능성이 열려 있다. 블록체인 기술을 결합한 게임 산업은 미래 유망한 분야로 떠오르고 있지만 정부의 방침으로 세계적인 흐름에서 뒤처질 것이라는 우려가 나오고 있다. 결국 정부의 P2E 규제는 산업 경쟁력 약화와 더불어 국부와 고급 인력의 해외 유출을 불러올 수 있다. 게임 업계는 정부가 세계적인 흐름을 읽지 못한다고 지적한다. P2E 게임 시장을 무작정 규제하기보다는 경쟁력을 확보하고 성장할 수 있는 방안을 아울러 검토해야 할 것이다.

금융 생태계를 혁신하는 디파이

디파이는 'Decentralized Finance'의 약자로 우리말로는 '탈중앙화 금융'이며 블록체인 기반의 P2P 금융서비스다. 인터넷을 사용할 수 있는 모든 사람에게 열려 있는 금융서비스인데 정부나 기업 등 중앙기관 통제 없이 인터넷 연결만 가능하면 블록체인 기술로 다양한 금융서비스를 제공할 수 있어 금융 포용성을 높일 수 있다.

디파이는 블록체인 생태계에서 가장 많은 자본이 모이는 분야이자, 가장 활동적인 부문 중 하나다. 블록체인을 통해 기존의 은행 및 대출 방식을 혁신하는 것을 목표로 빠르게 성장하고 있다. 큰 자본이 움직이는 만큼 기관의 입장에서도 선호하는 분야다. 각종 전문기관의 2024년 전망 리포트도 디파이가 다시 부상할 것으로 예상하고 있다. 2022년 중앙화금융서비스(Ce-Fi, 시파이)의 경우 여러 문제가 드러났지만, 디파이는 상대적으로 훨씬 잘 작동했다. 이제는 전통적인 금융과 디파이가 서로 미러링되면서 결합하는 움직임을 보이고 있는데, 이는 디파이에 새로운 트렌드가 계속해서 생겨날 수 있다는 뜻이다. 디파이 섹터에 투자하고자 할 때 주목해야 할 것들을 하나씩 알아보자.

하나, **탈중앙화 거래소**다. 탈중앙화 거래소는 앞으로도 꾸준히 주목해야 한다. 이더리움의 대표적인 탈중앙화 거래소 유니스왑(Uniswap)은 거버넌스 시스템 업그레이드를 통해 보유한 유니(UNI)를 스테이킹하고 보상으로 유니스왑의 수익을 분배받을 수 있게 되었다. 수수료 분배정책을 개정하면서 디파이 상승의 신호탄을 쏘아 올렸다. 유니스왑은 이더리움 탈중앙화 거래소 중에서 향후 더욱 압도적인 점유율을 가지고 갈 가능성이 높다. 앞으로도 새로운 탈중앙화 거래소가 연이어 등장하겠지만, 확고한 차별점이 없이는 이더리움과 롤업에서 유니스왑보다 지배적인 점유율을 기록하기가 쉽지 않을 것이다. 유니스왑 V3는 아비트럼, 옵티미즘, 베이스, 폴리곤 등에서 모두 거래량 1위를 차지하고 있다. 2024년, V4 업그레이드가 완료되면 점유율을 더욱 높일 수 있다. 다른 체인에서도 탈중앙화 거래소는 가장 주목받는 분야다. 솔라나의 오르카(Orca), 바이낸스 체인의 팬케이크스왑(PancakeSwap), 아발란체의 트레이더조(Trader Joe), 코스모스의 오스모시스(Osmosis) 등을 들 수 있다.

둘, 전통적인 디파이 대출시장도 여전히 주목해야 한다. 투명하면서 세계로 확장되기 쉬워서 중앙화 금융대출 서비스보다 더욱 안전하다는 평가를 받고 있다. 에이브, 메이커, 컴파운드 등의 프로젝트는 앞으로도 기관의 꾸준한 관심을 받을 가능성이 있다.

셋, 유동성스테이킹토큰(LST)이다. LST는 스테이킹한 자산의 유동성을 제공하는 토큰이다. 일반적으로 스테이킹은 자산을 잠가 보상을 얻는 방식이지만, LST는 스테이킹하면서도 DEX에서 자유롭게 거래할 수 있는 유동성을 제공한다. 유동성 스테이킹 파생상품 분야에서는 리도 파이낸스(Lido Finance)가 가장 큰 TVL을 확보하고 있다. 이 외에도 이더리움 스테이킹 프로토콜로는 로켓풀(Rocket Pool) 등이 있다. LST 분야는 레이어1 보안을 지원하는 산업이라고 볼 수 있다.

넷, **리스테이킹**이다. 리스테이킹은 스테이킹 보상을 다시 스테이킹해 더욱 많은 보상을 얻는 방식이다. 더불어 이더리움 네트워크의 보안 강화를 목적으로 한다는 내러티브를 제시한다. 가장 주목받는 프로젝트는 아이겐레이어로 리스테이킹 개념을 최초로 제안한 프로젝트다. 쉽게 말해서 예치를 통해 받은 리도스테이킹이더(stETH)를 다시 한번 더 예치한다는 것으로, 많은 투자자의 기대감에 힘입어 TVL이 급상승했다. 파생상품을 다시 파생상품화하는 것이기 때문에 거품이 생길 수 있다는 의견과 향후 89조 원에 달하는 규모로 성장할 것이라는 의견으로 나뉜다.

다섯, 토큰의 유동성과 기회를 더 많이 확보하기 위해 **유동성리스테이킹토큰(LRT)**도 주목받고 있다. LRT 전쟁의 최고 수혜자로 펜들(Pendle)이라는 프로젝트가 부각되고 있다. 바이낸스랩스(Binance Labs)와 이더리움 재단의 지원을 받는 퍼퍼파이낸스(Puffer Finance)는 펜들이 TVL 및 거래량을 높일 것으로 예측했다. 비트멕스의 공동창업자이자 시장에서 큰 영향력을 발휘하고 있는 아서 헤이스(Arthur Hayes)는 펜들을 사들이고 있다고 포스팅한 바 있다. 펜들 파이낸스는 토큰의 원금(Principle Token)과 수익률(Yield Token)을 분리하여 다양한 거래 전략을 가능하게 하는 기능을 제공한다.

여섯, 2024년 디파이에서 가장 주목해야 할 섹터로 **퍼프덱스(Perp DEX)**를 꼽을 수 있다. 퍼프덱스는 기존 DEX의 한계를 극복하기 위해 등장한 새로운 거래소다. 만기일이 없는 선물계약인 영구계약을 지원한다. 투자자는 레버리지를 적용해 자산가격 변동에 베팅할 수 있다. 2023년 덱스 현물거래량은 평균적으로 중앙화거래소의 15%를 차지했고, 유니스왑이 선두를 유지했다. 선물과 무기한 선물의 경우 dYdX가 70% 이상의 시장 점유율로 1위였다. 이 외에도 버텍스(VRTX)나 솔라나 생태계의 드리프트(DRIFT), 주피터(JUP) 등의 프로젝트가 있다. 신세틱스(SNX)의 경우 안드로메다 릴리즈 교차마진 기능 도입과 여러 새로운 담보 유형 지원, 다양한 거래 개선, SNX 토큰의 수수료 분배방식에 대한 변경 등으로 시장의 주목을 받고 있다.

일곱, 마지막은 애그리게이터다. 애그리게이터는 3가지 측면으로 이루어져 있다. 먼저 간편성이다. 사용자들은 여러 디파이 프로

퍼프덱스 분류

(출처: Messari Crypto Theses for 2024)

토콜을 직접 연결하지 않고도 디파이 애그리게이터 하나의 플랫폼에서 다양한 디파이 서비스를 이용할 수 있다.

두 번째는 효율성이다. 디파이 애그리게이터는 사용자들이 최적의 거래 경로를 찾고, 수익률을 최적화하고, 자산을 효율적으로 관리할 수 있도록 도와준다.

세 번째는 접근성이다. 디파이 애그리게이터는 사용자들이 다양한 디파이 프로토콜에 대한 정보를 쉽게 얻을 수 있도록 도와준다.

메사리는 제로엑스(ZRX)와 CFTC 기소에 대한 합의를 마친 1인치 네트워크, 솔라나의 덱스 애그리게이터인 주피터를 주목하고 있다.

거대한 기관 자금이 유입되는 RWA

RWA는 실물자산을 의미하는 'Real World Assets'의 약자로 현실세계의 모든 자산을 토큰화해 블록체인에서 거래할 수 있도록 하는 것을 의미한다. 토큰증권 STO와 비슷하지만 증권뿐 아니라 실제 자산을 토큰화한다는 점에서 더 넓은 범주다. RWA는 부동산과 미술품, 국채, 저작권 등 접근성이 낮은 유무형의 현실의 자산을 포괄한다.

RWA는 전통적인 금융과 밀접하게 연관되어 있다. 2024년 암호화폐 시장에서 금융기관 주도로 기관자금이 유입된다면 RWA 섹터가 가장 큰 힘을 얻을 가능성이 있다는 것이 시장의 지배적인 예측이다. 블랙록, 프랭클린템플턴, 위즈덤트리(WisdomTree) 등 대형 자산운용사가 이미 RWA 시장에 진출해서 서비스를 진행 중이다. 프랭클린템플턴은 미국 국채 토큰을 3억 달러, 한화 돈 약 4,000억 원 규모로 운용 중이라고 공식 발표한 바 있다. 비트코인 현물 ETF 승인을 주도한 블랙록도 RWA 홍보에 여념이 없다. 래리 핑크 블랙록 회장은 직접 나서서 "자산 토큰화가 금융시장의 미래"라고 표현하기까지 했다. 비트코인 현물 ETF가 승인될 당시에는 "다음 단계는 금융자산의 토큰화다. 이를 통해 채권, 주식시장의 불법을 해결할 것"이라고 발언한 바 있다. 2024년 3월, 블랙록은 SEC에 '블랙록 USD 기관 디지털 유동성 기금' 펀드 출시를 신청했다. 펀드는 BUIDL이라는 ERC-20 토큰을 통해 이더리움 블록체인에서 토큰화되었다. 블랙록의 첫 RWA 펀드가 출시된 것이다. 앞으로 월가의 자본은 RWA를 주목할 가능성이 높다. RWA는 어떤 이점을 지니고 있을까?

하나, RWA를 통해 블록체인을 더 다양하게 활용할 수 있다. 무엇보다 디파이와 동반 성장이 가능하다. 토큰화된 자산을 디파이에서 활용할 수 있어서 담보물로서 가치를 지니게 되고 참여자들이 더욱 쉬운 대출과정을 경험할 수 있게 된다. 그런데 중요한 것은 대출을 넘어서 토큰화된 자산의 활용도가 더욱 증가될 것으로 예상된다는 것이다. 이는 새로운 상품의 활용성으로 확대된다.

둘, 토큰화를 통해 투자자들은 이전에 투자하기 어려웠던 규모가 큰 자산에 대한 소액투자가 가능해졌다. 대표적으로 부동산 투자는 큰 자본이 필요하지만, '조각투자'를 통해 자본금이 부족한 사람들도 투자에 참여할 수 있게 됐다. 기관투자자의 전유물이었던 사모펀드 지분투자도 가능해졌다. 음악 저작권 및 미술품과 같은 분야에도 영향을 미치며 현재 다양한 자산으로 확대되고 있다.

셋, 유동성이 높아진다. 암호화폐 시장은 지역과 시간이 국한되지 않아 언제, 어디에서나 투자자들이 접근 가능한 특성이 있다.

넷, 금융의 포용성이 증가한다. 금융에서 소외된 국가를 비롯해 저소득층에게 금융서비스를 제공하고, 신용과 자본을 자유롭게 거래할 수 있는 기회를 제공함으로써 포용성을 증진할 수 있다. 이는 사회적으로 공정하고 포용적인 금융 시스템을 구축하는 데 기여할 수 있다.

RWA 프로젝트에는 어떤 것들이 있을까? 코인게코에서 RWA 섹터를 검색하면 다음과 같은 프로젝트가 나온다.

대표적으로 온도파이낸스(ONDO), 만트라(OM), 센트리퓨즈(CFG),

상위 8개 RWA 섹터 코인(2024년 4월 초 기준)

#	코인	시세	1시간	24시간	7일	24시간 거래량	시가총액	최근 7일
☆ 106	Ondo ONDO	US$0.702	-0.1%	-1.8%	36.5%	US$265,095,477	US$1,016,697,884	
☆ 178	MANTRA OM	US$0.6026	-4.4%	-0.1%	44.5%	US$61,045,988	US$489,055,582	
☆ 179	Polymesh POLYX	US$0.4687	-1.6%	16.7%	87.4%	US$328,643,112	US$485,963,810	
☆ 195	Centrifuge CFG	US$0.8869	0.7%	-10.5%	31.3%	US$7,055,782	US$431,132,685	
☆ 234	Pendle PENDLE	US$3.43	-0.4%	6.2%	22.3%	US$121,061,318	US$332,604,503	
☆ 263	Creditcoin CTC	US$0.8815	-2.1%	1.9%	0.9%	US$16,079,040	US$282,538,555	
☆ 328	LCX LCX	US$0.252	0.6%	6.4%	-5.6%	US$3,498,128	US$195,278,605	

(출처: CoinGecko)

폴리메쉬(POLYX) 등의 코인이 있다. 블랙록의 비들 프로젝트 발표 이후 RWA 코인의 가격이 급등했다. 온도 파이낸스는 블랙록, JP모건 등 미국 금융기관과 파트너십을 맺고 파운더즈펀드(Founders Fund), 판테라캐피털, 코인베이스벤처스 등으로부터 투자를 받으며 RWA 대표 프로젝트로 주목받고 있다.

체인링크, 아발란체, 메이커 등의 프로젝트도 RWA 관련 테마로 분류된다. 이들 프로젝트는 RWA를 위한 목적으로 탄생하지는 않았지만, 특성상 RWA와 부합하는 측면이 있다. 체인링크는 RWA의 핵심인 오라클과 크로스체인 상호운용성 프로토콜 기술에서 독보적인 위상을 점했다는 평가를 받고 있다. 스위프트는 '블록체인 연결: 토큰화된 자산의 파편화 극복'이란 보고서에서 "토큰화된 자산을 지원하는 기관은 체인링크의 CCIP를 통해 운영 비용과 과제를 대거 줄일 수 있다"라고 평가했다. 같은 맥락에서 플랫폼 암호화폐인 아발란체도 RWA 수혜주로 주목받고 있다. 여러 금융기관이 자체 프라이빗 블록체인을 구축할 때 주로 활용되기 때문이다. 메이커의 경우 RWA 금고 가치가 약 30억 달러로 프로토콜 자산의 55%를 차지한다. RWA 보유량을 늘리면서 메이커의 수익은 크게 향상되고 있다. RWA 섹터는 현재 극초기 상태다. 2030년까지 현재보다 5만% 이상 성장해 규모가 16조 달러, 한화로 2경 1,400조 원에 이를 것이라는 예측이 나올 만큼 성장 잠재력이 매우 큰 분야다.

비트코인 생태계와 솔라나 생태계의 확장

지금까지 이더리움이 가장 강력한 블록체인 생태계를 형성해 왔다고 한다면, 현재는 비트코인과 솔라나 생태계가 시장의 주목을 받고 있는 상황이다. 먼저 비트코인 생태계부터 살펴보자. 앞서 오디널스프로토콜과 BRC-20, 룬프로토콜 표준에 관해 알아보았다. 비트코인의 경우 탭루트 업그레이드를 통해 이러한 혁신적인 기술이 도입되었고, 네트워크 활동이 급증했다. 특히 오디널스프로토콜은 비트코인 블록체인에 텍스트, 이미지, 오디오, 비디오 등이 저장되는 방식을 혁신적으로 바꾸었다. 이더리움처럼 생태계 구성이 가능하고, 토큰을 발행할 수 있도록 만든 것이다. 이를 통해 비트코인 생태계에서 수많은 토큰과 NFT가 발행될 수 있는 구조가 만들어졌다. 이는 비트코인 네트워크의 수수료 상승과 더불어 다양한 가능성의 탄생을 의미한다. 룬프로토콜에서 발행되는 토큰 중에서 가치 있는 프로젝트를 발굴하는 것이 향후 투자의 주요 측면이라고 할 수 있다. 물론 비트코인 네트워크는 확장성이 가장 떨어지고 스마트 콘트랙트 기능이 없기 때문에 큰 경쟁력을 가지기 어렵다는 비판도 있다. 하지만 비트코인의 강력한 보안성 및 막대한 자산을 활용할 경우 이더리움보다 더 큰 잠재력이 있다는 의견도 존재한다.

그 근거로 먼저 오디널스의 영향으로 비트코인 네트워크의 유틸리티가 다양해지고, 네트워크가 붐비면서 비트코인 레이어2 수요가 급증하고 있다는 점을 들 수 있다. 현재 비트코인 레이어2는 결제에 특화된 라이트닝네트워크와 스마트 콘트랙트를 가능하게 하는 스택스(STX)가 대표적이다. 비트코인은 탈중앙화와 보안성이 가장 높은 블록체인이다. 하지만 확장성이 부족하고 스마트 콘트랙트가 존재하지 않는다. 이런 측면 때문에 여러 플랫폼에서 비트코인을 자산으로 활용하려는 다양한 시도가 있었다. 대표적으로 Wrapped BTC(wBTC)를 예로 들 수 있다. wBTC는 중앙화된 기관이 비트코인을 보유하고, 여기에 페깅을 통해 발행되고 있다. 상황이 이렇다 보니 중개자 이슈, 수수료 이슈, 디페깅 이슈 등 여러 위험성이 존재한다. 스택스는 이에 대한 해결책으로 등장했다. 비트코인 레이어를 사용하는 데 레이어의 수정 없이 기능과 성능을 확장하도록 한 것이다. 비트코인의 탈중앙화와 보안성을 활용하면서 확장성까지 늘린다는 전략이다. 스택스는 스마트 콘트랙트를 구축하고 있기 때문에 디앱을 구동하고 토큰을 발행할 수 있다. 즉 디파이, NFT 등을 비트코인 네트워크 위에서 구현할 수 있게 해준다.

스택스는 비트코인의 호재를 가장 직접적으로 누릴 수 있는 프로젝트라는 평가를 받는다. 비트코인 네트워크 수수료 매출이 증가하면 비트코인 레이어2의 중요성이 더욱 부각될 가능성이 있기 때문이다. 나카모토 릴리즈 업그레이드도 중요한 호재로 작용할 수 있다. 스택스의 확장성과 성능이 크게 향상될 가능성이 있기 때문이다. 앞서 wBTC를 설명했는데, 스택스는 sBTC를 발행한다. sBTC는 wBTC와 달리 중앙화 이슈를 해결하고 있다. 이 외에도 리퀴드(Liquid), RSK 등의 프로젝트가 수년간 개발 및 운영을 이어가고 있다. 비트코인 레이어2의 주된 관심사는 결제기능 개선이었지만, 최근에는 스마트 콘트랙트를 비롯한 애플리케이션 개발 지원에 초점을 맞춘 프로젝트가 더 많이 등장하고 있다.

비트코인 금융생태계 확장에 대한 기대감도 존재한다. 비트코인 네트워크가 이더리움 플랫폼과 마찬가지로 다양한 유틸리티를 제공하는 네트워크로 성장하고 있다고 보는 것이다. 대표적으로는 알렉스(ALEX)를 들 수 있다. 알렉스는 해킹 이슈로 인해서 국내 거래소에서 유의종목으로 지정된 바 있다. 성공한 비즈니스 모델을 활용하고 있으며, 비트코인 기반의 예금 및 대출 서비스를 포함한 다양한 금융 제품과 솔루션을 연구 및 제공하려 시도하고 있지만, 투자자의 신뢰도에 타격을 받게 된 것이다. 알렉스가 스택스 생태계에서 작동하는 프로젝트이고 유출된 자산 중에 스택스도 있었던 만큼, 스택스 코인의 가격에도 악영향을 미쳤다. 만약 사태를 잘 해결하게 된다면 중대한 스트레스 테스트를 통과한 만큼 한 단계 성숙한 프로젝트로 발돋움할 수 있다. 바로 회복 탄력성이다. 앞으로도 비트코인 생태계에서는 다양한 금융 솔루션이 구축될 가능성이 높고 새로운 프로젝트들이 태어나게 될 것이다.

더불어 한 가지 더 첨언하면, 신생 프로젝트는 검증이 덜 된 만큼 보안 이슈나 예상치 못한 악재에 언제든 직면할 수 있다는 걸 염두에 두어야 한다. 그래서 암호화폐 투자에는 꾸준한 모니터링과 자산배분이 중요하다.

생태계 구성 측면에서 가장 주목해야 하는 또 하나의 프로젝트는 솔라나라고 본다. FTX 파산 이후 95% 가까이 하락했다가 화려하게 부활한 솔라나는 가장 혁신적이면서도 빠른 속도로 생태계를 확장하고 있다. 솔라나는 디파이와 디핀, NFT, 밈코인 그리고 에어드롭에서도 두각을 나타내고 있다.

솔라나의 디파이부터 살펴보자. 솔라나에도 리도 파이낸스와 같은 유동성 스테이킹 프로토콜이 존재한다. 대표적으로 마리네이드 파이낸스(Marinade Finance)를 들 수 있다. 최근까지 솔라나 생태계에서 TVL이 가장 높았던 프로젝트다. 솔라나 디파이 생태계 사용자는 마리네이드에 유동성 스테이킹을 하고, mSOL 토큰을 받는다. 그리고 이를 활용해서 다른 디파이 프로토콜에서 금융 활동을 한다. 그런데 2023년 12월 출시된 지토(JTO)가 TVL 점유율을 급속히 끌어올리며 마리네이드의 TVL을 추월하고 있다.

주피터 프로젝트도 주목받고 있다. 주피터는 솔라나 생태계의 대표적인 애그리게이터라고 앞서 소개했다. 그런데 실질적으로는 밈코인 런치패드(Launchpad)의 역할을 하고 있다. 런치패드는 코인 거래소가 주도해 진행하는 IEO(거래소공개)의 일종으로, 거래소가 특정 프로젝트를 선정해 해당 프로젝트의 코인을 투자자에게 판매하는 것을 의미한다. 솔라나 밈코인 돌풍이 심상치 않은데, 그 수혜를 주피터가 받을 가능성도 있다. 밈코인 에어드롭은 기본적으로 주피터 사용자들에게 분배될 가능성이 높기에 결국 이러한 밈 토큰 발행들이 주피터 가격의 상승요인이 될 수도 있다.

디핀 프로젝트에서는 앞서 소개한 렌더, 알위브, 헬륨 등의 프로젝트를 꼽을 수 있다. 솔라나는 마케팅에 능숙하고 커뮤니티를 잘 활용한다. 그들은 새로운 내러티브와 메타를 통해 계속해서 생태계 규모를 늘려나가고 있다.

솔라나 기반 오라클 서비스인 피스네트워크도 부각되고 있다. 체인링크의 대항마로 등장하며 시장의 주목을 받고 있다. 솔라나의 체인링크로도 불린다.

NFT 분야에서도 영향력을 발휘하고 있다. 대표적으로 텐서를 들수 있다. 현 시점에서 이더리움의 블러와 비슷한 역할이다. NFT 거래소 분야에서 후발주자였던 블러가 오픈시(OpenSea)를 제치며 크게 주목을 받았다. 블러는 플랫폼에서 NFT를 입찰, 상장, 대출한 이력이 있는 사용자에게 직접 발행한 암호화폐 블러(BLUR)를 에어드롭했다. 이 같은 방식으로 블러는 사용자를 끌어모아 전 세계 NFT 마켓플레이스 1위를 달리던 오픈시를 무너뜨렸다. 솔라나에서도 신생 NFT 마켓플레이스인 텐서(Tensor)가 거래량과 시장점유율에서 매직에덴(Magic Eden)을 넘어서고 있다. NFT 프로젝트로는 매드래즈(Mad Lads)가 회자되고 있다. NFT 지갑 앱인 '백팩(Backpack)'을 개발한 코랄(Coral)이라는 회사에서 시작한 프로젝트다. 백팩 프로젝트 역시 시장의 관심을 받고 있다.

새로운 트렌드로 자리 잡은 밈코인

밈코인 열풍을 주도하고 있는 것 역시 솔라나다. 봉크(BONK), 도

그위햇(WIF), 북오브밈(BOME), 슬로프(Slope) 등의 솔라나 기반 밈코인이 시장의 주목을 받았다. 더불어 급속히 성장하는 베이스 기반의 밈코인도 주목받고 있다. 브렛(BRETT), 디젠(DEGEN) 등의 프로젝트를 대표적으로 꼽을 수 있다. 앞으로도 가격이 급등하는 밈코인이 꾸준히 등장할 가능성이 높다. 밈코인은 일반적으로 복권이나 카지노에 비유되는데 실제로 그러한 측면이 다분하다. 하지만 그럼에도 불구하고 향후 시장이 100배 이상 성장할 것이라는 전망이 나온다. 암호화폐 투자사 메커니즘캐피털(Mechanism Capital)의 설립자인 앤드류 캉(Andrew Kang)은 밈코인이 자산의 위치에 올라섰다고 강조했다. 블룸버그 역시 밈코인 수요 증가와 관련해서 과거 밈코인 폭등기와는 완전히 다른 거시적 배경이 있다고 주장했다. 일시적인 투자 열풍 그 이상이라는 것이다. 만약 이 말들이 사실이라면 앞으로 투자자들은 밈코인 때문에 극심한 포모를 느낄 가능성이 높다.

사실 밈코인의 가치를 측정할 방법은 없다. 밈코인은 인터넷과 소셜 네트워크에서 유행하는 밈에서 파생된 암호화폐이며 커뮤니티를 기반으로 언급되고 재미나 흥미가 주안점이기 때문이다. 그래서 명확한 비즈니스 모델이나 사용처가 없는 경우가 대부분이다. 다시 말해 사람들이 흥미를 잃는 순간 가치는 급락한다. 물론 밈코인이 사용성에 대한 고민을 하지 않는 것은 아니다. 다만 흥미에 의해서 먼저 커뮤니티가 형성된 것이다.

페페(PEPE), 봉크, 플로키(FLOKI), 도그위햇(WIF), AI도지(AIDOGE), 코기AI(CORGIAI) 등의 프로젝트가 주목받고 있지만 세계에서 가장

밈코인 시가총액 순위(2024년 3월 23일 기준)

#	코인		시세	1시간	24시간	7일	24시간 거래량	시가총액	최근 7일
☆ 9	도지코인 DOGE	매수	US$0.1608	0.4%	2.2%	0.7%	US$3,231,883,104	US$23,080,633,573	
☆ 13	Shiba Inu SHIB	매수	US$0.00002729	0.7%	-2.0%	-5.5%	US$1,080,952,170	US$16,069,245,091	
☆ 42	Pepe PEPE	매수	US$0.0₅7477	0.5%	-8.6%	+7.9%	US$796,857,950	US$3,139,094,678	
☆ 56	FLOKI FLOKI	매수	US$0.0002318	1.9%	-1.8%	-7.4%	US$773,653,375	US$2,276,524,181	
☆ 57	dogwifhat WIF	매수	US$2.23	2.5%	-9.0%	-12.6%	US$265,896,502	US$2,218,321,731	
☆ 75	Bonk BONK	매수	US$0.00002217	0.8%	-7.0%	-23.9%	US$157,661,970	US$1,455,518,054	
☆ 104	CorgiAI CORGAI		US$0.002967	-0.2%	-4.2%	-1.2%	US$1,145,654	US$1,021,455,039	
☆ 128	BOOK OF MEME BOME		US$0.01473	-0.9%	-8.3%	25.7%	US$952,078,513	US$814,691,120	

성공한 밈코인 2가지를 꼽자면 단연 도지코인과 시바이누(SHIB)다. 그런데 이 두 코인은 이제 단순히 밈코인으로 치부하기 어렵다. 앞서 다뤘듯이 도지코인의 경우 테슬라와 스페이스엑스의 상품을 구매할 수 있는 화폐로서의 가능성이 커지고 있는데, 일론 머스크 역시 이를 공식적으로 거론한 바 있다.

'도지 킬러'로 불렸던 시바이누는 레이어2 블록체인 플랫폼 시바리움을 출시하고, 이를 메타버스와 게임 콘텐츠 구현에 이용한다는 로드맵을 제시했다. 구글의 가상서버 사업부인 구글 클라우드는 비트코인, 이더리움, USDC, USDT와 더불어 도지코인, 시바이누를 결제수단으로 도입한다고 밝힌 바 있다. 커뮤니티 기반으로 투자자들의 큰 주목을 받은 이후 비즈니스 모델과 사용처가 만들어지고 있는 것이다.

앞으로 뜰 밈코인을 예측하는 건 불가능에 가깝다. 밈코인은 폭발적으로 쏟아지고 있다. 디자이너와 개발자의 협업 프로그램인 오픈제플린(OpenZeppelin)의 콘트랙트 마법사를 이용하면 27초 만에도 밈코인을 만들고 배포할 수 있다. 이런 특성상 펌프앤덤프 구조에서 모든 알트코인 중 변동성도 단연 압도적이다. 일반적으로 사용하는 저평가 코인을 선별하는 기준이 적용되지 않으며, 사실상 복권이라는 걸 인지해야 한다. 때문에 만약 밈코인에 투자해 수익을 거둘 생각이라면 예측하기보다는 전략적으로 접근해야 한다.

1. 밈 자체의 인지도가 중요하다.
2. 아직 크게 상승하지 않은 코인이거나 아니면 이미 수차례 상승과 하락으로 시장의 주목을 받은 프로젝트여야 한다.
3. 크게 바닥을 쳤다고 판단될 때 진입한다.
4. 미리 진입해서 기다려야 한다. 급등할 때 올라타면 안 된다.
5. 반드시 소량으로 진입한다. 포트폴리오상 작은 비율로 투자해야 한다.
6. 보유하는 동안 급등하면 일정 부분 수익을 실현한다.
7. 밈코인은 기본적으로 장기투자에 적합하지 않다.

밈코인이 급등한다면 알트코인 대세장의 시작이자 마무리로 볼 수 있다. 밈코인은 포모를 유발해 암호화폐 시장에 자본을 추가로 유입시킨다. 이와 더불어 유동성이 마지막으로 모여드는 곳도 밈코인이라는 점을 참고해야 한다.

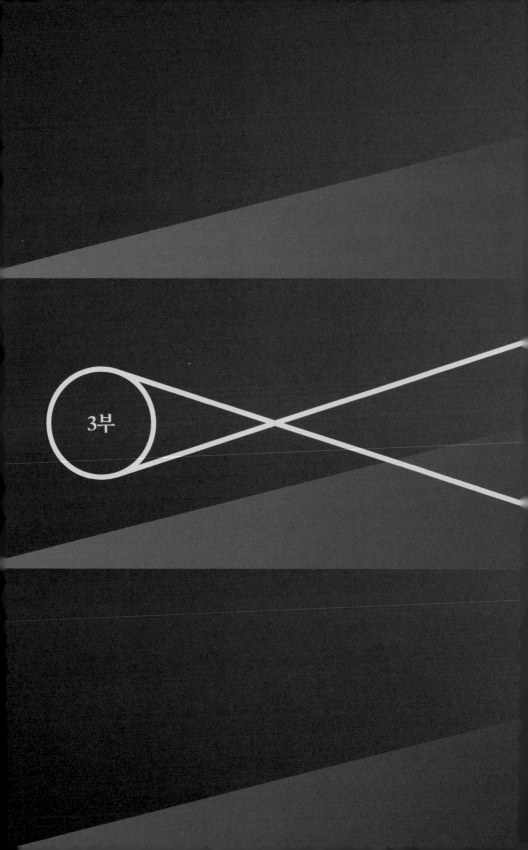

SUPER
COIN

슈퍼코인을
선별하기 위한
지표분석

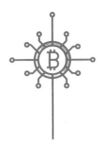

1장

온체인 데이터를 활용한 투자전략

온체인 데이터를 확인해야 하는 이유

온체인 데이터는 블록체인 네트워크에 기록되는 모든 데이터를 의미한다. 쉽게 말해서 트랜잭션, 즉 거래기록이다. 내재가치가 없는 비트코인은 온체인상의 거래내역을 통해 현재 가격이 고평가인지, 저평가인지 비교적 합리적으로 판단할 수 있다. 탈중앙화된 블록체인의 온체인 데이터는 누구도 고칠 수 없다. 즉, 불변성을 지닌다. 그리고 누구나 언제든 볼 수 있는 투명성을 지닌다. 이런 특성으로 인해 온체인 데이터는 크게 3가지 중요한 기능을 수행한다.

1. 추적 기능
2. 네트워크의 안정성과 건전성 평가
3. 투자에 활용

이번 3부에서는 위의 3번 항목인 온체인 데이터를 투자에 활용하는 방법을 중점적으로 다루고자 한다. 온체인 데이터는 유용하지만 지나치게 방대하다는 문제가 있다. 누구나 볼 수 있지만 누구나 쉽게 해석하지는 못한다. 그래서 온체인 데이터를 쉽게 활용할 수 있도록 전문가들이 '지표'로 만들어 두었다. 이를 **온체인 지표**라고 한다. 온체인 지표를 활용하면 개인투자자들도 비교적 쉽게 시장의 상황, 시세, 고평가 및 저평가 여부 등을 확인할 수 있다.

온체인 지표를 활용할 때 가장 중요하게 살펴보아야 하는 핵심은 보유기간, 다시 말해 언제 사서 언제 팔았는지 그리고 마지막 거래 당시 가격이 얼마였는지다. 특히 규모가 큰 거래를 하는 고래와 오랫동안 암호화폐를 보관하고 있던 장기보유자들의 움직임을 예의 주시해야 한다.

온체인 지표를 제공하는 사이트는 굉장히 많은데 투자에 활용할 때는 주로 크립토퀀트, 글래스노드, 산티멘트(Santiment.net), 인투더블록(IntoTheBlock.com), 난센 등을 활용한다. 유료 사이트가 많지만 룩인투비트코인(LookIntoBitcoin.com)처럼 상당한 수의 지표를 무료로 제공하는 사이트도 있다.

고평가와 저평가를 판단하기 위한 UTXO와 실현가격

앞서 보유기간이 중요하다고 언급했는데, 보유기간은 어떻게 파악하는 걸까? 여기서 알아야 할 것이 바로 'UTXO'와 '실현가격' 개념이다. UTXO는 'Unspent Transaction Outputs'의 약자로 우리말로 해석하면 '미사용 트랜잭션 출력값'이다. 1부에서 UTXO 개념을 소개했는데 다시 한번 가볍게 짚어보자.

A라는 사람이 B에게 5BTC를, C에게 1BTC를 받았다고 가정하자. 그러면 A는 총 몇 개의 비트코인을 보유하고 있을까? 산술적으로는 6개지만, 비트코인 네트워크는 A가 받은 BTC를 6개로 합치지 않는다. 각각 5BTC의 UTXO와 1BTC의 UTXO로 2개의 UTXO를 생성한다. 여기서 A가 다시 D에게 3BTC를 보내면 5BTC의 UTXO는 사라지고, 지불금의 차액인 2BTC의 UTXO가 새로 생성된다. 그리고 D에게는 3BTC의 UTXO가 생성된다. 비트코인의 보유기간은 UTXO의 생성과 소멸을 통해 측정한다. 1부에 수록한 그림을 보면 쉽게 이해할 수 있을 것이다.

앞서 말했듯이 비트코인 네트워크가 번거로운 UTXO 방식을 사용하는 이유는 이중지불을 방지하기 위해서다. 이중지불을 막아 해킹과 같은 악의적인 공격으로부터 네트워크를 지키는 데 목적이 있다. 트랜잭션을 발생시키면 UTXO는 'TX Pool'에 들어가게 되는데, 채굴과정에서 이 UTXO에 사용기록이 있으면 해당 거래를 무효화하는 방식으로 이중지불을 방지한다. 쉽게 정리하면, 소멸되고 새롭게 생성되는 구조라서 검증이 용이하다.

이어서 실현가격 개념을 이해해야 한다. 실현가격은 UTXO상에 기록된 코인이 생성될 당시의 날짜와 금액, 거래된 코인의 수를 활용하여 산출한다. 각 코인에 대해 마지막으로 블록체인상에서 움직였던 시점의 가격을 곱한 뒤 합산하는 것이다. 이것을 전체 코인 공급량으로 나누면 실현가격이 된다. 즉 UTXO 상에서 가장 마지막으로 거래된 가치를 반영해서 손 바뀜의 평균을 낸 것이 실현가격이다. 매수 평균가격, 평균단가 개념으로 생각하면 된다. 실현가격과 시장가격의 차이를 통해 현재 가격이 고평가되었는지, 저평가되었는지 확인할 수 있다. 일반적으로 시장가격이 실현가격 아래로 내려가거나 가까이 접근하는 경우 저평가되었을 가능성이 높다. 반대로 시장가격이 실현가격 상방으로 올라가 둘 사이의 거리가 멀어질수록 고평가되었을 가능성이 높다.

매수매도 구간을 찾아주는 MVRV와 MVRV Z-스코어

실현가격만으로 매수와 매도 타이밍을 판단하기란 어렵기에 실현가격을 기반으로 만들어진 다양한 온체인 지표를 살펴보는 것이 좋다. 모든 온체인 지표 중에서 가장 중요한 지표로 꼽히는 'MVRV(Market Value/Realized Value)' 역시 실현가격을 기반으로 산출하는데 시장가치(MV)를 실현가치(RV)로 나누어서 산출한다.

암호화폐의 시장가치는 전통자산에서 시가총액을 계산할 때를 생각하면 된다. 유실된 양을 고려하지 않고 공급물량을 현재 가격과 곱해서 산출한다. 시장가치는 단기적인 시장심리에 영향을 받는 수치다. 반면 실현가치는 UTXO를 통해 환산한 가치다. UTXO상에서 이동이 발생한 유통물량에 그 시점의 가격을 적용하여 산출한 시가총액이다. 손 바뀜, 다시 말해 특정 기간 동안의 거래내역을 고려했기 때문에 장기적인 지표로 볼 수 있다.

예를 들어 비트코인 한 개의 가격이 100달러이고 총 10개가 있다고 하자. 둘을 곱한 시장가치는 1,000달러다. 그리고 10개의 비트코인이 마지막으로 거래된 가격의 평균값, 즉 실현가격이 80달러라고 하자. 여기에 현재 비트코인의 수량인 10개를 곱해서 나온 800달러가 실현가치다. 시장가치인 1,000달러를 실현가치인 800달러로 나눈 1.25가 MVRV가 된다.

MVRV 지표는 1을 기준으로 한다. 1은 시장가치와 실현가치가 서로 균형을 이루는 값이다. 즉, 마지막 지갑 전송 당시 가격을 기준으로 평균 수익률이 0%인 상태를 의미한다. 만약 MVRV가 2라면 수익률 100%, 2배가 오른 것이다. 3이라면 수익률이 200%인 상태다. MVRV는 가장 쉽고 명확하게 암호화폐의 가치를 평가할 수 있는 도구로서 코빗리서치센터에서는 MVRV를 대표적인 가상자산 밸류에이션 모델로 꼽기도 했다. 비트코인 가격의 고평가 및 저평가 여부를 판단하는 지표로 활용된다.

4차 반감기를 제외하고, 과거 세 번의 비트코인 반감기를 거치는 동안 경험적으로 MVRV 수치가 1 이하일 때가 저점이었다. 즉,

시기별 비트코인 가격과 MVRV 비율

(출처 : Woobull.com)

MVRV가 1 이하인 구간을 매수 구간으로 볼 수 있다. 크립토윈터 기간에 MVRV는 1 이하에 머물렀다. 3.7 이상일 때가 고점인 경우가 많았다. 따라서 3.7 이상인 구간을 매도 구간으로 볼 수 있다. MVRV가 3을 넘어서면 시장이 과열된 것으로 판단하고 더욱 면밀하게 시장 상황을 모니터링해야 한다. MVRV 차트는 크립토퀀트, 글래스노드 등 대부분의 온체인 데이터 분석 사이트에서 확인할 수 있다.

MVRV Z-스코어(MVRV Z-Score)는 MVRV 업그레이드 버전의 지표로 보면 된다. 각 데이터가 평균에서 얼마나 떨어져 있는지를 보여주는 표준편차를 적용한 개념으로, 상단과 하단의 극단적 수치를 제거해 정확도를 높였다. MVRV Z-스코어가 0 이하일 때가 저평가 구간이자 매수 구간이다. 반면에 7 이상일 때를 고평가 구간이자 매도 구간으로 본다. 룩인투비트코인에서 무료로 확인할 수 있는데, 아래 그래프에서 하단의 연두색 구간이 저평가 구간, 상단의 빨간색 구간이 고평가 구간이다.

과거 10년 동안의 MVRV Z-스코어를 살펴보면 7 이상을 돌파하고 나서 머지않아 폭락으로 이어졌다. 그리고 저평가 구간인 0 이하의 구간(크립토윈터)에서 일정 기간을 보낸 후 상승장으로 전환되었

(출처: LookIntoBitcoin)

다. 필자는 룩인투비트코인과 트레이딩뷰에서 MVRV Z-스코어를 주로 확인한다.

MVRV와 MVRV Z-스코어는 온체인 지표 중 가장 많이 활용되는 지표지만, 시장에 갑작스럽게 공급 물량이 대거 풀리면 실현가격이 왜곡될 수 있다는 단점이 있다. 또한 비트코인이나 이더리움처럼 활성화된 네트워크에서는 유효한 지표이지만, 손 바뀜이 많이 발생하지 않는 네트워크에서는 의미 있는 결과를 산출하기 어렵다.

투자자의 심리를 엿볼 수 있는 NUPL

NUPL은 'Net Unrealized Profit and Loss'의 약자로 해석하면 '순미실현손익'이다. 이름 그대로 모든 코인의 총이익과 손실을 비율을 통해서 나타낸 것이다. 그리고 이 비율을 통해 시장이 어느 단계에 와 있는지, 고평가 상태인지 저평가 상태인지 판단할 수 있다.

NUPL = (시가총액 – 실현총액) / 시가총액
= 1 – 실현총액 / 시가총액

NUPL 지표 역시 시가총액과 실현총액의 대비를 통해 산출한다. NUPL은 시가총액에서 실현총액을 뺀 값을 시가총액으로 나누어서 산출한다. 이 공식을 조금 바꾸면, 1에서 실현총액을 시가총액으로 나눈 값을 빼는 것과 같다. 이렇게 산출한 NUPL 값으로 전체적인 시장 현황을 파악하면 된다. 0보다 클수록 시장이 과열된 것으로, 0보다 작을수록 침체된 것으로 볼 수 있다. NUPL 수치를 5단계로 세밀하게 구분해서 시장 상황을 더욱 구체적으로 따져볼 수도 있다.

1단계 | **항복 상태: 0 이하**
2단계 | **희망과 공포 상태: 0~0.25(25%)**
3단계 | **긍정과 염려 상태: 0.25~0.5**
4단계 | **믿음과 부정 상태: 0.5~0.75**
5단계 | **환상과 탐욕 상태: 0.75(75%) 이상**

NUPL이 0보다 커지려면 분모의 시가총액이 실현총액보다 커야 한다. 예를 들어서 NUPL이 0.8이라고 하면 실현총액을 시장총액으로 나눈 값이 0.2라는 이야기다. 즉, 둘의 비율 차이가 5분의 1로 시가총액이 실현총액보다 무려 5배 크다는 의미다. 다시 말해 NUPL이 0보다 크다는 건 현재 비트코인 투자자 대부분이 이익을 보고 있는 상황이라는 것을 의미한다. 수치가 상승할수록 시장이 과열되고 있다는 뜻이며, NUPL이 0.5를 넘어서면 시장을 유심히 모니터링해야 한다. 반대로 NUPL이 0보다 작다는 것은 '시가총액이 실현총액보다 작다'는 뜻이다. 대부분의 투자자들이 손실을 보고 있는 상태로, 가격이 바닥에 가까워진다고 볼 수 있다.

NUPL을 통해 현재 비트코인 보유자들의 손익을 파악할 수 있는

단계별 NUPL 지표

(출처: LookIntoBitcoin)

데, 이는 다시 말해 NUPL을 비트코인 투자자의 심리를 파악하는 지표로도 활용할 수 있다는 뜻이다. 0에서 커질수록 시장은 광기에 가까워지고, 0에서 마이너스로 갈수록 공포가 깊어진다고 볼 수 있다.

과거 대세 상승장 사이클에서는 5단계가 지나면 시장은 다시 1단계인 '항복' 상태로 돌아갔다. 블랙록을 필두로 한 월가의 금융기관이 비트코인 현물 ETF와 이더리움 현물 ETF를 출시한 현 상황에서도 사이클이 유사하게 흘러갈지 지켜보아야 한다. 비트코인과 이더리움이 기관이 중심이 된 자산이 된 만큼 과거와는 다르게 움직일 것이라는 의견도 많다. 한편, 알트코인은 여전히 높은 변동성을 보일 것이란 전망이 우세하다.

보유자의 움직임을 나타내는 R호들 비율

R호들(Rhodl) 비율 역시 UTXO를 기반으로 하는 온체인 지표다. R은 'Reailzed Value', 즉 실현가치를 의미한다. 그러면 R 뒤에 붙은 호들은 무슨 의미일까? 호들은 좀 더 정확히 말하자면 '호들 웨이브(Hodl Waves)'다. 호들 웨이브는 UTXO를 마지막으로 이동한 이후 비트코인을 보유한 기간별로 그룹화를 한 것이다. 즉, 특정 시점에 비트코인 소유자들의 '보유기간'을 파악하는 지표다. 누군가는 비트코인을 하루 동안만 가지고 있었을 것이고 또 누군가는 일주일, 한 달, 일 년을 보유했을 것이다. 보유기간에 따라 그룹을 나눠 그래프로 만들면 파도(웨이브)와 같은 모양이 나온다.

보유 그룹을 묶는 기준은 24시간부터 일주일, 한 달, 3개월, 6개월, 1년, 3년, 5년, 7년 등으로 다양하다. 그림에서 붉은색에 가까울수록 단기보유자, 푸른색이 짙어질수록 장기보유자다. 가장 오래 보유한 그룹은 10년 이상으로 표기되어 있다. 호들 웨이브에서 살펴봐야 할 핵심은 장기보유자와 단기보유자의 움직임이다. 크립토윈터 구간에선 장기보유자의 점유율이 단기보유자의 점유율보다 높다. 단기보유자들은 두려움에 비트코인을 모두 던지지만, 장기보유자들은 끝까지 보유하거나 추가 매수를 한다. 대세 상승장에선 장

시기별 호들 웨이브

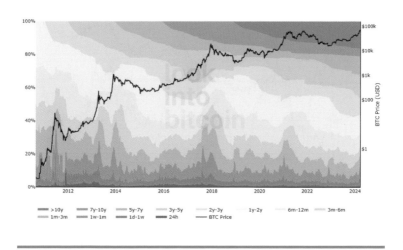

(출처: LookIntoBitcoin)

기보유자보다 단기보유자의 점유율이 높다. 새롭게 시장으로 유입되는 자본이 늘어나고, 빠르게 수익을 실현하려는 단기투자자가 늘어나기 때문이다.

R호들 비율(RHODL Ratio)이란 지표도 있는데, 호들 웨이브를 정교하게 다듬은 지표로 1주 R호들 밴드와 1~2년 밴드 간의 비율로 측정한다. R호들 비율의 수치가 높아지는 것은 시장이 과열되고 새롭게 유입되는 돈이 늘어났다는 것을 의미한다. 지표가 상승해서 최고치로 향한다는 것은 새로운 비트코인 보유자가 공급의 상당 부분을 점유한다는 걸 뜻한다.

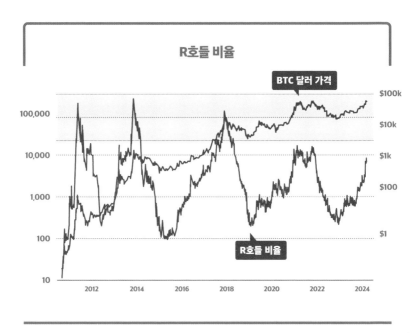

위 그림을 살펴보자. R호들 비율의 수치가 높아져서 빨간색 구간
에 가까워지면 시장이 과열되고 있다는 신호이고 비율이 낮아져 녹
색 구간에 들어오면 공포감이 시장을 지배하고 있다는 뜻이다. 그
런데 지난 대세 상승장에서 문제가 발생했는데 비트코인 가격이 빨
간색 구간에 도달하지 못하고 대세 상승장이 끝난 것이다. 하지만
이후 바닥 지점은 정확하게 맞추었다. 2021년 강세장을 돌이켜 보
면, 코로나19 여파와 더불어서 거시경제적인 변수가 크게 작용했
고 사이클도 달랐다. 거의 비슷한 가격대의 고점을 두 번 형성했다.
빨간색 구간에 닿지 않았다는 것은 어떤 의미로 해석할 수 있을까?

3차 반감기 이후에는 여러 거시경제 변수와 악재로 인해 과거와 같은 의미의 불장이 오지 않고 마감되었을 수 있다는 의미다. 즉, 반감기가 거듭될수록 사이클이 달라질 가능성이 있다는 것이다. 이번 4차 반감기 이후에는 3차에서 반영되지 못했던 부분들이 다 반영되어 가격이 더 크게 상승할지, 아니면 또 다른 사이클을 보일지 살펴보아야 한다.

2021년 최고점 예측에는 실패했지만, R호들 비율은 그동안 다른 지표보다 비교적 정확하게 예측해 왔다. MVRV는 비트코인 가격과 실현가격의 비율만을 측정하지만, R호들 비율은 1~2년이라는 '기간'의 비트코인 가격을 적용하기 때문에 구체적이고, 정확도를 높였다고도 볼 수 있다. 4차 반감기 이후에도 R호들 비율을 주의 깊게 살펴봐야 하는 이유다.

고래의 움직임을 보여주는 CVD

다음으로 알아볼 지표는 CVD다. CVD는 'Cumulative Volume Delta'의 약자인데 세 단어를 하나씩 떼서 살펴보면 Cumulative는 '누적된'이라는 뜻이다. Volume은 '거래량'으로 모두가 알 만한 개념이다. Delta는 수학에서 '변화량' 혹은 '변수의 변화'를 뜻한다. 정리하면 CVD 지표는 특정한 기간의 매수와 매도의 거래량 차이를 누적해서 보여주는 지표다. 매수 거래량에서 매도 거래량을 뺀 값이기 때문에 매수가 매도보다 많으면 플러스, 매수가 매도보다 적으면 마이너스 수치가 나온다.

CVD는 머티어리얼인디케이터스(materialindicators.com)라는 사이트에서 집계한다. 이 사이트는 바이낸스 거래소의 거래량을 기준으로 지표를 산출한다. CVD 지표는 크게 2가지 영역으로 구성되는데 먼저 '파이어 차트(Fire Charts)'가 있다. 특정 가격 구간에 존재하는 매물대를 확인할 수 있는 차트다. 매물대의 양을 색깔로 표시해 직관적으로 파악할 수 있도록 했다. 좌측에 색상과 함께 범례가 표시되어 있는데, 색상이 밝을수록 두텁고 강한 매물대가 있다는 뜻이며 흰색이 가장 두꺼운 매물대이고 다음으로 노란색, 주황색, 빨간색, 검은색 순이다. 우측에는 해당 코인의 가격대가 표시되어 있다.

매물대의 위치도 중요하다. 가격의 하단에 위치한 매물대는 매수벽으로 지지 영역으로 작용한다. 색이 짙을수록 강하게 지지할 수 있다는 의미다. 상단에 위치한 매물대는 매도벽으로 저항 영역으로

파이어 차트(2024년 3월 23일 기준)

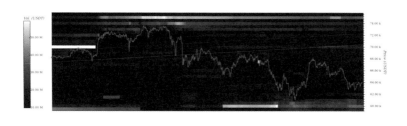

(출처: Material Indicators)

작용한다. 색이 짙을수록 저항이 강하다고 볼 수 있다.

두 번째는 'CVD 차트'다. 파이어 차트 하단 영역에 위치하고 있다. 매수세가 매도세보다 우위이면, CVD가 증가하며 차트는 우상향한다. 반대로 매도세가 우위에 있으면 CVD는 하락하고 차트는 우하향한다. CVD가 0에 가까워져 차트가 평평한 모양이 되면 매수와 매도가 팽팽하게 균형을 이룬다는 뜻이다. 정리하면 CVD 차트의 기울기가 가파를수록 추세와 모멘텀이 강하다는 뜻이며 가격이 더 급격하게 변동될 수 있다.

CVD 차트에서 중요한 것은 거래량의 규모다. 그림 우측에 표시된 범례를 보면 거래량 규모에 따라 갈색, 보라색, 빨간색, 초록색, 주황색, 파란색 등 총 6가지 색상으로 구분되어 있다. 파란색은 전체 주문량 추이다. 갈색은 100만 달러에서 1,000만 달러 규모, 보라색은 10만 달러에서 100만 달러 규모, 빨간색은 1만 달러에서 10만

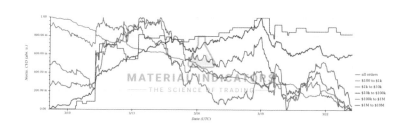

CVD 차트(2024년 3월 23일 기준)

달러 규모, 초록색은 1,000달러에서 1만 달러 규모, 주황색은 100달러에서 1,000달러 규모의 거래를 나타낸다.

필자는 유튜브 채널의 시황 영상에서 갈색 색상을 고래로 표현한 바 있지만, 정확하게 말하면 '고래의 물량 흐름'이 아닌 '주문량의 규모'다. 암호화폐 지갑의 규모를 기준으로 한 것이 아니기 때문에 고래, 상어, 게, 물고기, 새우 등으로 집단이 구분되진 않는다. 따라서 투자를 행한 주체들의 자산 규모가 어느 정도인지는 알 수 없다. 평소 100만 달러에서 1,000만 달러 규모로 많은 물량을 움직이던 고래라면 갈색 선으로 주로 표시되겠지만, 상황에 따라 1만 달러에서 10만 달러 수준의 상대적으로 적은 물량만 움직일 수도 있을 것이고, 그럴 경우 빨간색 선으로 표시될 것이다.

다만 갈색선을 고래로 설명하는 이유는 이 정도로 큰 물량을 움직이려면 고래일 가능성이 높고, 고래로 표현하더라도 사실상 분석에 큰 문제가 없기 때문이다. 결국 암호화폐 시장에서 중요한 것은 큰 규모의 거래가 어떻게 진행되는지, 그 움직임을 파악하는 일이기 때문이다. 새우와 같은 개인투자자의 거래량보다는 기관, 세력, 고래의 거래량에 의한 추세가 훨씬 중요하다. 그런 의미에서 CVD 지표는 추세의 큰 흐름을 파악해 투자의 방향성을 잡는 데 도움이 될 수 있다.

CVD 지표는 실제 투자에 많이 활용된다. 암호화폐 분석회사인 머티어리얼인디케이터스의 자료는 유료로 이용해야 해서 개인투자자들의 입장에서는 사용하기에 다소 부담스러울 수도 있다. 그렇다면 머티어리얼인디케이터의 SNS 계정을 확인하는 것도 하나의 방법이다. 엑스(옛 트위터)에 올라오는 CVD 차트를 확인할 수도 있고, 정기적으로 CVD 차트를 공유하는 텔레그램 계정도 있다.

채굴자 동향을 보여주는 3가지 지표

가격의 동향, 매수자와 매도자 간의 우열을 가리는 것도 중요하지만 암호화폐의 특성상 '채굴자의 동향'을 파악하는 지표도 중요하다. 확인해야 할 채굴자 관련 지표는 크게 3가지로 분류할 수 있다.

하나, 채굴에 필요한 **연산능력**이 잘 유지되고 있는가?
둘, 채굴자가 잘 **보유**하고 있는가?
셋, 채굴자의 **채산성**이 잘 유지되고 있는가?

하나, 채굴 연산능력은 대표적으로 해시레이트와 채굴 난이도를 활용해 파악한다. 룩인투비트코인과 같은 사이트에서 확인할 수 있는데, 이 지표를 통해 네트워크의 펀더멘털이 어떤 수준인지 파악할 수 있다. 고성능 컴퓨터로 복잡한 해시함수를 계산해 풀어내면 보상으로 암호화폐가 주어지는 구조가 채굴이다. 이때 네트워크의 모든 채굴자가 일정 기간에 계산한 해시 수가 해시레이트, 즉 채굴 능력의 총합이다. 해시레이트는 채굴 난이도와 밀접한 관련이 있다.

(출처: LookIntoBitcoin)

비트코인의 해시레이트가 높아지면, 약 2주마다 변경되는 채굴의 난이도가 올라가 블록체인의 안정성이 상승한다. 비트코인을 비롯한 PoW 기반 암호화폐는 코인의 가치를 유지하기 위해 참여자가 늘어날수록 채굴 난이도가 높아진다. 해시레이트와 채굴 난이도가 꾸준히 상승 추세라는 것은 네트워크가 안정적이라는 뜻이다.

둘, 채굴자 보유량(Miner Reserve)이 줄어든다는 것은 채굴자가 코인을 계속 매도하고 있다는 뜻이다. 채굴자는 보통 반감기가 임박할 때마다 많은 물량을 매도해 채굴에 필요한 비용을 마련한다. 장외거래를 통해 기관투자자들에게 코인을 넘기는 물량까지는 확인할 수 없지만, 거래소를 통해 매도하는 경우는 확인할 수 있다. 채굴자의 지갑에서 거래소로 얼마나 많은 물량이 이동하는지를 통해 채굴자의 보유량을 파악할 수 있다. 비트코인 현물 ETF가 승인되기 전까지는 채굴자가 암호화폐 시장에서 가장 큰 영향력을 가지고 있었다. 현재는 월가의 자본이 더욱 큰 세력으로 떠올랐지만, 앞으로도 채굴자의 영향력은 주의 깊게 지켜보아야 한다.

셋, 채굴자의 채산성과 관련해서는 퓨엘 멀티플(Puell Multiple)을 살펴보는 것이 가장 중요하다. 퓨엘 멀티플은 일일 채굴 수익을 연간 평균과 비교하는 지표로서 1이 기준이다. 1보다 값이 크면 채굴

자의 수익이 연평균보다 높다는 뜻이고 1보다 낮으면 채굴자의 수익이 연평균보다 낮다는 뜻이다. 3.5 이상일 경우 시장이 과열됐다는 뜻으로 그래프에서 빨간색으로 표시된 영역이다. 0.5 이하인 경우에는 저평가 상태로 판단할 수 있으며 그래프에서 연두색으로 표시된 영역이다.

채산성 지표는 아니지만, 해시리본 인디케이터(Hash Ribbons Indicator) 역시 채굴자의 항복매도(Capitulation) 및 시장 회복 여부를 가늠할 수 있는 지표다. 해시레이트의 증가는 채굴하는 사람이 많아지고 채굴 난이도가 높아지면서 상대적으로 채굴 비용이 증가한

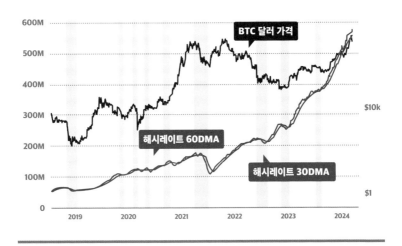

해시리본 인디케이터로 보는 비트코인 가격 변동

(출처: LookIntoBitcoin)

다는 의미다. 해시리본 인디케이터는 비트코인의 해시레이트를 사용하여 비트코인의 가격을 예측하는 방법론 중 하나로 해시레이트의 30일 이동평균선(30DMA)와 60일 이동평균선(60DMA)을 가지고 만든 지표다.

30일 이동평균선이 60일 이동평균선 아래로 하락하는 '데드 크로스' 구간은 채굴자들의 '항복' 구간으로 채굴량보다 매도량이 많아져 하락세로 전환되었다고 판단한다. 옆 그래프에서 빨간색으로 표시된 영역이 데드크로스가 발생한 구간으로 가격이 하락하는 것을 볼 수 있다. 반대로 30일 이동평균선이 60일 이동평균선을 뚫고 올라가는 '골든 크로스'는 시장이 '회복(Recover)'하는 구간이다.

온체인 지표 활용 시 유의사항

마지막으로 한 가지 지표를 더 알아보자. 비트코인 사이클 마스터(Bitcoin Cycle Master)인데 룩인투비트코인에서 비교적 최근에 출시한 지표다. 비트코인의 과거 사이클을 분석해 현재 위치와 미래를 예측하는 지표다.

과거 사이클에 비춰 보았을 때 가장 적중률이 높은 지표로 볼 수 있다. 가장 하단의 초록색 선이 바닥이고, 가장 상단의 빨간색 선이 천장이다. 집필 시점 기준으로는 주황색 선 정도에 위치하고 있다. 시장이 과열되는 양상을 보이면 해당 지표를 지속적으로 모니터링하는 것이 도움이 된다. 비트코인 사이클에 한정된 지표지만, 비트코인 사이클은 암호화폐 시장 전반에 지대한 영향을 미친다.

이 책에서는 장기적인 사이클을 파악하는 온체인 지표를 주로 소개했기 때문에 다루지 않았지만, 단기투자자들의 투자심리를 가늠해볼 수 있는 SOPR 지표도 주의 깊게 살펴보기 바란다. SOPR(Spent Output Profit Ratio)은 온체인상에서 거래된 암호화폐가 얼마나 수익을 냈는지 그 비율을 확인하는 지표다. 특히 단기보유자의 SOPR을 주의 깊게 보아야 한다. 1을 기준으로 하는데, 1 이하라는 것은 현재 비트코인 가격이 최근 비트코인 매수자들의 매수 가격보다 낮아 대부분의 단기매수자가 손해를 보고 있다는 뜻이다. 손해를 본 투자

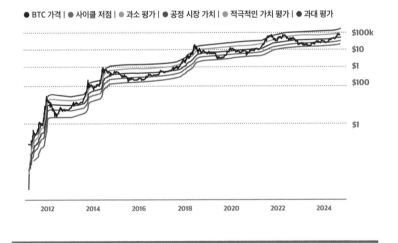

비트코인 사이클 마스터

● BTC 가격 | ● 사이클 저점 | ● 과소 평가 | ● 공정 시장 가치 | ● 적극적인 가치 평가 | ● 과대 평가

(출처: LookIntoBitcoin)

자들이 많을수록 과매도 상황이 되기 쉽고, 이후 반등 가능성은 상대적으로 높아진다. 그래서 SOPR은 저평가 구간을 찾는 데 중요한 지표로 간주된다.

온체인 지표는 암호화폐 투자에서 가장 중요하게 살펴봐야 할 지표다. 하지만 맹신해서는 안 된다. 참고용으로 사용하되, 다른 지표와 함께 검토해야 한다. 반감기를 거듭할수록 보상에 의한 공급량은 계속해서 줄어들 것이다. 공급량이 감소하면 전체 시가총액의 변동성도 감소하며, 이는 온체인 지표를 투자에 활용하는 것이 점점 제한되는 시기가 다가올 수 있음을 의미한다. 더욱이 비트코인과 이더리움의 현물 ETF가 승인되었기 때문에 이제는 ETF의 거래 추이도 주목해야 한다.

실제로 R호들 비율을 비롯해 여러 온체인 지표가 절대적인 수치에서는 지속적으로 하향 추세를 나타내며 변동폭도 좁아지는 것을 확인할 수 있다. 그럼에도 온체인 지표는 여전히 암호화폐 시장의 상황을 판단하는 데 유용한 투자지도다. 물론 앞으로 지표를 해석하는 방법이 조금씩 달라질 여지가 있고 새로운 지표도 계속해서 생겨날 것이다. 특정한 지표를 맹신하지 말고, 여러 지표를 통해 시장 상황을 폭넓게 이해하는 훈련을 하길 권한다.

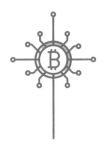

2장
참고 지표를 활용한 시장분석

암호화폐의 변동성은 장점이 될 수 있다

암호화폐의 변동성이 큰 이유는 무엇일까? 그 이유는 다양하지만, 비트코인만 놓고 본다면 '공급의 비탄력성'을 가장 중요한 원인으로 꼽을 수 있다. 비트코인은 수요가 늘거나 줄어든다고 해서 그에 맞춰 공급량을 늘리거나 줄일 수 없다. 이런 특성을 경제학에서는 '공급의 비탄력성'이라고 한다. 비트코인의 발행량은 2,100만 개로 정해져 있고, 약 10분마다 새로운 비트코인이 세상에 태어난다. 아무리 많은 노드들이 치열하게 경쟁해도 난이도 조절을 통해서 대략 10분마다 신규로 공급되도록 설계되어 있다.

반면에 수요는 사람들의 의지에 따라 쉽게 변한다. 비트코인은 매우 탄력적인 수요와 매우 비탄력적인 공급이 만나는 시장이다. 일반적인 시장은 수요가 늘면 공급량이 증가해 수급을 맞추겠지만 비트코인은 그럴 수 없기에 가격이 철저하게 수요로 결정된다.

공급의 가격탄력성 그래프는 어떤 재화의 가격이 변화했을 때 공급량이 얼마나 변하는지를 나타낸 것이다. 비트코인의 경우 '완전 비탄력적' 재화라고 할 수 있다. 그렇기 때문에 수요가 조금만 줄어도 가격이 크게 하락하고, 수요가 조금만 늘어도 가격이 크게 상승

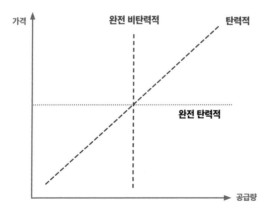

공급의 가격탄력성

(출처: Coindesk)

한다.

　변동성의 원인을 비트코인에서 전체 암호화폐로 확장해서 생각해 보자. 암호화폐의 변동성이 큰 이유는 신생 사산이기 때문이다. 최초의 암호화폐인 비트코인은 2009년에 세상에 공개되었고, 플랫폼 암호화폐의 대장인 이더리움은 2015년에 공개되었다. 400년이 넘는 역사를 자랑하는 주식과 비교하면 신생아 수준이다. 주식의 역사는 1602년에 설립된 동인도주식회사까지 거슬러 올라간다. 그런데 이렇게 오랜 전통을 자랑하는 주식도 여전히 큰 변동성을 지니고 있다. 1929년 경제 대공황, 1987년 블랙 먼데이, 2002년 닷컴버블 붕괴, 2008년 금융위기, 2020년 팬데믹까지 시장이 완전히 붕괴될 뻔한 위험도 있었다.

　신생 자산의 변동성이 전통적인 자산의 변동성보다 큰 이유는 호재나 악재가 발생했을 때 이를 가격에 얼마나 반영해야 할지 경험적인 데이터가 부족하기 때문이다. 매수자와 매도자 쌍방의 합의하에 가격이 결정되는 '가격발견(Price Discovery) 기능'이 취약하다 보니 시장에 특정한 이슈가 발생하면 가격이 한쪽으로 과도하게 치우치게 된다. 오를 때는 너무 오르고 떨어질 때는 너무 떨어진다. 게다가 암호화폐 시장은 24시간 돌아가고, 거래를 일시적으로 중단하는 서킷 브레이커(Circuit Breakers) 같은 제도도 없다.

　암호화폐의 변동성이 큰 또 다른 이유로는 캐즘(Chasm) 현상을 들 수 있다. 캐즘은 지질학에서 따온 용어로, 새로운 제품이나 서비스가 대중에게 받아들여지기까지 겪는 침체기를 뜻한다. 새로운 기술이 나타나면 초기에는 15% 내외의 극소수만 이 기술을 수용한다. 주류 시장에 진입하기 위해서는 시간이 필요하다. 블록체인과 암호화폐는 새로운 기술인 만큼 아직 캐즘을 겪는 중이라고 봐도 무방하다. 컴퓨터, 인터넷, 모바일이 처음 등장했을 때도 비슷했는데, 암호화폐는 탈중앙화라는 가치 아래 소유권에 관한 부분을 전면적으로 건드리기에 가히 혁명이라 부를 만하다.

그런데 우리는 여기서 중요한 질문을 던져야 한다. 암호화폐의 가격변동성이 투자에 문제가 될까? 필자는 오히려 그 반대라고 생각한다. 변동성은 시장을 활기차게 만드는 핵심적인 요소다. 만약 암호화폐 시장에서 변동성이 사라진다면 많은 투자자들이 시장을 떠날 것이다. 사실 변동성은 투자자들에게 굉장히 남는 장사다. 변동성 때문에 가장 크게 손해를 본다고 하면 얼마나 보게 될까? -100%다. 원금과 이자를 모두 잃는 게 가장 최악의 경우다. 반면에 상방은 무한대다. 10배를 벌지, 100배를 벌지 가늠할 수 없다.

반드시 확인해야 할 현물 거래량의 흐름

비트코인은 수요에 의해 가격이 결정되므로 기본적으로 먼저 살펴보아야 하는 지표는 **현물 거래량**이다. 거래량은 다양한 데이터를 통해 집산한다. 현물 거래량이 꾸준히 늘어난다는 것은 자산의 펀더멘털적인 측면에서 중요한 지점이라고 볼 수 있다.

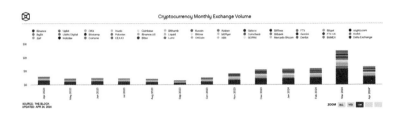

거래소별 비트코인 월간 현물 총거래량(2024년 4월 기준)

만약 가격이 상승하는데 현물 거래량이 따라오지 못한다면 레버리지에 의해 거품이 끼는 것으로도 볼 수 있다. 특정 자산 가격이 거래량 없이 상승하면 그만큼 쉽게 하락할 수 있다. 가격 상승기에 거래량이 적다면 이 구간에 자산을 매입한 시장 참여자들이 적다는 뜻이다. 즉, 소수의 투자자가 가격상승을 주도했을 가능성이 높기 때문에 이들이 매도에 나서는 즉시 가격이 다시 떨어질 수 있다. 특히나 시기적으로 대세 상승장이 아니거나, 유동성이 크지 않은 암호화폐의 경우 적은 물량으로도 펌프앤덤프가 가능하다.

비트코인 현물 ETF 역시 꾸준한 거래량이 중요하다. 거래량과 더불어서 순유입량도 함께 보아야 한다. ETF가 승인된 초기 블랙록의 IBIT, 피델리티의 FBTC 등 신규 ETF는 거래량이 늘면서 유입량도 함께 늘었다. 그런데 그레이스케일의 GBTC는 비싼 수수료로 인해 유출이 많이 일어났다. 블랙록의 IBIT를 중심으로 한 신규 ETF

비트코인 현물 ETF 순유입 유출량

Ticker	Name	Total Volume ($ Mlns)	Total Flows ($ Mlns)	Assets ($ Mlns)	3/20 $Volume ($ Mlns)	3/20 Flow ($ Mlns)
GBTC	Grayscale Bitcoin Trust BTC	$ 48,560	-$13,271.8	$23,298.4	$1,251.8	-$386.6
IBIT	iShares Bitcoin Trust	$ 60,629	$13,089.0	$15,439.5	$2,616.9	$49.3
FBTC	Fidelity Wise Origin Bitcoin Fund	$ 30,547	$6,931.2	$8,765.7	$1,019.5	$12.9
ARKB	ARK 21Shares Bitcoin ETF	$ 8,908	$1,995.0	$2,578.1	$355.5	$23.3
BITB	Bitwise Bitcoin ETF	$ 4,926	$1,489.8	$1,914.1	$139.4	$18.6
HODL	VanEck Bitcoin Trust	$ 1,734	$393.6	$514.4	$36.3	$9.3
BRRR	Valkyrie Bitcoin Fund	$ 371	$369.5	$415.3	$20.1	$2.9
BTCO	Invesco Galaxy Bitcoin Etf	$ 2,068	$164.7	$331.9	$65.8	-$10.2
EZBC	Franklin Bitcoin ETF	$ 591	$193.7	$214.0	$45.5	$19.0
BTCW	WisdomTree Bitcoin Fund	$ 1,182	$58.5	$72.9	$49.5	$0.0
	Total	$159,514.5	$11,413.3	$53,544.2	$5,600.3	-$261.6
	Total EX-GBTC	$110,954.9	$24,685.1	$30,245.8	$4,348.5	$125.0

Source: Bloomberg Intelligence

Bloomberg

(출처: Bloomberg Intelligence)

의 유입량과 그레이스케일의 GBTC를 필두로 한 유출량의 흐름에 따라 비트코인 가격의 방향성이 결정되었다.

향후 퇴직연금이나 보험 등의 상품과 더불어 베이비부머의 자본이 비트코인 현물 ETF에 자연스럽게 유입될 가능성이 높다. 베이비부머는 전 세계에서 가장 많은 부를 보유한 세대다. 2023년 기준 미국인의 자산은 약 156조 달러(한화 약 21경 2,784조 원)인데, 이 중 절반인 78조 1,000억 달러(한화 약 10경 6,528조 원)가 베이비부머의 소유였다. 또 하나 중요한 부분은 현재 비트코인 현물 ETF의 흐름을 주도하는 것이 전 세계 1위 자산운용사 블랙록이라는 사실이다. 블랙록은 각 국가의 국부펀드 및 연기금과도 활발한 협상을 진행 중이라고 밝힌 바 있다. 비트코인 현물 ETF와 더불어 이더리움 현물 ETF도 함께 눈여겨보아야 한다. 둘은 입지적인 측면에서 다소 차이가 있지만, 장기적인 관점에서 이더리움 현물 ETF에도 거대한 자본이 유입될 가능성은 충분히 높다.

시간이 지날수록 ETF발 유입량이 급속도로 늘이날 것이고, 이는 비트코인과 이더리움, 더불어 전체 암호화폐의 가격의 급격한 상승으로 이어질 가능성이 높다.

3가지 선물거래 지표를 통한 시장전망

비트코인이 현물 거래량 없이 가격만 오르는 경우 그 배경에는 선물투자가 있다. 암호화폐 시장에도 주식 등 다른 자산시장처럼 선물거래가 존재한다. 통상 암호화폐 선물거래량은 현물거래량보다 우위에 있다. 레버리지를 이용할 수 있기 때문이다.

현물거래는 상품이나 금전을 실제로 맞교환하는 것을 뜻한다. 업비트, 빗썸 등 국내 거래소에서 실시간으로 암호화폐를 매매하는 것이 현물거래다. 반면에 선물거래는 현재 가격으로 미래의 상품을 사는 것이다. 계약금만 걸어놓고 잔금을 치르는 날 상품을 교환하는 방식이다. 미래에 가격이 상승할 경우 매수주문을 넣은 투자자는 이익을, 매도주문을 낸 투자자는 손해를 보는 형태다. 선물거래를 통해 시장을 바라볼 때는 3가지 지표를 주시해야 한다.

먼저 '미결제약정(Open Interest)'이다. 미결제약정은 선물거래소에서 전체 투자자가 매수(롱포지션) 또는 매도(숏포지션)에 진입한 이후 청산하지 않고 보유 중인 모든 계약의 수를 의미한다. 미결제약정

선물 미결제약정

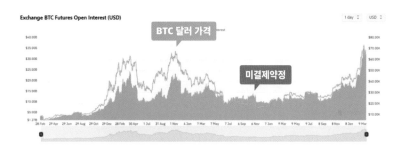

(출처: Coinglass)

수치가 높다는 건 시장에 대한 관심이 많고 시장이 활기찬 상태라는 것을 의미한다. 이 수치가 높으면 기존 추세가 지속될 가능성이 크다. 코인글래스(coinglass.com) 등의 사이트에서 확인할 수 있다.

두 번째는 '예상 레버리지 비율'이다. 예상 레버리지 비율은 선물거래소의 미결제약정을 해당 거래소 암호화폐 보유량으로 나눈 값이다. 이 값이 높을수록 투자자들이 선물거래에서 높은 위험을 감수하며 레버리지를 사용하고 있다는 뜻이다.

세 번째는 '펀딩레이트(Funding Rate)'다. 펀딩레이트(펀딩비율)는 선물거래소에서 매수 또는 매도 비율이 어느 한쪽으로 쏠리는 정도를 나타내는 지표다. 투자자의 심리를 보여주는 지표로 펀딩레이트가 0 이상일 때는 매수 심리, 0 이하일 때는 매도 심리가 강한 것으로 해석한다. 즉, 향후 가격이 올라갈 것으로 예상하는 투자자가 많으면 펀딩레이트가 0 이상으로 올라가고 반대로 가격이 떨어질 것으로 예측하는 투자자가 많으면 0 아래로 떨어진다.

미결제약정이나 레버리지 비율이 아무리 높아도 펀딩레이트가 음수일 경우 시장에는 부정적으로 작용한다. 매수보다 매도 주문을 넣은 투자자가 더 많다는 뜻이기 때문이다.

가격에 급격한 변동을 일으키는 청산

청산이란 거래가 강제로 종료되는 것을 말한다. 유동성과 관련 있는 개념으로 2가지 종류가 있다.

> 1. 임의청산: 롱포지션이나 숏포지션 등의 포지션을 투자자가 자발적으로 청산
> 2. 강제청산: 손실이 증거금을 넘어설 경우 자동으로 청산

강제청산은 담보로 설정한 자산의 가치가 포지션을 유지하기 위해 계좌에 유지해야 하는 유지증거금보다 낮아지는 경우에 발생한다. 투자시장에서는 유동성이 풍부해야 자산을 원하는 가격에 안정적으로 사고팔 수 있다. 유동성이 부족하면 투자자는 적절한 매매 시기를 놓치거나 불리한 조건에서 거래해야 한다. 선물거래와 관련

해서 유동성이 부족한 경우를 생각해 보면 미결제약정이 증가해서 체결해야 할 매매 주문이 쌓여 있는 경우다. 이렇게 되면 고래나 특정 세력이 시장을 쉽게 움직이기가 어렵다. 따라서 세력들은 유동성을 높이기 위해서 기존에 설정된 포지션의 청산을 유도한다.

그 방법은 생각보다 단순하다. 다량의 매도 주문을 넣어 가격을 급격히 떨어뜨림으로써 롱포지션의 강제청산을 유도하는 것이다. 이렇게 되면 가격이 하락해 숏포지션 투자자들은 수익을 실현할 기회를 얻게 된다. 즉, 세력들은 레버리지 포지션을 가진 투자자들을 공격하여 청산을 유도하고, 궁극적으로 이를 통해 그들의 손실을 자신의 이익으로 삼는다. 이를 통해 시장지배력을 확보하고

청산맵

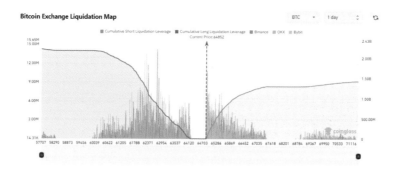

(출처: Coinglass)

심리적으로 우위에 서는 것이다. 청산과 관련한 주요 지표로는 청산맵(Liquidation Map)과 히트맵(Heat Map)이 있으며 주로 킹피셔(The Kingfisher)나 코인글래스를 통해 확인한다.

청산맵은 현재 가격을 기준으로 상방, 하방의 포지션이 청산될 수 있는 가격대를 표시해 둔 것이다. 우측은 숏포지션이 청산되는 구간이고, 좌측은 롱 포지션이 청산되는 구간이다.

한편, 청산 히트맵은 많은 포지션이 밀집한 구간을 표시한 것이다. 노랗게 표시된 곳이 포지션이 밀집한 구간이다. 가격은 청산을

청산 히트맵

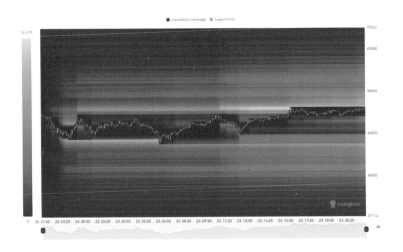

(출처: Coinglass)

위해 포지션이 밀집한 구간으로 이동하는 경우가 많다.

일단 청산이 일어나면 근접한 가격 구간의 연쇄적인 청산을 유발해 급격한 변동으로 이어질 수 있다. 가령 숏포지션이 연쇄 청산되면 매수세가 늘어나 가격이 급등할 가능성이 있다. 롱포지션의 연쇄 청산이 발생하면 매도세에 의해 가격이 급격히 하락한다.

미국 기관의 움직임을 확인하라

비트코인 현물 ETF 승인을 계기로 미국의 기관들이 시장에 적극적으로 진입하고 있다. 이에 미국 기관들의 움직임을 예의 주시할 필요성이 커지고 있다.

기관의 동향을 파악하는 가장 기본적이면서도 중요한 지표는 '코인베이스 프리미엄 갭(Coinbase Premium Gap)'이다. 이 지표는 북미 최대의 거래소인 코인베이스와 글로벌 1위 거래소인 바이낸스의 가격 차이를 집계한 것인데, 코인베이스는 주로 미국 기관투자자들이 거래하는 거래소다. 미국의 개인투자자는 로빈후드를 가장 많이 이용한다. 따라서 코인베이스 프리미엄 갭이 양수라면 코인베이스에서의 가격이 높다는 뜻이므로 미국 기관투자자들의 매수 압력이 강하거나, 개인투자자들의 매도 압력이 높다는 의미로 해석한다. 반대로 코인베이스 프리미엄 갭이 음수라면 미국 기관투자자들의 매도 압력이 강하거나, 개인투자자들의 매수 압력이 높다는 것을 뜻한다.

다음으로 시카고상품거래소(CME)를 주목해야 한다. 시카고상품

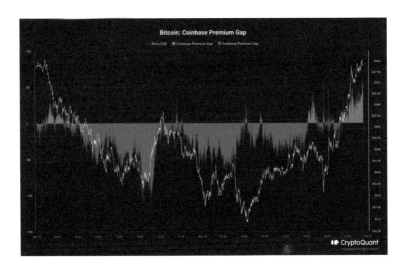

(출처: CryptoQuant)

거래소는 금융기관이 주로 이용하는 파생상품 거래소다. CME 비트코인 선물 계약 만기일이 다가오면 투자자에게는 2가지 선택지가 주어진다. 계약을 청산하고 비트코인을 받거나 아니면 만기일을 연장해야 한다. 만기일이 다가왔는데 현물시장과 선물시장의 가격 차이가 크다면 비트코인 가격에 큰 변동성이 나타날 수 있다.

CME 갭(CME GAP)은 CME의 비트코인 선물 계약의 주중 마지막 거래일 종가와 다음 거래일 시가 사이의 가격 격차를 의미한다. 쉽게 말해서 주말 동안 발생하는 가격 차이이고, CME 비트코인 선물

가격과 실제 비트코인의 가격 차이로도 볼 수 있다. 비트코인 CME 선물차트에서 비어 있는 부분이 바로 CME 갭이다. CME 선물거래에는 현물거래와 달리 만기일이 존재하고 휴장 및 폐장도 있다. 365일 24시간 거래되는 현물거래와 달리 폐장 이후에는 더 이상 거래되지 않는다. 따라서 그사이에 급격한 가격 변동이 발생하면 선물차트에 공백이 발생할 수도 있는데, CME 갭이 발생하면 선물가격은 물론 현물가격까지 요동칠 수 있다. 갭이 다시 채워질 것이라는 심리가 작용하기 때문이다. 선물가격이 하락할 경우 현물 비트코인 가격도 동반 하락할 가능성이 있어 주의가 필요하다. 선물시장 거래

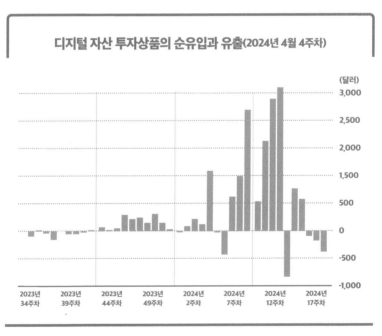

디지털 자산 투자상품의 순유입과 유출(2024년 4월 4주차)

(출처: CoinShares)

가 도리어 현물시장에 영향을 주는 '웩더독(Wag The Dog) 현상'까지 초래할 수도 있다. 선물시장 흐름을 유심히 살펴보면 의사결정을 하는 데 큰 도움이 될 것이다.

자산운용사 코인셰어스(CoinShares)가 매주 발표하는 '디지털 자산 투자상품의 순유입과 유출'을 보면 기관의 자금 유입 현황을 확인할 수 있는데 이 역시 투자에 도움이 되는 지표다. 코인셰어스의 홈페이지에서 누구나 무료로 확인할 수 있다.

'김프' 그리고 공포 및 탐욕지수

'김치 프리미엄'은 국내 거래소의 암호화폐 시세가 해외 거래소보다 높게 형성되는 것을 말한다. 줄여서 '김프'라고도 부른다. 반대 현상은 역프리미엄, '역프'다.

김프는 수요 대비 부족한 공급 때문에 발생하는 현상이다. 국내 암호화폐 투자열기가 얼마나 뜨거운지 알 수 있는 지표이기도 하다. 김프가 발생하는 또 하나의 큰 이유는 사실상 재정거래(Arbitrage)가 막혀 있기 때문이다. 재정거래는 상품 가격이 시장마다 다를 경우 저렴한 시장에서 상품을 매입해 비싼 시장에서 매도하면서 매매 차익을 얻는 거래다. 한국은 외환거래법으로 인해 재정거래가 사실상 막혀 있다. 해외로부터 비트코인의 유입과 유출이 자유롭지 못하고, 각종 규제도 많다. 실명 은행계좌를 연동해야 이용할 수 있기 때문에 외국인은 국내 거래소를 사용할 수 없다. 김치 프

공포 및 탐욕지수

(출처: Alternative)

리미엄은 2017년 불장 당시에는 50%를 넘기기도 했으며 2021년 초에도 15% 수준을 상회했다. 김프가 천정부지로 치솟는다는 것은 시장이 과열되었다는 것을 의미하므로 곧 조정될 여지가 있다고 해석할 수 있다. 김치프리미엄은 김프가(kimpga.com)와 크라이프라이스(cryprice.com) 등의 사이트에서 확인할 수 있다.

시장이 과열되었는지 점검하는 또 다른 중요한 지표로 '공포 및 탐욕지수(Fear & Greed Index)'가 있다. 얼터너티브(Alternative)에서 발표하는 자료로 홈페이지에서 확인할 수 있으며 공시된 업데이트 시간에 맞춰 데이터가 갱신된다. 가격변동성, 시장 모멘텀, 여론과 설문 등 여러 지표를 통해 1에서부터 100까지 지수를 산출한다. 지수가 낮을수록 투자자가 공포를 느끼는 상태고, 높을수록 탐욕스러운 상태다. 1에서 20은 극단적인 공포 상태로 투자자 입장에선 매수 구간이며, 80에서 100은 극단적 탐욕 상태로 매도 구간으로 볼 수 있다. 이 지표는 단기적인 추세를 보여주는 것이니 맹신하면 안 되고, 여러 지표와 함께 참고자료로 활용해야 한다.

거시경제 지표와 암호화폐 시장의 관계

거시경제는 암호화폐 시장에 중대한 영향을 미친다. 특히 미국의 경제지표를 잘 살펴보아야 한다. 그동안 비트코인 가격에 하방압력을 가한 근본적인 원인은 인플레이션이었고, 직접적인 영향을 미친 것은 금리였다. 비트코인은 인플레이션 헤지에 특화된 자산이지만, 이는 장기적인 관점에서 유효하다. 아직 비트코인을 바라보는 주류의 관점은 변동성이 큰 위험자산 쪽에 좀 더 가깝다. 그러나 비트코인은 2023년 미국의 중소형 은행 파산 사태에서 엄청난 존재감을 보여주었고, 앞으로 리스크 헤지에 특화된 대체자산이라는 정체성이 더욱 강화될 가능성이 높다. 더불어 복잡한 국제정세에서 지정학적 자산으로서의 정체성도 높아지고 있다. 지정학적 리스크가 발생했을 때 비트코인보다 더 안전하게 자산을 옮기고 보관할 수 있는 방법은 존재하지 않는다.

금리를 인상한다는 것은 유동성에 긴축이 일어난다는 의미와 유사하다. 미국 연방준비제도는 2022년 6월 이후 네 차례 연속 자이언트스텝을 단행하면서 자산시장을 크게 위축시켰다. 비트코인의 경우 크립토윈터 구간과 겹치면서 모든 자산 중에서도 가장 큰 타격을 받았다. 만약 연준이 금리를 인하한다면 비트코인을 비롯한 암호화폐 시장에 호재로 작용할 수 있다. 연준의 결정을 가늠하기 위해서는 몇 가지 지표를 확인해야 한다. 인베스팅닷컴(Investing.com)에서 여러 경제지표를 확인할 수 있는데, 핵심은 절대적인 수치가아니다. 중요하게 살펴봐야 할 것은 크게 2가지 지점이다.

첫째, 컨센서스(Consensus)와의 상대적인 차이를 가장 중요하게보아야 한다. 컨센서스란 집단의 구성원들 사이에서 합의된 의견을말한다. 주식으로 예를 들면 어떤 회사의 실적에 대한 애널리스트들의 예상치를 종합한 것을 말한다. 발표된 실적이 컨센서스를 크게 상회하면 '어닝 서프라이즈', 크게 하회하면 '어닝 쇼크'라고 한다.

컨센서스가 중요한 이유는 경제지표가 발표되기 전에 자산가격이 컨센서스를 먼저 반영하기 때문이다. 투자자의 기대감이나 공포감에 의해 가격이 미리 올라가거나 내려간다. 경제지표가 실제로발표되면 컨센서스를 상회하는지 하회하는지에 따라 가격 조정이이루어진다. 기대에 부응하면 가격이 더 상승하거나 보합을 유지하지만, 기대에 부응하지 못하면 하락한다.

둘째, 지표의 변화 추이를 지켜보아야 한다. 가령 물가와 관련된지표라고 가정해 보자. 물가상승률 추이가 계속해서 줄어드는지 살펴보는 것이 중요하다. 만약 큰 흐름상 문제가 없다면, 컨센서스에조금 부합하지 못하더라도 시장이 소화해 내는 경우도 있다.

고용, 소비, 물가, 경기 등 고려해야 할 지표들은 다양하며 이들은서로 독립적이지 않고 유기적으로 연결되어 있기 때문에 함께 살펴보는 것이 좋다. 실제 연준의 의사결정에도 여러 지표들이 작용한다. 가령 물가가 꺾이고 있더라도 고용, 소비, 경기 등과 관련된 지표의 추이가 좋으면, 향후 물가가 다시 올라갈 수도 있다는 우려에 통화정책을 결정하기가 쉽지 않다. 미국 경제는 강력한 긴축정책에도 불구하고 놀라울 정도의 성장성을 보였다.

물가를 측정하는 대표적인 지표로 소비자물가지수(CPI)가 있다. CPI는 소비자가 구입하는 상품이나 서비스의 가격 변동을 측정하는 지표다. 그런데 연준이 가장 중요하게 보는 물가지표는 CPI가 아

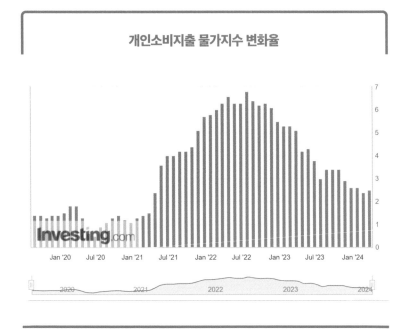

개인소비지출 물가지수 변화율

(출처: Investing.com)

니라 **개인소비지출 물가지수(PCE)**다. PCE는 가계와 민간 비영리기관이 물건을 사거나 서비스를 이용하는 데 지급한 모든 비용을 합친 것이다. 한 나라에 있는 모든 개인이 소비한 돈의 총액으로 볼 수 있다. PCE가 올라가면 소비가 증가한 것으로 인플레이션 압력이 높아진다고 해석할 수 있다. 연준이 강조하는 목표 물가상승률 2%는 근원 PCE 2%를 의미한다. 근원 PCE는 변동성이 심한 에너지와 식품을 제외한 개인소비지출 물가지수를 의미한다.

경제지표는 아니지만 중요하게 봐야 할 것으로 FOMC, 즉 미국 연방공개시장위원회의 정기회의 일정을 들 수 있다. 연준은 미국의 중앙은행으로 미국의 통화정책을 결정하는 기관이다. 연준의 최고 의사결정권자가 FOMC를 구성하며, FOMC는 1년에 8번 정기회의를 개최한다. 여기서 금리인상이나 긴축속도 조절 등 중요한 정책이 결정된다. 또한 연준의장을 비롯한 연준의 여러 고위인사의 발언에도 주목해야 한다. 이들의 발언에 따라 시장이 움직이는 경우가 빈번하게 발생하기 때문이다.

비트코인 투자와 관련해서 주목해야 하는 지수로는 달러인덱스와 광의통화(M2)가 있다. 1부에서 설명했듯 달러인덱스는 대개 비트코인 가격과 반대로 움직인다. 달러 가치가 상승하면 비트코인 가치는 하락하고, 달러 가치가 하락하면 비트코인은 가치는 상승한다.

통화지표에는 본원통화(M0), 협의통화(M1), 광의통화가 있는데 M0는 중앙은행이 찍어서 시중에 공급한 현금성 예금이고, M1은 당장 현금으로 바꿀 수 있거나 수표를 발행해 지급할 수 있는 결제성 예금, M2는 M1에 준결제성 예금까지 더한 것이다. 즉, M2는 경제에서 유동적으로 활용될 수 있는 모든 잠재적인 화폐량인데 자산시장에서 흔히 말하는 유동성으로 생각하면 된다. 달러인덱스와 달리 글로벌 M2는 비트코인과 같은 움직임을 보인다. 기관의 유입으로 제도권 자산이 된 만큼 앞으로도 거시경제 변수가 비트코인에 많은 영향을 미칠 것으로 보인다.

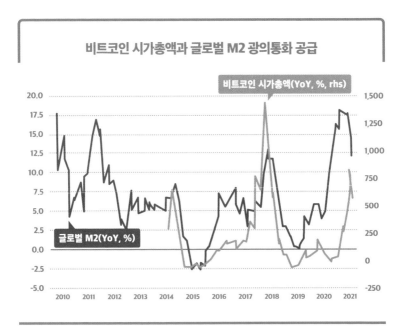

비트코인 시가총액과 글로벌 M2 광의통화 공급

비트코인 시가총액(YoY, %, rhs)

글로벌 M2(YoY, %)

(출처: Morgan Stanley)

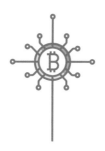

3장

개인투자자를 위한 투자전략

암호화폐도 장기투자가 가능할까

　지금까지 암호화폐 투자에 필요한 여러 지표를 살펴보았다. 이제 암호화폐 투자를 대하는 전반적인 마인드와 원칙에 대해 다루고 이야기를 마무리하려 한다. 우선 장기투자에 대해 말하고 싶다. 많은 투자자들이 '암호화폐도 장기투자가 가능할까?'라는 의문을 가진다. 답부터 이야기하자면, 가능하다. 그런데 전통적인 자산에서 말하는 장기투자와 암호화폐에서 말하는 장기투자의 '장기' 간의 실질적인 시간에는 차이가 있다. 따라서 전통적인 자산과 유사한 수준 혹은 그 이상으로 장기투자가 가능한 코인은 현재로서는 비트코인 정도에 그친다. 비트코인은 향후 5년이고 10년이고 묵혀두어도 꾸준하게 상승할 것으로 본다. 개인적으로는 비트코인에 더해 이더리움까지 포함해도 된다고 생각한다. 미국에서 이더리움 현물 ETF가 승인되었기 때문에 이더리움 장기투자에 대한 긍정적인 전망은 더욱 확고해졌다.

자, 그러면 나머지 알트코인은 어떨까? 과연 알트코인도 장기투자가 가능할까? 현재 시점에서 대부분의 알트코인은 장기투자를 하기에는 검증이 덜 되었다고 보는 것이 맞다. 코인마켓캡에 등록된 프로젝트만 해도 2024년 5월 3일 기준 9,857개가 넘는다. 실제로는 이보다 훨씬 많은 코인이 존재한다. 이더리움을 제외한 나머지 알트코인 중 장기투자가 가능한 코인은 아무리 많이 잡아도 50개가 안 될 거라고 본다. 현실적으로는 20개 안팎에 불과하다.

그러면 알트코인 중에서 장기투자에 적합한 프로젝트를 선별하려면 어떻게 해야 할까? 특정한 서비스에서 사용되는 유틸리티 토큰보다는 서비스가 운영되는 **인프라스트럭처 기반의 코인**이 장기투자에 적합하다. 서비스는 생각보다 유행이 짧다. 트렌드는 빠르게 변하고 경쟁자도 쉽게 나타난다. 하지만 플랫폼은 트렌드 변화와 새롭게 대두되는 서비스의 변화를 모두 흡수할 수 있다. 이런 측면에서 볼 때 이더리움을 필두로 솔라나, 아발란체 같은 레이어1 그리고 레이어1의 확장성을 해결해 주는 레이어2가 장기투자에 유리하다고 본다. 물론 플랫폼도 경쟁이 심하지만 일정한 궤도에 올라서는 것 자체가 어렵고, 일단 한 번 안착하면 꾸준히 존속할 가능성이 높다. 더불어 앞서 2부에서 설명했던 것처럼 펀더멘털이 강한 프로젝트가 장기투자에는 더욱 유리하다. 내러티브는 단기적으로 크게 상승할 수 있지만 지속력은 펀더멘털에 달려 있다.

암호화폐는 변동성이 크기 때문에 사고파는 것을 반복해서 수익을 얻는 트레이딩에 유리한 환경이다. 그런데 대부분의 투자자는 사고팔기를 반복하면서 손실이 걷잡을 수 없이 커진다. 따라서 대부분의 개인투자자에게는 장기투자가 유리하다. 필자가 장기투자를 권유하는 이유는 가장 안전하고 편하면서도, 실제로 수익률도 가장 높기 때문이다. 적지 않은 투자자들이 가장 싸게 사서 가장 비싸게 팔려고 고민하지만, 시간이 지나고 보면 대부분 좋은 선택이 아니었다는 걸 깨닫는다. 암호화폐 투자도 장기투자가 가장 현명한 대안이다.

암호화폐 투자성공을 위한 3가지 열쇠

암호화폐 투자를 잘하려면 3가지를 잘하면 된다. 바로 종목선택, 마켓타이밍 그리고 자산배분이다.

첫 번째, 종목선택부터 이야기해 보자. 암호화폐 중에서 가장 안정적인 코인은 모두가 알고 있듯 '비트코인'과 '이더리움'이다. 그런데 많은 투자자들이 이 두 코인 외의 다른 알트코인에 더 많이 투자하면서 손실을 입는다.

그러면 알트코인에 투자하는 것 자체가 문제일까? 그렇지는 않다. 문제는 투자할 암호화폐를 선택하는 기준이다. 많은 사람들이 자신이 투자할 암호화폐가 어떤 프로젝트인지도 제대로 파악하지 못한 채 유명 유튜버의 말만 듣고 덜컥 매입하곤 한다. 그게 아니면 그저 급등하는 알트코인에 섣불리 올라타기도 한다. 바로 포모라는 감정 때문이다.

감정에 휘둘리지 않고, 정확한 데이터와 근거를 바탕으로 장기적으로 가치 있는 프로젝트에 투자해야 한다. 데이터 기반의 분석법과 현명한 결정을 내릴 수 있도록 폭넓은 시야를 키워야 한다. 그리고 좋은 알트코인을 선별할 수 있는 노하우를 기르는 데 집중해야 한다. 물론 변수가 많은 시장의 특성상 객관적으로 좋다고 판단했던 알트코인이 엄청나게 등락을 거듭하는 경우도 빈번하다. 그래서 마켓타이밍과 자산배분을 반드시 함께 고려해야 한다.

두 번째, **마켓타이밍**이다. 알트코인에 투자하려면 기본적으로 트레이딩 관점을 탑재해야 한다. 지나치게 짧은 주기로 사고파는 트레이딩을 하라는 말이 아니다. 앞서 언급했듯 그렇게 접근하면 대부분의 개인투자자는 무조건 실패한다. 개인투자자가 투자에 성공하려면 **대세 상승장 사이클**을 파악하고 이것을 이용하는 방향으로 접근해야 한다. 단기적으로는 등락하더라도 상승장 동안에 충분한 수익을 거두고, 현금화까지 하는 전략을 취해야 한다는 뜻이다. 물론 아무리 변수를 감안하더라도 알트코인의 변동성은 예측 범위 밖에 있는 것이 사실이다. 특정 코인이 언제 오르고 내리는지 정확히 짚어낼 수 있는 사람은 없다. 만약 암호화폐 시장에서 차트를 보면서 그렇게 단언하는 사람이 있다면, 명백하게 거짓말을 하고 있다고 보면 된다. 암호화폐 시장의 변동성은 기술적 분석을 빈번하게 무효화한다.

그래서 세 번째, **자산배분**이 정말로 중요하다. 바로 포트폴리오 구성 전략이다. 어떤 악재와 변수를 마주하더라도 너끈히 대처하려면 투자에 원칙이 있어야 하며, 그 바탕에 포트폴리오 구성이 자리해야 한다. 암호화폐 투자자라면 기본적으로 안전자산과 위험자산을 구분할 수 있어야 한다. 만약 암호화폐에만 투자한다면 안전자산은 단연코 비트코인이다. 거기에 이더리움 정도까지 포함할 수 있다. 포트폴리오에 기본적으로 이 두 코인의 비중을 충분히 유지하는 것이 좋다. 암호화폐 시장은 변동성이 워낙 크기 때문에 수익성만큼 안정성도 매우 중요하다.

과거 사이클에서 배운 교훈을 떠올려 보자. 비트코인과 이더리움을 제외한 알트코인 위주로만 투자한 경우, 대세 상승장 사이클이 끝난 시점에 결국 '마이너스 수익'을 경험하는 경우가 많았다. 이 시장에서는 욕심을 조금 내려놓는 것이 중요하다. 전체 포트폴리오에서 알트코인의 비중이 상대적으로 작더라도 종목과 마켓타이밍을 잘 잡으면 훌륭한 수익을 얻을 수 있다. 이제 자산배분 전략에 대해 좀 더 자세히 알아보자.

현명한 포트폴리오를 만드는 5가지 노하우

자산배분을 잘하기 위해서는 5가지 가이드를 명심해야 한다.

첫째, 자산 간의 상관관계를 고려하며 분산투자를 해야 한다.
둘째, 집중투자로 수익률을 높여야 한다.
셋째, 자산과 현금의 비중을 잘 배분해야 한다.
넷째, 포트폴리오를 리밸런싱해야 한다.
다섯째, 포트폴리오에 정답은 없다.

첫째, 분산투자와 둘째, 집중투자는 언뜻 상반된 이야기처럼 들릴 수 있다. 그런데 완전히 반대되는 것은 아니다. 기본적으로 분산을 하지만, 종목마다 무게감을 달리해야 한다는 의미를 내포하고 있기 때문이다. 하나씩 짚어보자.

앞서 언급했듯이, 분산투자와 관련해 미국의 경제학자 제임스 토빈은 "달걀을 한 바구니에 담지 마라"라는 유명한 격언을 남겼다. 암호화폐 투자 역시 분산투자를 해야 리스크를 최소화하고 수익률을 높일 수 있다. 중요한 것은 자산 간의 상호관계다. 모든 자산은 성격이 다르다. 어떤 자산은 수익률을 높여주고, 어떤 자산은 인플레이션을 방어한다. 자산 중에는 완전히 반대의 움직임을 보이는 자산도 있다.

자본규모가 크거나, 소득을 통한 현금 흐름을 창출할 수 있는 기간이 길지 않다면, 암호화폐 외의 여러 자산에 분산투자하는 것이 도움이 된다. '올웨더 투자법(Wealth For All Weathers)'이라는 것이 있는데 주식, 채권, 금, 원자재 등 다양한 자산에 분산투자함으로써 한 자산의 가격이 하락하더라도 다른 자산의 가격상승으로 손실을 상쇄하는 방법이다. 그런데 일반적인 개인투자자가 모든 자산에 올웨더 방식으로 투자하면 각 자산에 투입되는 돈이 적어서 효율성, 즉 수익률이 떨어질 수밖에 없다.

그래서 바로 둘째, 집중투자가 필요하다. 앞서 분산투자를 다른 자산으로까지 확장한 이유는 암호화폐의 역사가 15년 남짓으로 짧아서 불확실성을 완전히 검증하기에는 시간이 더 필요하기 때문이다. 그럼에도 개인적으로 비트코인은 꾸준히 가치가 상승하는 안정적인 자산이라고 생각한다. 따라서 비트코인과 이더리움은 집중투자가 가능한 코인이라고 보지만 나머지 알트코인은 집중투자를 권하기는 어렵다. 시가총액 상위 10위에 이름을 올렸던 테라-루나 사태를 떠올릴 필요가 있다.

그러면 분산투자와 집중투자, 이 2가지를 가지고 시나리오를 정리해 보자. 만약 암호화폐에 집중투자하면서 포트폴리오를 분산하려 한다면 어떤 전략을 수립해야 할까? 보수적인 투자자라면 비트코인을 70% 이상 보유하고, 나머지를 이더리움과 더불어 우량한 알트코인으로 채우는 게 좋다. 중립적인 투자자라면 비트코인과 이더리움을 합해서 60~70% 정도 가지고 가는 게 좋다. 나머지 30~40%를 가지고 포트폴리오를 다양하게 구성하면 수익률까지 극대화할 수 있다. 공격적인 성향의 투자자라도 50% 정도는 비트코인과 이더리움으로 채울 것을 권한다.

비트코인과 이더리움을 제외하고 시드의 50%가량은 가급적 시가총액 상위 30위에서 50위 안에 들어가는 코인으로 채우는 것이 좋다. 알트코인은 시가총액이 상위권이라도 어차피 절대적인 규모 자체가 작아서 크게 오를 가능성이 여전히 존재한다. 그리고 나머지 시드는 성장이 기대되지만 저평가된 알트코인과 단기투자용 알트코인에 자유롭게 투자하면 된다. 어떤 코인이 상승할지는 누구도 모르기 때문에 농사를 짓듯이 다양한 코인에 소량의 시드를 투자하는 것도 나름 괜찮은 전략이다. 그리고 이 과정에서 수익이 100~200% 이상 난다면 원금을 미리 회수하는 것이 좋다. 다만, 자신이 운용할 수 있는 수준으로 포트폴리오를 구성해야 한다. 알트코인은 막연한 '존버'보다 트레이딩 관점에서 접근해야 하기 때문이다.

셋째, 자산과 현금의 비중을 적절히 배분해야 한다. 투자를 하다 보면 기회인 건 알겠는데 현금이 없어서 투자를 못 하는 경우를 의외로 자주 접한다. 시장의 불확실성을 수익으로 연결하려면 현금 보유가 정말 중요하다. 코인 가격이 충분히 하락했고 상승할 여력이 있다고 판단되면 추가 매수, 즉 '물타기'에 들어가야 한다.

단, 물타기를 잘못했다가는 손실이 걷잡을 수 없이 커지기 때문에 바닥에 가까워졌는지 여러 지표를 통해 확인해야 한다. 그리고 반드시 분산투자로 매입의 '텀'을 길게 가지고 가야 한다. 조금 떨어졌다고 사고, 조금 떨어졌다고 사는 것을 반복하면 손실이 걷잡을 수 없이 커질 수 있다. 더불어 현금을 계속해서 소진하게 되면서 정작 중요한 매입 구간에서는 현금이 남아 있지 않은 경우가 발생할 수 있다. 그리고 물타기는 장기적으로 우상향하는, 향후 성장가능성이 높은 우량한 코인에만 유효한 전략이라는 점을 꼭 염두에 두기 바란다. 참고로 물타기는 장기투자에 유효한 전략이다. 단기투자자는 물타기보다는 투자원칙에 따라서 손절 전략을 취해야 한다.

현금을 적절하게 보유해야 하는 이유는 투자의 효율성 때문만은 아니다. 자산과 현금의 비율을 정할 때는 유동성을 고려해야 하는데 여기서 말하는 유동성은 필요할 때 언제든 현금화할 수 있는 것을 뜻한다. 많은 돈이 자산에 들어 있으면 좋겠지만, 당장 필요한 현금까지 넣어서는 안 된다. 따라서 본인만의 원칙에 따라 자산 대 현금 비율을 조정하는 편이 좋다. 비율은 자신이 처한 상황에 맞게 구성하면 된다.

넷째, 포트폴리오를 리밸런싱해야 한다. 리밸런싱에는 다양한 방법이 있지만 본인이 설정한 비중을 유지하는 것이 기본이다. 만약 본인이 보수적인 투자자여서 비트코인과 알트코인 비중을 7 대 3 정도로 정했다고 가정해 보자. 만약 알트코인 가격이 많이 올라서 비중이 6 대 4로 바뀌었다면, 알트코인을 일부 팔고 비트코인을 매입해 다시 7 대 3 비율을 맞추면 된다. 장기투자 관점에서 안정성을 높이는 전략이다. 반대로 알트코인의 큰 상승률에 더 비중을 둔다면 상승한 비트코인을 알트코인 대세 상승장에서 일부 매도하고 알트코인을 추가로 매입할 수도 있다. 이는 수익성을 높이는 전략이다.

자산과 현금의 비중과 관련해서 정보화의 아버지로 불리는 클로드 섀넌(Claude Shannon)이 제안한 흥미로운 법칙이 있다. 바로 '섀넌의 도깨비: 균형복원포트폴리오(Shannon's Demon)'다. 자산과 현금의 비중을 5 대 5로 맞추는 개념인데, 안정적으로 투자하고 싶은 투자자라면 암호화폐에 이를 적용해 보자. 최초 투자 시 이렇게 비율을 맞추고, 만약 코인 가격이 급등하면 코인을 팔아 현금화해 5 대 5 비율을 맞춘다. 반대로 코인 가격이 하락하면 이번에는 현금을 동원해 코인을 사서 5 대 5 비율을 다시 맞춘다. 이 과정을 무한히 반복하면 기하급수적인 수익을 창출할 수 있다는 개념이다.

마지막 다섯째, 포트폴리오에는 정답이 없다. 만약 운용하는 자금이 많다면 안전성을 고려해서 분산투자를 하는 게 맞다. 반면에 자금이 적다면 집중투자로 높은 수익률을 노리는 게 더 나은 전략일 수 있다. 성장성에 더 집중해야 종잣돈을 모아 더 크게 불릴 수 있기 때문이다. 종잣돈을 충분히 확보하면 포트폴리오를 다시 리밸런싱하면 된다.

자신만의 투자원칙을 세우자

자신의 상황과 성향에 따라 선택할 수 있는 투자방식은 천차만별이다. 즉, 모든 투자자에게 똑같이 적용되는 모범 답안은 없다. 따라서 투자를 잘하기 위해서는 자신만의 확고한 원칙을 세워야 한다. 참고가 될 만한 몇 가지 원칙을 소개한다.

첫째, 너무 욕심부리지는 않되, 본인이 활용할 수 있는 한도에서 최대한의 자금을 사용하는 것이 좋다. 없어도 되는 돈만 투자해야 한다는 격언이 있다. 그런데 그렇게 해서는 만족할 만한 수익을 낼 수 없다. 많은 돈을 투자할수록 수익이 높아지는 것은 분명한 사실이다. 단, 심한 레버리지나 삶이 궁핍해질 정도로 투자했다가는 나중에 크게 후회할 일이 생길 수 있으므로 스스로 범위를 잘 조율해야 한다.

둘째, 절대 조급하게 굴 필요가 없다. 물타기를 할 때도 실시간으로 물타기를 하는 투자자들이 있다. 이번이 마지막 기회고, 이 기회를 놓치면 끝이라고 생각하기 때문인데 이는 잘못된 생각이다. 앞으로도 기회는 수도 없이 온다. 특히나 장기투자자라면 급하게 마우스를 클릭할 일이 없다. 매매하기 전에 10번, 20번 더 생각할수록 좋다.

셋째, 반드시 분할매매로 접근해야 한다. 큰 물량을 한 번에 사고파는 전략은 타이밍을 잘 잡으면 굉장히 좋은 결과를 내지만 확률적으로 봤을 때 그러기가 쉽지 않다.

넷째, 포트폴리오를 잘 구성해야 한다. 앞서도 말했지만, 부연하자면 너무 특이하게 포트폴리오를 구성해선 안 된다. 주류로 가지고 가야 하는 자산을 중심에 두어야 하며, 위험하지만 상승할 가능성이 높은 프로젝트는 별도로 시드를 나누어서 배분해야 한다. 그리고 일정 수준의 현금은 늘 보유하고 있어야 한다. 어떤 자산이든 어차피 등락을 거듭한다.

다섯째, 투자로만 모든 것을 해결하려고 하면 안 된다. 노동소득 혹은 사업소득으로 현금 흐름을 꾸준히 발생시키는 것 역시 투자의 일환이다. 단기투자자의 경우는 트레이딩으로 현금 흐름을 만들어 내지만 장기투자자는 아니다. 기본적으로 '현금 채굴'을 열심히 해야 한다. 대부분의 개인투자자에게는 근로나 사업으로 현금을 벌고, 이를 활용해 우량한 코인을 꾸준히 모아나가는 것이 가장 현명한 전략이다.

직장인의 투자와 공부

마지막으로 직장인은 어떻게 투자해야 하는가에 대해 언급하며 이 책을 마무리하려 한다. 아마 이 책을 펼친 대부분의 독자가 평범한 직장인일 것이다. 직장인은 전업투자자가 아니다. 전업투자자처럼 모든 이슈를 실시간으로 모니터링하면서 투자할 수는 없다. 이슈가 발생한 것을 알았다고 해도, 업무시간에 대응한다는 것 자체가 어렵다. 즉, 속도전에서 불리하다. 따라서 직장인이라면 암호화폐 투자 역시 장기투자 관점으로 접근하는 것이 올바르다고 본다. 특수한 이슈에 의해 가격이 심하게 변동되는 코인을 많이 담는 것은 좋지 않다. 직장인의 투자는 단순할수록 좋다.

필자의 개인적인 판단으로는 직장생활로 번 월급 중 일정 비율을 비트코인을 비롯한 우량한 코인을 꾸준히 매입하는 데 사용하는 전략이 좋다고 생각한다. 투자에 활용할 수 있는 현금을 더 확보하기 위해 부업을 하거나 작은 금액으로 트레이딩을 해보는 것도 괜찮은 방법이다. 단, 꼭 말하고 싶은 것 한 가지는 개인투자자가 트레이딩을 주력으로 삼으면 거의 대부분은 실패한다는 사실이다.

그렇다면 직장인은 어떻게 암호화폐를 공부해야 할까? 관련 책을 쓰거나 누군가를 가르친다는 생각으로 공부하면 도움이 된다. 필자역시 그랬다. 책을 쓰고, 유튜브로 콘텐츠를 제작하고, 스터디를 진행하면서 정말 많은 공부가 되었다. 머릿속으로 내용을 잘 정리할수 있었다. 중요한 것은 많은 자료와 데이터를 매일 읽는 것이다. 그이후 실제로 검증해 보는 과정이 중요하다. 이 과정을 기록하는 것도 중요하다.

자료는 책부터 매체에서 제공하는 뉴스, 인사이트를 제공하는 칼럼, 리서치 보고서 등 다양하다. 특히 해외 매체를 많이 보면 트렌드와 이슈를 빠르게 파악할 수 있다. 필자 역시 온체인 지표 분석 플랫폼을 비롯해 다양한 유료 서비스를 구독하고 있다. 그리고 중요한정보는 반드시 메모를 해야 한다. 이렇게 계속해서 지식을 쌓아나가다 보면 어느새 투자내공을 갖춘 자신의 모습을 발견하게 될 것이다. 이 책을 읽는 모든 독자들의 행복한 투자, 성공적인 투자를 기원한다.

◆

참고문헌

◆

[문 헌 및 기 사]

99Bitcoins, Bitcoin Obituaries "Bitcoin is Dead" Declared 400+ Times, 99Bitcoins, https://99bitcoins.com/bitcoin-obituaries/

ADRIAN ZMUDZINSKI, "Blockchain Firm Ripple Fuses xRapid, xVia and xCurrent into RippleNet", COINTELEGRAPH, 2019.10.12., https://cointelegraph.com/news/blockchain-firm-ripple-fused-xrapid-xvia-and-xcurrent-into-ripplenet

A.H. Dyhrberg, Finance Research Letters "Bitcoin, Gold and the Dollar", Elsevier, 2016

Alex Bączkowski, "The Evolution of Privacy Coins", ALEPHZERO, 2023.09.07., https://alephzero.org/blog/evolution-of-privacy-coins/

Andrey Plat, "Bitcoin Ordinals under the hood. How Inscriptions and BRC20 workIntroduction", Medium, 2023.12.26., https://advisor-bm.medium.com/bitcoin-ordinals-under-the-hood-how-inscriptions-and-brc20-workintroduction-776bae9e864a

ANN BEHAN, "Harry Markowitz: Creator of Modern Portfolio Theory", Investopedia, 2022.05.05., https://www.investopedia.com/terms/h/harrymarkowitz.asp

Ansel Lindner, "THE BITCOIN-GOLD-CHINA CONNECTION", BITCOIN MAGAZINE, 2023.10.09., https://bitcoinmagazine.com/markets/the-bitcoin-gold-china-connection?utm_source=CryptoNews&utm_medium=appARK Invest, "BIG IDEAS 2023", ARK Invest, 2023.01.31., https://research.ark-invest.com/hubfs/1_Download_Files_ARK-Invest/Big_Ideas/ARK%20Invest_Presentation_Big%20Ideas%202023_FINAL_V2.pdfASHLEY LUTZ, "Billionaire Ken Griffin admits he was wrong about crypto after previously slamming it as a 'jihadist call'", FORTUNE, 2022.03.04., https://

fortune.com/2022/03/03/billionaire-ken-griffin-changes-crypto-stance/

Atlantic Council, "Central Bank Digital Currency Tracker", Atlantic Council, https://www.atlanticcouncil.org/cbdctracker/

BankUnderground, "Central Bank Balance Sheets: Past, Present and Future", Bank Underground, 2017.07.03., https://bankunderground.co.uk/2017/07/03/central-bank-balance-sheets-past-present-and-future/

BITCOIN MAGAZINE, "BITCOIN PRICE HISTORY: 2009-2023", BITCOIN MAGAZINE, 2023.03.02., https://bitcoinmagazine.com/guides/bitcoin-price-history

Bitcoin Mining Council, "GLOBAL BITCOIN MINING DATA REVIEW Q2 2021", Bitcoin Mining Council, https://bitcoinminingcouncil.com/wp-content/uploads/2021/07/2021.07.01-BMC-Q2-2021-Materials.pdf

BLOCK MEDIA, "월가가 만든 암호화폐 거래소 EDXM 시장 진입-시타델·피델리티·찰스슈왑 합작", BLOCK MEDIA, 2023.06.21., https://www.blockmedia.co.kr/archives/326270

BRIAN NEWAR, "MicroStrategy shareholders letter: We'll 'vigorously pursue' more BTC buys", COINTELEGRAPH, 2022.04.15., https://cointelegraph.com/news/microstrategy-shareholders-letter-we-ll-vigorously-pursue-more-btc-buys

BYDFi, "Marathon CEO: Bitcoin Halving Narrative "Just a Fantasy," BTC Won't Surge⋯", BYDFi, 2023.12.06., https://www.bydfi.com/blog/learn/trading-analysis/marathon-ceo-bitcoin-halving-narrative-just-a-fantasy-btc-wont-surge/

CASEY WAGNER, "MicroStrategy and Galaxy 'Bitcoin Mining Council' Claims Mining is One of Most Sustainable Industries", Blockworks, 2021.07.02., https://blockworks.co/news/microstrategy-and-galaxy-bitcoin-mining-council-claims-mining-is-one-of-most-sustainable-industries

Chainalysis Team, "The 2023 Global Crypto Adoption Index: Central&Southern Asia Are Leading the Way in Grassroots Crypto Adoption", Chainalysis, 2023.09.12., https://www.chainalysis.com/blog/2023-global-crypto-adoption-index/

Chainlink, "What Is a BRC-20 Token?", Chainlink, 2023.11.30., https://chain.link/education-hub/brc-20-token

CHANNEL-iN, "UTXO란? : 비트코인 송금방식, 개념 정리", Medium: CHANNEL-in blog,

2023.03.17., https://medium.com/channelin/utxo%EB%9E%80-%EB%B9%84%ED%8A%B8%EC%BD%94%EC%9D%B8-%EC%86%A1%EA%B8%88%EB%B0%A9%EC%8B%9D-%EA%B0%9C%EB%85%90-%EC%A0%95%EB%A6%AC-fa420fc9c6c4

Charles Yu, "Sizing the Market for a Bitcoin ETF", galaxy, 2023.10.24., https://www.galaxy.com/insights/research/sizing-the-market-for-a-bitcoin-etf/

Checkmate, "Supply Squeeze", glassnode Insights: The Week Onchain Newsletter, 2023.11.03., https://insights.glassnode.com/the-week-onchain-week-46-2023/

Cheyenne DeVon, "Billionaire Charlie Munger: Cryptocurrency is 'crazy, stupid gambling,' and 'people who oppose my position are idiots'", CNBC, 2023.02.16., https://www.cnbc.com/2023/02/16/billionaire-charlie-munger-cryptocurrency-is-crazy-stupid-gambling.html

Christine Vasileva, "Ripple Removes 'xRapid' 'xCurrent' From Website, Pushes RippleNet Instead", BITCOINIST, 2019, https://bitcoinist.com/ripple-webiste-pushes-ripplenet/

consensys, "The Ethereum Roadmap", consensys, https://consensys.io/ethereum-upgrade

CryptoGlobe, "$SOL: Former Goldman Sachs Exec Foresees Solana's Meteoric Rise, Cites Firedancer Client As Key C⋯", BINANCE SQUARE, 2023.10.31., https://www.binance.com/en/square/post/1574291

cryptopoiesis, "The Puell Multiple-A New Barometer of Bitcoin's Market Cycles", Medium: Unconfiscatable blog, 2019.04.05., https://medium.com/unconfiscatable/the-puell-multiple-bed755cfe358

David Han et al., "Weekly: The Halving Effect", Coinbase, 2024.04.26., https://www.coinbase.com/institutional/research-insights/research/weekly-market-commentary/weekly-2024-04-26

Dirk Niepelt, "Libra paves the way for central bank digital currency", VoxEU: Columns, 2019.09.12., https://cepr.org/voxeu/columns/libra-paves-way-central-bank-digital-currency

Ethereum, "Ethereum Whitepaper", Ethereum, https://ethereum.org/ko/whitepaper/

Ezra Icy, "Top Reasons Why Chainlink (LINK) Is Trending Today?", CoinGape,

2023.03.11., https://coingape.com/trending/top-reasons-why-chainlink-link-is-trending-today/

FASB, "FASB Issues Standard to Improve the Accounting for and Disclosure of Certain Crypto Assets", FASB, 2023.12.13., https://www.fasb.org/news-and-meetings/in-the-news/fasb-issues-standard-to-improve-the-accounting-for-and-disclosure-of-certain-crypto-assets-397718

Federal Reserve Bank of Boston, "Project Hamilton Phase 1 A High Performance Payment Processing System Designed for Central Bank Digital Currencies"

Federal Reserve Board, "Money and Payments: The U.S.Dollar in the Age of Digital Transformation", 2022.01, https://www.federalreserve.gov/publications/files/money-and-payments-20220120.pdf

FOUR PILLARS, "온도 파이낸스가 기관 투자자에 적합한 디파이 프로토콜을 만드는 방법", FOUR PILLARS, 2024.02.14., https://4pillars.io/ko/articles/ondo-finance/public

Frank Dowing et al., "The Bitcoin Monthly: February Report", Arkinvest, 2024.03.11., https://ark-invest.com/crypto-reports/the-bitcoin-monthly-february-2024-report/

Frank Dowing et al., "The Bitcoin Monthly: March Report", Arkinvest, 2024.04.10., https://ark-invest.com/crypto-reports/the-bitcoin-monthly-march-2024-report/

Fred Imbert, "BlackRock CEO Larry Fink calls bitcoin an 'index of money laundering'", CNBC, 2017.10.13., https://www.cnbc.com/2017/10/13/blackrock-ceo-larry-fink-calls-bitcoin-an-index-of-money-laundering.html

FULL SEND PODCAST, https://www.youtube.com/@FULLSENDPODCAST

GUNEET KAUR, "Bitcoin vs. Bitcoin Cash: What's the difference between BTC and BCH?", COINTELEGRAPH, 2024.03.17., https://cointelegraph.com/learn/bitcoin-vs-bitcoin-cash-whats-the-difference-between-btc-and-bch

HELEN PARTZ, "Banking system consumes two times more energy than Bitcoin: Research", COINTELEGRAPH, 2022.05.17., https://cointelegraph.com/news/banking-system-consumes-two-times-more-energy-than-bitcoin-research

Jay, "Solana Mega Report - Like Apple, but Unlike Apple", FOUR PILLARS, 2024.03.20., https://4pillars.io/en/reports/solana-mega-report-like-apple-but-unlike-apple

Jayplayco et al., "P2E 게임 토크노믹스, 지속 가능성을 향해 나아가다", Xangle, 2023.12.18., https://xangle.io/research/detail/1728

Jesse Hamilton, "FASB Says Crypto Assets Should Be Marked at Current Values", CoinDesk, 2023.09.07., https://www.coindesk.com/policy/2023/09/06/fasb-says-crypto-assets-should-be-marked-at-current-values/

Juhyk Bak, "오디널스: 비트코인에 대한 근본적인 물음을 던지다", DeSpread Research, 2023.08.18., https://research.despread.io/kr-ordinals/

Jurrien Timmer X, https://twitter.com/TimmerFidelity

Kaiko, "Q4 2023 Token Liquidity Ranking", Kaiko, 2024.01.11., https://research.kaiko.com/insights/q4-2023-liquidity-ranking

Kaspar Triebstok, "Why Banks Use Ripple's xCurrent", Medium, 2019.12.14., https://medium.com/@KTriebstok/why-banks-use-ripples-xcurrent-8bc8106cd1d5

KIEP 북경사무소, "위안화 국제화의 최근 동향 및 전망", 2022.10.24., https://www.kiep.go.kr/gallery.es?mid=a10102050000&bid=0006&list_no=10464&act=view

KPMG, "Bitcoin's role in the ESG imperative", KPMG, https://kpmg.com/us/en/articles/2023/bitcoin-role-esg-imperative.html

lookintobitcoin, "Bitcoin: MVRV Z-Score", https://www.lookintobitcoin.com/charts/mvrv-zscore/

Lowell Kyung 譯, "[번역] Web3와 AI: Web3+AI 현황 총정리(출처: TenSquared Research)", 0xPlayer, 2024.02.06., https://www.0xplayer.com/web3-and-ai/?fbclid=IwZXh0bgNhZW0CMTEAAR0RI37JZrS62EFPWgnxWbF-KUVAi712JXfsbeZquhkb_SdDK9ZYTTSk_7s_aem_AQQ75dglZdVwBfAmzAkeY4-lZVZXjrJRyCsRrgnbAFMVUuAJcW378gKtW1ae9jZwCyhvIbo2x_2ziO1MC0chNo7g

Lowell Kyung 譯, "[번역]자산 토큰화 현황 및 2024년 전망(출처: TAC)", 0xPlayer, 2024.03.08., https://www.0xplayer.com/the-state-of-asset-tokenization-2024-outlook/?fbclid=IwZXh0bgNhZW0CMTEAAR1NIbUmTicp7ZG2_U-RpFWxthaMBDgC0M65ETjL-WS-vcJZODuzg_P-sLQ_aem_AQS8ENOfWfKPpbfTekj5j-8Vo8JjphJT4a5vTflb9NPBgctPgkRLqUEtsGWJjcHqphCdak3_auITorTdSGxeDqEm

Luca Di Domenico, "Analysis of the Celestia Blockchain Project", Medium: Coinmonks blog, 2023.10.17., https://medium.com/coinmonks/analysis-of-the-celestia-blockchain-project-93071b474ab9

Lucas Outumuro, "Crypto's Early Bull Market Rotation", Medium: Intotheblock Blog, 2023.11.03., https://medium.com/intotheblock/cryptos-early-bull-market-rotation-933604fe5923

Merik, "비트코인 CVD(Cumulative Volume Delta) 차트 제대로 알아보자.", 돈달샘, 2024.04.12., https://dondalsam.co.kr/%EB%B9%84%ED%8A%B8%EC%BD%94%EC%9D%B8-cvdcumulative-volume-delta-%EC%B0%A8%ED%8A%B8-%EC%A0%9C%EB%8C%80%EB%A1%9C-%EC%95%8C%EC%95%84%EB%B3%B4%EC%9E%90/

Michael J. Casey, "The Real Use Case for CBDCs: Dethroning the Dollar", CoinDesk, 2023.07.08., https://www.coindesk.com/consensus-magazine/2023/07/07/the-real-use-case-for-cbdcs-dethroning-the-dollar/

Michael Saylor X, https://twitter.com/saylor

NATHAN REIFF, "All About the Bitcoin Cash Hard Fork", Investopedia, 2024.03.24., https://www.investopedia.com/news/all-about-bitcoin-cash-hard-fork/

NATHAN REIFF, "Bitcoin vs. Bitcoin Cash: What's the Difference?", Investopedia, 2023.11.01., https://www.investopedia.com/tech/bitcoin-vs-bitcoin-cash-whats-difference/

Pantera Capital, "The Bitcoin Death Spiral Theory-How Bitcoin(BTC) Can Go To Zero, read.cash, 2023, https://read.cash/@Pantera/the-bitcoin-death-spiral-theory-how-bitcoin-btc-can-go-to-zero-86c16a44

Peter Zoltan, "Ethereum vs Solana: A Battle for Smart-Contract Supremacy", AtomicWallet, 2024.04.23., https://atomicwallet.io/academy/articles/solana-vs-ethereum

Philip Swift, "Bitcoin Realized HODL Ratio", Medium, 2020.12.15., https://positivecrypto.medium.com/bitcoin-realized-hodl-ratio-9023db15a559

Santiment Academy, "MVRV-Market Value To Realized Value", https://academy.santiment.net/metrics/mvrv/

Satoshi Nakamoto, "Bitcoin Whitepaper", https://bitcoin.org/bitcoin.pdf

Shannon Liao, "Litecoin founder just sold all his litecoin, citing "a conflict of interest"", TheVerge, 2017.12.21., https://www.theverge.com/2017/12/20/16801898/litecoin-founder-divest-conflict-interest

SimpleSwap, "Avalanche Fundamental Analysis", SimpleSwap, 2023.12.21., https://simpleswap.io/learn/analytics/projects/avalanche-fundamental-analysis

Steve Walters, "Bitcoin Cash ABC vs. BCHSV: The Hardfork and The Hashwar", COINBUREAU, 2023.04.27., https://www.coinbureau.com/education/bitcoin-cash-abc-vs-bchsv/

Steve, "Beginner's guide to Sei Network", FOUR PILLARS, 2024.02.15., https://4pillars.io/en/reports/Sei-Mega-Report

Swissblock Insights, "Flirting with the Upside", 2023.10.06., https://swissblock.substack.com/p/flirting-with-the-upside?r=do1bc&utm_campaign=post&utm_medium=web

UkuriaOC, "The Fourth Halving", glassnode Insights: The Week Onchain Newsletter, 2024.04.23., https://insights.glassnode.com/the-week-onchain-week-17-2024/

UkuriaOC, "The Tightening of Supply", glassnode Insights: The Week Onchain Newsletter, 2023.11.07., https://insights.glassnode.com/the-week-onchain-week-45-2023/

Vetle Lunde, "A little bitcoin goes a long way", K33, 2023.11.28., https://k33.com/research/articles/a-little-bitcoin-goes-a-long-way

Will Ogden Moore, "Ethereum's Coming of Age: "Dencun" and ETH 2.0", GRAYSCALE, 2024.02.23., https://www.grayscale.com/research/reports/ethereums-coming-of-age-dencun-and-eth-2.0

Xangle, "[Xangle 가치평가 시리즈] ② 이더리움과 Layer 1", Xangle, 2022.03.19., https://xangle.io/research/detail/636

Yonsei_dent, "[온체인 이해 #8] CVD란 무엇인가!", TradingView, 2022.10.28., https://kr.tradingview.com/chart/BTCUSD/R0h20ik2/

Youbin Kang, "논스클래식 투자철학(1/2)-"크립토, 왜 지금인가?"", Medium: Nonceclassic blog, 2023.04.28., https://medium.com/nonce-classic/%EB%85%BC%EC%8A%A4%ED%81%B4%EB%9E%98%EC%8B%9D-%ED%88%AC%EC%9E%90%EC%B2%A0%

ED%95%99-1-2-%ED%81%AC%EB%A6%BD%ED%86%A0-%EC%99%9C-%EC%A7-%80%EA%B8%88%EC%9D%B8%EA%B0%80-dd46e3781157

권승원, "비트코인 개발자, 라이트닝 네트워크 보안 문제 지적", 블록스트리트, 2023.10.23., https://www.blockstreet.co.kr/news/view?ud=2023102309585490213

금융위원회, "2022년 하반기 가상자산사업자 실태조사 결과", 금융위원회, 2022.03.17., https://www.fsc.go.kr/no010101/79628?srchCtgry=&curPage=19&srchKey=&srchTe xt=&srchBeginDt=&srchEndDt=

김경곤, "왜 미국 무역은 항상 적자일까?", toss feed, 2023.06.28., https://blog.toss.im/ article/the-us-trade-deficit

김재원(포뇨), "앱토스(Aptos) vs 수이(Sui) 전격 비교", Xangle, 2022.09.23., https://xangle.io/ research/detail/762

디지털뉴스팀, "컨센시스 "21세기 금융혁신·기술 법안, 가상자산 분야서 미국 리더십 보장"", 블록체인투데이, 2024.05.23., https://www.blockchaintoday.co.kr/news/articleView. html?idxno=43769

박용범, ""비트코인 성공해도 당국이 죽일 것이다"…세계 최고 헤지펀드 CEO 경고", 매일경제, 2021.09.16., https://www.mk.co.kr/news/world/10031226

박종한, "[토큰포스트 칼럼] 비트코인 친환경 채굴 기술, ESG 혁신으로 BTC 채택을 앞당기다", TOKENPOST, 2023.09.30., https://www.tokenpost.kr/article-147435

블록헤더스, "레이어 1이란?", Xangle, 2023.10.06., https://xangle.io/research/detail/1546

업비트투자보호센터, "[캐디] 240523 미국 이더리움 현물 ETF 신청서에서 제외된 스테이킹", 업비트투자보호센터, 2024.05.23., https://upbitcare.com/academy/research/831

이상원(동아대학교), "비트코인과 주식, 채권 및 금상품간 관계 분석(An Analysis on Relationship between Bitcoin and Stock, Bond and Gold)", 경영컨설팅연구, 한국경영컨설팅학회, 2018, vol.18, no.4, 통권 59호 pp. 29-37 (9 pages)

정석문 외, "코빗 리서치센터 2024년 가상자산 시장 전망", korbit Research, 2023.12.15., https://portal-cdn.korbit.co.kr/athena/etc/research/81/korbit_Research_2023-12-15. pdf

정석문, "Valuation Conundrum : 가상자산 밸류에이션에 대한 고찰", korbit Research, 2022.01.26., https://cdn.korbit.co.kr/athena/etc/research/5/korbit_

research_5_2022-01-26.pdf

조미현, "'7개월 만에 90% 급락'…'게임 코인' 지속 가능할까 [한경 코알라]", 한국경제, 2023.11.29., https://www.hankyung.com/article/202311290678i

조혁진, "브레튼우즈체제와 달러패권", 제 19회 연세 지역학 학술제, 2008.12.08.

최영호, "[인포그래픽] 세상에 금은 얼마나 있을까?", MADTIMES, 2021.11.24., https://www.madtimes.org/news/articleView.html?idxno=10425

코빗 리서치, "2024년 가상자산 투자 테마-Crypto Theses for 2024", korbit Research, 2024.01.19., https://www.korbit.co.kr/market/research/82

한국콘텐츠진흥원, "글로벌 게임산업 트렌드 2022·7+8월호: [지역] 동남아 P2E 게임 시장 동향", 한국콘텐츠진흥원, 2022.08.16., https://www.kocca.kr/global/2022_7+8/sub03_01.html

홍효재, "[칼럼] 블록체인 기술 결합된 세계적 유망 게임 국내규제 심해… P2E 해외로 이동", 자유기업원, 2024.04.18., https://www.cfe.org/20240418_26564

[도서]

닐 메타·아디티야 아가쉐·파스 디트로자, 《코인 좀 아는 사람》, 윌북, 2022

돈 탭스코트·알렉스 탭스콧, 《블록체인 혁명》, 을유문화사, 2018

라나 스워츠, 《디지털 화폐가 이끄는 돈의 미래》, 북카라반, 2021

마이클 J. 케이시·폴 비냐, 《비트코인 현상, 블록체인 2.0》, 미래의창, 2021

박종한, 《10년 후 100배 오를 암호화폐에 투자하라》, 나비의활주로, 2022

사이페딘 아모스, 《달러는 왜 비트코인을 싫어하는가》, 터닝포인트, 2018

오태민, 《더 그레이트 비트코인》, 거인의정원, 2023

오태민, 《비트코인, 그리고 달러의 지정학》, 거인의정원, 2023

이장우, 《당신의 지갑을 채울 디지털 화폐가 뜬다》, 이코노믹북스, 2020

한나 할라부르다·미클로스 사배리·기욤 해링거, 《역사로 보는 화폐의 미래》, 예문, 2022

홍익희·홍기대, 《화폐혁명》, 앳워크, 2018

슈퍼코인 투자지도

초판 1쇄 발행 2024년 6월 14일
초판 2쇄 발행 2024년 7월 1일

© 박종한, 2024

지은이 박종한
펴낸곳 거인의 정원
출판등록 제2023-000080호(2023년 3월 3일)
주소 서울특별시 강남구 영동대로602, 6층 P257호
이메일 nam@giants-garden.com